年轮·译丛

〔新加坡〕陈颖佳（Ying Jia Tan） 著

甘丽华 译

战时与革命中国的
电力工业

Recharging China
in War
and Revolution,

浴火
重生

1882-1955

社会科学文献出版社
SOCIAL SCIENCES ACADEMIC PRESS (CHINA)

"系统增长"的瓶颈。上海的新型电厂在投入运行的几年后，就出现了供不应求的情况，电厂优先给外资纱厂供电，再加上资本短缺的中资纱厂只能继续使用旧式机器，纺织业面临残留低效的问题。

中国在21世纪的绿能转型面临着类似的资源分布不平衡的问题。风力与太阳能发电在短期内出现了大幅度增长，但也很快遭遇发展瓶颈。中国的第一座风力发电厂在1986年建立，并在短短13年内制造了第一台国产风机。与早期电力工业的地理分布不均类似，风电与太阳能都集中在西北、东北、华北的"三北"地区。《可再生能源法》通过的5年内，中国在2010年超越美国成为最大的风力发电国。然而高速的增长也使风电市场出现饱和现象。低价竞标更使厂家降低产品质量，使风机的寿命从20年减少到8年。此外，输电网无法消纳风电机产生的电力，风电机组被迫停运。"弃风限电"现象在2016年至2019年尤其严重。

历史经验告诉我们，重大的危机能提供体系改革的动力。本书第三至五章，着重探讨了全面抗日战争期间能源危机如何促使国家整合电力工业。民国初期电力工业缺乏统一标准、依赖进口电力器材，使用的燃料也多种多样。在战争动员的情况下，沦陷区与非沦陷区都大力推动燃煤发电，借此统筹各战区能源消耗的分布，而煤炭就成为"能源安全的压舱石"。政府适当的介入修正了能源市场的弊端。全面抗战时期的贸易封锁促使国家投入资源自行生产具有战略意义的电力设备。在美国盟友的协助下，国民政府开始对长江三峡进行勘探，为战后的水力发电建设布局。虽然中国在第二次世界大战期间的能源工业并没有庞大的产能，但战争动员的能源措施为日后的高速发展奠定了基础，使中国在1950年代之后，逐步汇入了"人类世"的大加速时代。

时光推进到2020年。一场对新冠病毒的战争推动了绿能转型。世界各国为了限制病毒的传播，纷纷实行旅游管制，再加上随着企业推行远程办公的应对措施，石化燃料的需求在短时期内急速减少。再生能源业抓住了这个时机，大量增加装机容量。国际能源署发表的《2023年再生能源报告书》指出，2023年全球的风电与太阳能发电的装机容量比2022年增加了50%。中国为这场能源革命做出了巨大的贡献。中国的太阳能发电量增长116%，风电增长66%，高出全球平均值。如果维持这个趋势，到了2028年，全球24.7%的供电将来自太阳能与风电，比2023年的13.2%高出许多。

乐观的预估也夹杂着再生能源市场饱和、发展潜能有限的隐忧。要达到净零排放的目标，再生能源装机容量必须在2030年之前比目前水平高出3倍，而这意味着全球再生能源市场仍存在着2700千兆瓦的缺口。国际能源署预估，解决能源政策的不确定因素、输电网的投资不足、行政阻碍，以及发展中国家的融资短缺等问题，就有望将再生能源的增长率提高21%，达到净零排放的目标。报告也指出，中国会提前6年达到2030年的风电与太阳能的总装机容量，并寄望中国为全世界实现再生能源装机容量3倍增长的目标贡献力量。

中国当前的绿能转型立足于1950年代中国电力工业的重大转变。本书的第七章题为"以电治国"，该章描述了在1950年二六轰炸至1955年期间，中共和政府的相关机构如何协调各行业的用电，以实行巅峰管理的措施。本章的内容说明领导人意识到了稳定的电力供应是经济繁荣的先决条件，并在资源有限的情况下，通过行政管理发挥现有电力设施的潜力。

协调电力基础建设发展的历史经验，也对绿能转型有着积极的作用。国家发展和改革委员会正视了弃风限电的问题，并在《"十四五"可再生能源发展规划》中声明，国家已经通过灵活调度，使得主要流域水电、风电、光伏发电利用率分别达到97%、97%、98%。媒体也敦促业界慎防弃风限电的现象回弹，并呼吁政府增强"三北"地区电网的消纳能力。

近年来的极端天气事件暴露了全球电力网络的脆弱性。面对所谓的"百年一遇"的洪水风灾和极端天气，许多发达国家抱着维持现状的侥幸心态，选择对气候危机置之不理，与中国发展再生能源的决心形成了强烈的对比。2021年2月的得克萨斯州大暴雪引发的停电事故，可以作为能源转型的负面教材。其实早在2011年的一场暴风雪之后，得州电力可靠性委员会就建议得州的电力公司进行冬季改造，电力公司为了不调涨电价，没有采取相应措施。2021年2月15日，得州各地的气温创下历史新低，得州核电站的输水管冻结，致使电网损失大量供电。天然气供应也开始受影响，迫使当局实施间歇性停电。然而，得州州长却将矛头指向风电业，声称被冰雪冻结的风车停转，是这场停电事故的罪魁祸首。虽然他后来改口承认燃煤燃气发电厂难辞其咎，但已激起了民众对洁净能源转型的疑虑。地方政府通过的方案也被修订和删除，大大减小了预防措施的范围。有厂家透露，得州能源网并没有投入资金完成防寒措施。类似得州大停电事故的政治盘算正在世界各地上演。

停电带来的困扰不应被淡忘。本书所描述的停电事故和能源危机，促使中国的电力工业出现了结构性的转变。中国将是可再生能源革命的核心地带。吸取历史的教训，认清中国电力工业的命运轨迹，或能帮助我们应对绿能转型将带来的始料未及的契机和风险。因此，我很高兴拙著的中文版能够出版，期待国内学术界同行和读者的反馈与批评。

陈颖佳

美国，纽黑文

2024年6月

目　录
CONTENTS

图表目录

图

表

缩略语

AH　台北"国史馆"

AHC　美国遗产中心

AS　台湾"中央研究院"近代史研究所档案馆

BMA　北京市档案馆

CAS　中国科学院

CCP　中国共产党

NARA　美国国家档案与文件署

NCC　国民政府建设委员会

NDL　日本国立国会图书馆

NRC　国民政府资源委员会

SGML　西利·马德图书馆

SMA　上海市档案馆

SMC　上海工部局

引言
锻造韧性

2010年，中国超过美国成为世界最大电力消费体。[①]考虑到新中国在成立初期还在为保证照明奋斗，这是一项非凡的成就。但中国政府并没有为此而庆祝、欢呼，反而有些忧虑。（当时的）中国国电集团公司总经理朱永芃似乎意识到了碳密集型发展的破坏性和不稳定性，2009年，他在中国共产党的政治理论半月刊《求是》的一篇社论中呼吁从使用化石能源转向使用清洁能源，以实现经济的可持续发展。他提到，助力中国指数式增长的化石能源"转换的终端效率仅30%，排放的温室气体占世界排放总量的40%以上"。朱永芃表示，国有发电企业应大力挖掘清洁能源潜力，以促进"经济社会与生态环境协调发展"。[②]与那些在绵延数十年战争岁月中建设中国电力设施的前辈们一样，朱永芃不仅要协调短期需求和（能源）长期可持续发展之间的矛盾，还要建设一个强韧到足以承受战争和经济动荡等变动因素的电力系统。

在充满革命动荡和武装冲突的1882—1955年，中国的电气化进程为三种不同的战争模式所形塑。在解决各种电力危机的过程中，中国电力行业的组织韧性，乃至国家经济体得以锻造形成。首先，在清末

[①] International Energy Agency, "China Overtakes the United States to Become World's Largest Energy Consumer," news release, July 20, 2010.

[②] 朱永芃：《新能源：中国能源产业的发展方向》，《求是》2009年第24期。

至民国初年中外纺织厂打经济战的时代，电力登上历史舞台。为了在全球经济竞争中生存下来，中国的工厂老板们必须学会适应能源分配的不均，并利用好自己的政治人脉。其次，1937 年日本全面侵华战争爆发，中国 97% 的发电量灾难性地落入日本侵略者手中，角逐中国最高权力的各方政治力量利用军事战争的紧迫性，推动当时高度分散的电力部门的统一和国有化。撤退到西南一隅的国民政府因此才能够通过临时发电站为国防工业提供动力，坚持对日本的抵抗。最后，中国共产党把电力用作发动人民战争的工具，不仅继承了在残酷军事冲突后基本保持完好的电力基础设施，还为新中国成立初期的生产运动建立了动员结构。[1]

中国电力工业从灾难中复原的能力向我们提出了一个更深刻的问题：在动荡的岁月里，中国工业为何能在物资匮乏的情况下实现快速增长？为回答这一问题，本书将聚焦中国电气化的成形阶段，探讨在有限的时间内，强、弱组织之间的互动如何增强电力基础设施适应逆境和复原的能力，并进而提高了中国政权的组织韧性。格里高利·卡萨（Gregory Kasza）在其关于"行政化的大众组织"（administered mass organization）研究的开篇便声明："技术使得在前所未有的范围内组织民众成为可能。"[2]

电力也是国家加强民众控制的工具。电力工业成为弱势机构的政策创新之所，按照洪源远（Yuen Yuen Ang）的看法，这种政策创新在帮助中国跳出贫困陷阱方面起着关键作用。中国电力工业的艰难开端为"'自上而下'的指令和'自下而上'即兴发挥并存"提供了经验证据，这种并存"为激进变革中的（上下）共同演化奠定了基

---

[1] Fravel, *Active Defense*, 66 - 68. Fravel 指出中国共产党在 1929 年古田会议后掌握了军队的控制权。对人民战争的理解必须考虑武装冲突中对人力和资源的大规模动员。

[2] Kasza, *The Conscription Society*, 1.

础"。① 与黎安友（Andrew Nathan）把中国共产党内部的政治变革看作
其生存的主要原因不同，本研究认为电力基础设施是中国组织韧性的
源泉之一。②

在物资匮乏环境下的压缩型发展（compressed development）也形
塑了中国及其东亚邻邦的经济发展模式。在长达数十年的动荡的战争
年代，制度约束形塑了中国的电力工业，为黄晓明所称的"东亚发展
模式"奠定了基础。这种"东亚发展模式"开始于20世纪后半期，源
于一种对"生存和追赶的极度渴求"。这样的发展也使得东亚经济进
入"一种从制度性操控和国家重组中获得快速和持续扩张力量的发展
模式，以应对国际竞争"。③ 物资匮乏迫使电力公司和国家监管机构在
资金和人力均有限的情况下运作。为应对能源危机，人手不足的政治
机构引入适应性措施，提高发电、输电和用电效率。对能源危机的成
功应对大大提高了国家机构的信用，继而使其能够施展其刚刚获得的
权威去擘画中国的工业化进程。

然而，逆境下的增长潜伏着危机。本书并非关于中国克服巨大困
难转型为工业强国的一路凯歌高奏的叙事，而是聚焦于中国电力基础
设施发展背后在国家层面、国际层面和全球层面的巨大代价。在地方
和全国层面，中国电力工业的压缩型发展导致了残留性低效（residual
inefficiencies），因系统建造者们往往采纳成本低的解决方案去即时满
足危机时刻的电力需求。为了节约时间和经费，电力公司在安装新设
备时并不拆除旧设备，（旧设备作为嵌入系统中的薄弱环节）从长远
来看降低了电力系统的运行效率，甚至可能在日后导致灾难性的故

---

① Yuen Yuen Ang, *How China Escaped the Poverty Trap*, 17.

② Nathan, "China's Changing of the Guard".

③ Huang Xiaoming, *The Rise and Fall of the East Asian Growth System*, 48. 又见
Suehiro, *Catch-up Industrialization*。末广（Suehiro）认为，经济落后国家可以
通过进口替代引进工业发达国家已有技术，从而缩短所费不赀的技术研发过
程，实现压缩型发展。但末广特别提到，技术引进国家只是沿袭早期技术采纳
者的发展路径，消解了技术后期采纳者超过发达国家实现技术跨越的可能性。

障。这样的操作使得过时的技术（在中国的电力系统中）长期存在。

在国际层面，抵抗外国对电力部门的控判成为中国外交压力的来源。中国的企业家和政策制定者把对电力工业的控制看作捍卫国家经济自主权的关键。在1937年7月日本全面侵略中国之前，中国的大部分电力供应仰仗几家外国人所有的发电厂，几家跨国公司则垄断了电气用品市场。全面抗日战争时期的经济封锁暴露了电力基础设施过度依赖外国资本的危险。国有电力部门的民族主义目标与协助其发展的国外机构之间不无矛盾。尽管中国电力部门严重依赖英国和美国公司的技术输入，但电力系统的建设者仍严格地维护自身的自主性，拒绝把外国技术标准加诸中国。双方技术合作的过程充满了关于知识产权的价值和获取专利知识方面的分歧，这些分歧造成中国和外国合作伙伴关系的恶化。类似的冲突长期存在。

最后，在全地球层面，战争期间的电气化进程为中国工业的非凡发展奠定了基础，使中国成为以"大加速"（Great Acceleration）为特征的人类世的主要缔造者。"人类世"一词由保罗·克鲁岑（Paul Crutzen）和尤金·斯托默（Eugene Stoermer）于2000年提出，意指受人类活动影响，地球已进入一个新的地质纪元。化石燃料能源消耗史无前例的激增和地球沉积物中大量人造材料的出现，意味着地球在地层和功能方面均与以前纪元不同。[1]克莱夫·汉密尔顿（Clive Hamilton）进一步提出，人类世意味着"人类活动彻底打破了旧地球系统，产生了一个新系统"。[2]全面抗日战争期间，生存之鏖战刺激了中国电力事业的发展，抗日战争成为一个历史断裂点。本书将深入探究2014年研究者们在《亚洲研究学刊》（*The Journal of Asian Studies*）专刊中提出的问题，尤其是关于人类

---

[1]　Steen, Crutzen, and McNeill, "The Anthropocene".

[2]　Hamilton, "The Anthropocene as Rupture," 100.

世对亚洲人口脆弱性和韧性的影响。①

借用瑞格利（E. A. Wrigley）的说法，中国电力工业的成长岁月为观察中国从"有机经济"向"碳经济"的曲折转型提供了一个窗口。②当中国经济日渐和西方发达工业国家整合为一体，能源短缺限制了其发展范围。在本书所论及的历史时期的大部分时间里，中国属于穆盛博（Micah Muscolino）所说的"发达有机经济"（advanced organic economy）。③这种有机经济的碳氮循环速度使得原材料数量有限，因而蒸汽机的引入并没有带来制造业产出的指数式增长。1937年至1954年连年战争形成的军事–工业复合体加速了对碳资源的开采——这一趋势在欧洲和美国也曾出现。持续的能源危机迫使电力系统的建造者着眼于短期收益，其代价是牺牲长期可持续发展。正如瓦茨拉夫·斯米尔（Vaclav Smil）所指出的，中国的能源强度，即能源供应总量与国民生产总值之间的比率，直至毛泽东时代结束，整体呈上升趋势。④本书最后一章将1955年确定为中国电力工业"大加速"的起始之年。就在这一年，燃料工业部放弃了尽量使用现有设备的发展方针，开始在电力工业各领域实施大规模扩张。它命令各地安装大量发电机并建造了数百个小水坝，为能源密集型的"大跃进"时期铺平道路。

被推至战争和意识形态斗争前线的工程师不得不在物质匮乏压力之下发展中国的电力基础设施，在此过程中，他们充当了变革的代理者（brokers of change）的角色。我将他们称为技术官僚。本书讨论的中国电气化史和国家建设史将追随这些工程师，研究他们如何面对压缩型发展在国家、国际及全球三个层面产生的代价。本书采取了布鲁诺·拉图尔（Bruno Latour）"追踪科学家"的方法，以打开黑箱并更好地理解行动中的科学。本书各章节所涉及的场景即拉图尔所谓

①　Hudson, "Placing Asia in the Anthropocene".

②　Wrigley, *Energy and the English Industrial Revolution*.

③　Muscolino, *The Ecology of War*, 11.

④　Smil, *China's Past, China's Future*, 60 - 62.

的"计算中心"，在那里，工程师们结合从早期观察中收集的事实和方法，设计解决方案。[1]当然，这些工程师不是最严格意义上的技术官僚，中国也不应该被看作"碳专家治国（carbon technocracy）"。[2]他们优先考虑的是通过执行政令、管理行业和规制政策保障国家的正常运转，因而他们的首要身份是行政官僚。工程技术只是用来解决眼前问题的工具。

这些技术官僚与那些管理黄河和大运河水利系统的士大夫类似。正如河流是农业经济的命脉，电力网络为改变现代中国城市生活的新型工商业活动提供动力。第一代电气工程师视儒家士大夫为其楷模。本书每一章都将论及的工程师恽震（1901—1994）曾就读于上海交通大学的前身——邮传部上海高等实业学堂，当时信奉宗明理学的学者唐文治担任该校校长。恽震曾深情回忆，唐文治提倡明代心学家王阳明（1472—1529）的"知行合一"，教导学生"格物致知"。[3]技术官僚是"崇尚通才社会中的专才""重视儒家伦理知识社会化的技术专家"，其处境类似于兰道尔·道金（Randall Dodgen）所研究的清代负责水利工程的儒家士大夫。[4]但与其前辈不同的是，这些20世纪早期的技术官僚在进入电力工业前已经完成了正规的工程学教育，因而不用在其工作中学习具体的技术。

---

[1]　Latour, *Science in Action*, 215 - 257.

[2]　参见 Seow, "Carbon Technocracy," 8。萧建业（Seow）把专家治国制度理解为一系列相互关联的理念，这些理念把科学手段置于形成和解决社会问题的毋庸置疑的优先地位，且认为要使科学手段发挥作用，必须形成中央指令和国家计划。本研究聚焦的技术官僚认识到了科学手段的有限性。他们认为追求电力事业利润最大化的理性思维阻碍了电力的公平分配。本书第七章所论及的技术治国反映的不是"科学理性主义"的胜出，而是技术专家把电力生产决策权让渡给政党干部的必然结果。

[3]　恽震：《恽震自传》（1944年2月19日），台湾新北市"国史馆"，档号：129 - 000000 - 087A。这份自传存档于蒋介石侍从室成员撰写的情报报告中。蒋介石最亲近的侍从室成员调查了任职于国民政府资源委员会的工程师们的政治倾向，并监控他们在中央训练团中的表现。

[4]　Dodgen, *Controlling the Dragon*, 7.

国家出资的灌溉工程驱动了三千年的非持续性增长，产生了"水利锁定效应"；与其相对应，以国家为中心的电力基础设施发展路径带来了"碳锁定效应"。正如伊懋可（Mark Elvin）指出的，中国官方投入大量资源维持已有的水利系统，这在短期内稳定了税收，却进一步破坏了水文状况的稳定，从而出现了"稳定性和不稳定性同时上升的吊诡现象"。[①]管理国营电厂的技术官僚具有与其前辈相同的、以国家为中心的世界观。正如控制黄河和大运河水利系统的能力被视为王朝活力的象征，技术官僚把国营电力工业的规模看作国家权威的代表。他们在物资匮乏的情况下依然竭力扩大国家控制区域电力工业的规模，在低效的电力系统之上继续从事建设工作，旧系统的缺陷因而被嵌入新的基础设施之中。

当技术官僚肩负民用和军事双重责任时，明清时期的士大夫便成为他们的榜样。恽震熟悉王阳明的著作。王阳明不仅因知行合一的著作而为世人所知，也凭战功赫赫有名。1864年，倡导洋务运动的曾国藩带领湘军助清政府打败太平天国，成为那些技术官僚的又一位人生楷模。在其职业生涯早期，这些技术官僚就具有军民双重身份。他们为国民政府资源委员会工作。在全面抗日战争必将爆发的预期之下，国民政府参谋本部国防设计委员会于1932年成立，旨在推动工业发展。从名字就可以看出其军事职能。[②]1934年，国防设计委员会更名为国民政府资源委员会。1937年，日本全面侵华战争爆发，电力工业成为军事后勤的核心部门。工程师们被授予军事头衔，他们将被日军围困的沿海城市的电力设备拆卸下来，运至数百英里之外的内陆山城。之后他们又不辞辛劳地组装这些来自四面八方的电力设备，从头开始

---

① Elvin, "Three thousand Years of Unsustainable Growth," 38.

② 21世纪初，对国民政府资源委员会的学术研究出现复兴，中国问题专家开始对国有企业的主导地位感兴趣，如程麟荪的《资源委员会与中国计划经济的起源》（《二十一世纪》2004年第4期）。最全面的研究国民政府资源委员会推动战时工业化成果的英文专著参见卜历南（Morris Bian）的 The Making of the State Enterprise System in Modern China（中译本：《制度变迁的逻辑：中国现代国营企业制度之形成》，〔美〕卜历南译，浙江大学出版社，2011）。

建设为国防工业提供动力的电力基础设施。这些战场上的经验最终演变为在物质匮乏条件下加速工业发展的战略。

重述历史变迁模式

将电力基础设施视作制度韧性的来源，并将电气化进程置于近现代中国史的中心，这撼动了以政治领导人领导的革命运动为焦点的线性历史进步观。本书不是一项针对中国电力工业史的调查。[①]它在两层意义上关注作为革命性（revolutionary）力量的交流电（AC）。在字面意义上，交流电是一种周期性反转方向的电流，电流随着磁场中旋转（revolve）的电线圈改变方向。在比喻意义上，交流电具有革命性：影响了诸多角逐近现代中国命运的政治力量的兴衰，推动了历史变革的发生。以电为线索对近现代中国历史进行回顾，我们不仅可以窥见强者如何通过控制电力统治弱者，更可以一睹弱小的反对派如何利用电力网络的内部脆弱性推翻强大的当权者。

联网电力进入中国，伴随列强在清王朝沿海城市和边境地区划分势力范围。清政府在鸦片战争中被英国打败，之后上海成为通商口岸。1882年，中国第一座发电厂在上海建成。英、美、法、日等国资本家纷纷在中国通商口岸投资建立发电厂，并以此为工具维护他们的经济霸权。[②]

---

① 用中文撰写的中国电力工业调查史是国家主持之下的集体学术项目。其中包括李代耕《新中国电力工业发展史略》（企业管理出版社，1984）、黄晞《中国近现代电力技术发展史》（山东教育出版社，2006）。李代耕曾任水电部、电力部副部长，其书侧重的是1949年后的发展成就。黄晞的著作大量沿用了更早的、国家支持的历史观点，也从李代耕的早期著作中借鉴良多。2002年刚完成手稿，黄晞便被诊断为癌症并遭遇中风。

② 王国斌提出，中外学者对外国人影响中国经济的阐释不尽相同。中国的马克思主义者认为"帝国主义扭曲和扰乱了中国的发展道路"，西方学者则强调"外国人为中国现代经济的建立创造了机会和提供了技术"。参见 Wong, *China Transformed*, 21。

中国的改良派和革命党人认为电是加速发展的动力，将推动中国迈入工业发达国家行列。孙中山视电为一种魔力。1894年6月，在给李鸿章的一封信中，孙中山写道："如电，无形无质，似物非物，其气付于万物之中，运乎六合之内；其为用较万物为最广而又最灵……"[①]李鸿章是清政府洋务运动的核心倡导者。洋务运动旨在保全清朝政权，在维持传统价值观念的同时拥抱西方技术。李鸿章本人很早就认识到电的巨大潜力。1888年，慈禧退居休养，修葺西苑，装设电灯。据李鸿章函，该电灯厂1890年10月前已发电，容量不超过20马力。[②]这座前皇家园林今天以"中南海"之名而闻名于世，是中共中央书记处和国务院的办公地点。中国在通商口岸之外设立的第一家发电厂恰好坐落于现在的政治中心。

1911年，通商口岸武昌爆发起义，清政府随后倒台。孙中山及其继任者认为电力行业的国营化是全国统一的必经阶段。1916年至1928年，中国处于军阀和地方割据之下。1927年，黄埔军校校长、孙中山在国民党内的接班人蒋介石宣布北伐功成，定都南京。蒋介石政权开始推行电力工业的国有化，以实现孙中山遗愿。但我们将看到，国家资本的缺乏以及士绅阶层的强烈反对使国有化计划偏离轨道，同时迫使国民政府保留散布于长江下游地区的小型发电厂的垄断地位。中国电力工业的分裂体现了国民党政权统治能力之有限。

电体现了政治动乱年代的时空压缩。晚清时期的科幻小说作家已经想象过一个人们使用脑电波交流、用电进行思想控制的时代。[③]1928年，曾留学于哥伦比亚大学的"五四"一代知识分子胡适惊叹："我的人民与我一道由植物油灯时代进入电灯时代，就算还没有进入飞机时代，也已从手推车时代进入到了福特车的时代，而这些都是在不到

---

①　孙中山：《上李鸿章书》（1894年6月），《孙中山全集》第1卷，中华书局，1981，第9页。

②　李代耕：《新中国电力工业发展史略》，第5页。

③　Wang, Fin-de-siécle Splendor.

40年的时间里发生的。"①

随着1937年全面抗日战争的爆发，向现代化直线前进的浪漫愿景破灭了，彼时中国正竭力克服电力事业的灾难性损失。在1933年，日本的电力工业规模已是中国的1756倍。②这为日本带来更高的工业产能，而更高的工业产能意味着更强的军事力量。日本因而能够快速占领中国沿海城市，导致国民党政权失去了95%的工业生产总值。③战争给中国电力工业带来了诸多突然的冲击。正如本书后面将讨论的，为利用北方丰富的煤资源，日本侵华势力将其工业生产北迁，这造成了电气化程度最高的长江下游地区的衰落。而随着国民党的技术官僚把电力带到边陲地区，中国西南地区的发电量快速增长。此时，电力从一种外来商品完全转变成争夺国家权力的武器。

经历诸多起起伏伏后，在抗日战争中活跃于敌后战场的中国共产党在1949年打败了技术先进、装备精良的蒋介石军队。西安事变后，中国共产党和蒋介石结成了不稳定的抗日联盟，中共当时所处的陕甘宁地区极度贫困，人口仅有140万。④但到1949年10月，中共已经牢牢控制了中国的各大城市。考虑到中国共产党缺乏治理大城市的经验，这一成就令人惊叹。我们将看到，控制电力工业为中共控制城市经济铺平了道路。党赢得了那些接受了西式教育、原本服务于国民党政权的工程师的支持，这让他们在已有的电力基础设施未遭严重破坏的情况下实现了对电力工业的接收。与认为人民解放军只是通过农村包围城市而接管城市的传统叙事不同，深入研究电力在战争中的作用可以让我们关注到中国共产党的经济管理策略。正是这些经济管理策略帮助中共在城市居民中赢得广泛的支持。

---

① 转引自Schwarcz, *The Chinese Enlightenment*, 285。
② 《日本全国电力统计》，《中央银行半月刊》第2卷第8期，1933年；建设委员会：《全国电厂统计》，建设委员会，1933，第7页。
③ 参见Mitter, *Forgotten Ally*, 182。数据来源：Kirby, "The Chinese War Economy," 191。
④ *Mitter, Forgotten Ally*, 191.

1949年10月新中国成立后，战时状态的延续使电力行业产生了一种"受围心理"。正是在1949年至1952年国民经济恢复期间，中国加入了朝鲜战争。清楚知晓电力工业战略重要性的军代表们控制了电厂。但我们将看到，光靠军事力量并不足以在电力行业确立权威。在此期间，技术专家也把决策权部分转移给了非技术人员。发电量的提高均通过工业活动的再组织实现，而非通过安装新的发电设备。在工人阶级掌握生产工具的意识形态下，未经工程技术训练的工人取代工程师，成为电厂负责人。

电力工业当时的状况体现了列宁和毛泽东的"发展是对立面的统一"思想。尽管有苏联顾问，但新中国电力部门的日常运作并不受外国力量的影响。1952年12月，在一篇庆祝中苏友好月的文章中，燃料工业部的翻译们感谢苏联人在开发中国现有发电容量的潜力方面提供的帮助，但同时还加了一句：苏联"激发了中国人民的民族自豪感，鼓励我们自力更生……高度赞扬中国坚持依靠国产电气产品"。[①]中国不仅决心走自己的发展道路，还比"苏联老大哥"走得更远——他们将生产工具交到了普通工人手中，而非受过高等教育的技术专家的手中。对于电力工业，经济计划是一柄双刃剑：一方面，经济绩效考核为评估其效率和可靠性提供了基准；另一方面，满足无数经济目标的压力使得电力系统的管理者不得不极限运行现有设备，埋下了出现灾难性故障的隐患。电力工业被限制扩大装机容量，但同时又被要求比其他行业更快提高产量。

跨越学术边界

除重新勾勒现代中国历史变革之轮廓外，本书强调能源基础设施和经济发展之间的相互依赖，以在中国的政治经济与技术的历史之间

---

① 参见中央燃料工业部编译室电业组《三年里苏联专家给我们的帮助和今后我们如何更好地向苏联学习》，《人民电业》1952年第22期。

搭建桥梁。在研究中国经济快速发展原因的现有文献中，中国的碳经济转型这个议题常被一笔带过。而本书将讨论该议题，同时回应社会科学领域在环境恶化、资源枯竭和可持续发展日益受到关注之情境下发出的呼吁：更加重视"能源转型如何在不同的时空展开"。[1]

关于中国电力工业史的研究最早是冷战研究的一个分支，旨在评估社会主义中国的经济潜力。在其开创性的研究——《中国的对外贸易和工业发展（1840—1948）》中，中国经济学家郑友揆和程麟荪认为，政府主导的中国快速工业化进程阻断了工业发达国家通过汲取中国原材料而渔利的过程。该书出版于1956年，当时郑是美国布鲁金斯学会的访问学者。1940年，郑友揆曾在国民政府资源委员会香港办公室工作，后被调往驻华盛顿的中国大使馆，并在1948年被任命为助理贸易参赞。他指出，中国的水电资源有99%尚未开发，这是中国工业完全释放发展潜力的关键。[2]与此同时期，另一位中国经济学家叶孔嘉正为美国空军兰德项目工作，他发表了一篇题为《大陆中国的电力发展：战前及战后》的研究报告。该报告引用了中共官方发布的统计摘要及新华社的新闻报道，认为中国政府夸大了其经济恢复的努力，但确实大大提高了发电量，足以满足重工业的电力需求。[3]在叶孔嘉的研究基础上，香港联合研究所（Union Research Institute at Hong Kong）的罗伯特·卡林（Robert Carin）继续跟踪中国电力部门。[4]因为无法直接获得中国政府数据，卡林1969年撰写的报告大量引用工业统计司1958

---

[1]　Pearson, "Past, Present and Prospective Energy Transitions".

[2]　Yu-kwei Cheng, *Foreign Trade and Industrial Development of China*, 227–237. 在布鲁金斯学会访学结束后，郑友揆把妻子和孩子留在美国，本人回到中国，在上海社科院继续研究中国经济史。在"文化大革命"时期，郑友揆被认为是美国间谍，直到1979年才恢复身份并重回上海社科院。

[3]　Yeh, *Electric Power Development in Mainland China*.

[4]　香港联合研究所成立于1951年，为西方情报部门收集中国的新闻剪报及监听中国广播。

年所编的《工业今昔》^①一书。

1978年之后，中国进入改革开放时代，1949年前的工业化历史得以被重新审视。1979年，在"文化大革命"期间被认为是美国间谍的郑友揆获得平反，回到上海社科院。他和程麟苏纠正了把国民政府资源委员会视为"国民党反动政权的官僚资本主义工具"的错误认知，并详细说明国民政府资源委员会是如何通过长期计划为政府协调工业发展奠定基础的。^②1984年，水电部顾问李代耕作为编者出版了两本研究中国电气化早期历史的书，其目标非常清楚——让年轻一代警惕"外国的东西就是好，中国的东西就是落后"的虚无主义观点。1950年代，李代耕协助党组织稳定了长江下游的电力网络，他把中国电力工业的历史看作"帝国主义垄断资本和剥削中国人民"的象征。^③他的技术民族主义价值观反映了1980年代中国领导层的观点。

研究中国的西方学者承认中国电力工业的重要性，但其研究主要集中在以下两个方面：电力工业对中国经济增长的影响以及电力工业作为中国未来领导人的训练场所发挥的作用。捷克裔加拿大科学家和政策分析师瓦茨拉夫·斯米尔（Vaclav Smil）出版过十几本关于中国能源系统的书。欧佩克危机之后，他进入中国能源研究领域，经过两年的"经济考古"，在1976年出版了第一本调查报告。当时处于中美建交之前，美国政府正多方寻求有关中国经济的信息。1978年，美国国会联合经济委员会（the Joint Economic Committee of US Congress）出版了一本关于后毛泽东时代中国经济的论文汇编。这些论文讨论了一个关键问题："中华人民共和国的经济是否已经进入稳定、持续增长

---

① 查工业统计司编《我国钢铁、电力、煤炭、机械、纺织、造纸工业的今昔》出版于1958年，或为同一书。——译注
② 程麟苏：《论抗日战争前资源委员会的重工业建设计划》《近代史研究》，1986年第2期；郑友揆、程麟苏、张传洪《旧中国的资源委员会（1932—1949）——史学与评价》，上海社会科学院出版社，1991，第3—4页。
③ 李代耕：《新中国电力工业发展史略》，"序"。

时期？"①斯米尔和威廉姆·克拉克（William Clarke）在其论文中提供了对中国电力工业的最新评估。克拉克视中国电力部门为"先锋行业"——它必须以一般工业增长速度的1.4倍发展。克拉克的结论是：如果中国电力工业的所有问题都得到解决，"中国工业从1981年左右开始能够实现每年10%的持续增长"。②

在1980年代后期和1990年代，在探寻中国大陆和台湾地区经济快速发展的共同因素的过程中，中华民国和中华人民共和国之间的延续性成为学者关注的焦点。到1980年代，那些被培养为科学家和工程师的男性在中国大陆和中国台湾都身居高位。李成和白霖（Lynn White）注意到，李鹏在1988年至1998年任中国国务院总理，孙运璿在1978年至1984年任台湾"行政院"院长，而主导了两岸经济快速发展的这两位领导人都是从电气工程师成长起来的。中国大陆和中国台湾都具有技术治理倾向。③柯伟林（William Kirby）提出，1927年蒋介石在南京建立国民政府后将电气化视为要务。④柯伟林还指出，中华民国时期的历史遗产为中华人民共和国的中外技术转让和工业发展提供了路径、制度和技术。被延续的还包括"中央政府控制工业和技术发展""与工业发达国家保持紧密而受管制的贸易和技术关系"以及"致力于中央经济计划和研究"等。⑤本研究立足于前辈学者的真知灼见，着力探究电气化进程与国家建设之间的交织与互动。

尽管电力促进了中国经济的快速发展，却一直没有成为研究现当代中国的历史学者的考察对象。⑥而在技术史研究领域，情况有所不

---

① Joint Economic Committee, *Chinese Economy Post-Mao*, ix.

② Clarke, "China's Electric Power Industry," 404.

③ Li Cheng and White, "Elite Transformation and Modern Change".

④ Kirby, "Engineering China".

⑤ Kirby, "Technocratic Organization in China"; Kirby, "Continuation and Change".

⑥ 这种现象在历史研究中并不少见。阿兰·贝尔特伦（Alain Beltran）认为能源无处不在，但能源在人类社会历史中似乎是一个被遗忘的要素，参见 Beltran, "Introduction"。

同。三十余年来，关于电力基础设施的历史研究不断产生新的理论洞
见。在《电力网络》一书中，托马斯·休斯提出了技术系统的四阶段
模型：从开发阶段到技术转让阶段、系统成长阶段，最后达至技术
动量（momentum）阶段。他研究了欧洲和美国 1880 年代的小型城市
间照明系统如何在 1930 年代发展为区域电力网络，在此基础上总结
出了上述发展模型。[①]1990 年代，随着"技术的社会建构理论"（social
construction of technology）的出现，休斯的模型受到批判。在《电气化
美国》一书中，大卫·奈（David Nye）反对休斯过度强调技术发明的
发展时序以及建设电力工业的企业家所发挥的作用，而把电气化进程
描述为"一个内嵌于社会过程的、不断增长的技术潜能的故事"。[②]正
如布莱恩·拉金（Brian Larkin）指出的，休斯的分析以系统为中心，
弱化了技术的重要性，聚焦的是那些有助于技术系统产生的"非技术
性因素"。这也导致下一代学者利用行动者网络理论来"追踪异质网
络间的关联"。[③]

　　电气化史是比较历史研究的沃土。乔纳森·库珀史密斯
（Jonathan Coopersmith）的著作《俄罗斯电气化史》运用了技术的社
会建构理论，他认为休斯的模型不能代表西方发达工业国家之外的世
界。[④]奈和库珀史密斯研究重点的不同源于美国和俄罗斯在经济和社会
层面的差异。21 世纪早期出现的、以应用为基础的技术史研究超越技
术层面，谴责以创新为中心、以富裕的工业发达国家为先的论断，呼
吁一种真正的、考虑技术对贫困和非白人人群影响的全球视角。在
《旧世界的冲击》一书中，大卫·艾杰顿（David Edgerton）表达了上述
观点，号召技术史学者把注意力从新世界转向旧世界，从大国转向小

---

① Hughes, *Networks of Power*.

② Nye, *Electrifying America*, 27.

③ Larkin, "The Politics and Poetics of Infrastructure".

④ Coopersmith, *The Electrification of Russia*, 4.

国，从壮观转向平凡，从富国转向穷国。①出现于一个多世纪前的电力
系统正是对新旧融合做历史性探究的理想对象。

　　电气化史，推而广之能源的历史，强调的是不同的能源传输系
统在塑造现代政治秩序方面所起的不可或缺的作用。研究者因而要
么总结能源基础设施发展的普适性趋势，要么探究地方政治对特定
区域能源基础设施发展的影响。大卫·埃克布拉德（David Ekbladh）
以及后来的克里斯托弗·斯内登（Christopher Sneddon）研究美国
如何把田纳西河流域管理局（TVA）的流域综合开发经验作为一种
自由主义的区域和社会规划模式输出到世界各地。②蒂莫西·米歇尔
（Timothy Mitchell）的《碳民主》一书揭示了煤炭工人如何凭借对燃
料运输枢纽的控制要求民主，但石油生产的社会技术安排却阻止了
石油工人通过罢工行动提出类似要求。③田纳西河流域管理局的水电
开发、欧洲和美国能源公司对煤炭及石油的开采等诸多案例为探究
能源开采对政治的影响提供了广阔的基础。但是，发展中国家的经
验很少被讨论。最近两项关于印度和巴勒斯坦电气化进程的研究纠
正了这一失衡，揭示了国家电气化过程中付出的悲剧性代价。2014
年，苏尼拉·卡莱（Sunila Kale）在关于印度电气化进程的研究中
提出了一个问题：为什么印度的政治家未能让电力通达所有印度
人，并因此在全国造成严重的不平等？弗里德里克·梅顿（Fredrik
Meiton）所著的《电气巴勒斯坦》记录了电气化对犹太建国和巴勒
斯坦失去独立国家地位的影响。④

　　在过去五年里，技术史研究的进展引发了东亚能源史研究的勃
兴。煤是中国能源业的最主要燃料来源，因而也自然是中国能源史研

---

①　Edgerton, *The Shock of the Old*, xiv.

②　参见 Ekbladh, *The Great American Mission*; Sneddon, *Concrete Revolution*。

③　参见 Mitchell, *Carbon Democracy*。

④　参见 Kale, *Electrifying India*; Meiton, *Electrical Palestine*。梅顿指出，他不是第
　　一位注意到能源和政治互相影响的历史学家。

究的起点。早在1984年，蒂姆·莱特（Tim Wright）对1895—1937年煤炭开采的研究挑战了中国在1949年前受困于经济停滞的观点。近二十年后，埃尔斯佩思·汤姆森（Elspeth Thomson）接续蒂姆的工作，开始研究中华人民共和国煤炭开采的历史。又过了十年，萧建业出版了研究伪满时期的"煤都"抚顺的博士学位论文，吴晓则出版了《煤炭帝国》。通过探究煤如何在清朝至中华民国的转型时期成为"中国人获得财富和权力的关键资源"，吴晓开拓了研究帝国主义国家资源攫取史的新路径。[1]

　　本书尝试通过能源史研究探讨革命和战争年代里社会和经济秩序的重构。1990年，周锡瑞（Joseph Esherick）和冉枚烁（Mary Rankin）主编了一册研究中国精英阶层的书，该书的多位作者揭示了地方精英如何抓住商业化和工业化所带来的新机遇。[2]能源史研究揭示了政治动荡时代新生产方式创造的权力运行机制。田岛俊雄（Tajima Toshio）在东京大学带领一批学者做出了初步回应，揭示了时断时续发展的电力工业如何导致中国"匮乏型经济"（economies of insufficiencies）的产生。[3]穆盛博（Micah Muscolino）提出了"军事新陈代谢"（military metabolism）的概念：战争动员刺激了新能源资源的开发。这一点在本研究中有突出体现。[4]金家德（Judd Kinzley）研究新疆资源开发的著作揭示了调查、投资和政治机构的不同层面，为本书提供了重要启示。与金家德"揭示正式与非正式帝国在中国延绵的边境线上的长期历史影响"[5]的做法类似，本研究追踪了中国能源疆域的扩张过程。

---

[1]　Wright, *Coal Mining in China's Economy and Society*; Wu, *Empires of Coal*, 3.

[2]　参见 Esherick and Rankin, eds., *Chinese Local Elites and Patterns of Dominance*。

[3]　参见 Tajima Toshio, ed., *Gendai chūgoku no denryoku sangyō*。田岛俊雄也是朱荫贵和杨大庆编著的《世界能源史中的中国：诞生、演变、利用及其影响》（复旦大学出版社，2020）一书的作者之一。

[4]　参见 Muscolino, *The Ecology of War*, 6 - 7。

[5]　参见 Kinzley, *Natural Resources and the New Frontier*, 10 - 13。

章节概览

以下各章考察了激烈争夺近现代中国统治权的不同政治势力如何在与长期性电力短缺搏斗、从灾难性电力损失中恢复的同时，强化了中国经济和政治制度的韧性。不同于聚焦单一地点的资源开发研究，本书关于战时中国电气化史的研究对地理空间的定义更加灵活。在长达几十年不停歇的战争中，角逐中国电力工业控制权的前沿战线不断变动。本书的叙事始于1882年中国第一座发电厂在上海的建立，但没有止步于上海，而是广涉长江下游、华北、昆明、田纳西诺克斯维尔、北平等地，最后才回到1950年前后的上海。游走于不同尺度的地理空间，本书考察了地方电气化项目在更广泛的国家、区域及国际范围内的影响。在前几章中，中国电力工业的分裂状态体现了当时中国的政治状况。随着中央政府在解决电力危机方面承担越来越活跃的角色，电力成为国家权力的工具，导致地方自治的消失和政治权威由地方向中央政府转移。战时动员催化了这一转变。正如彭慕兰（Kenneth Pomeranz）在《大分流》一书中指出的，煤炭储量丰富的华北地区和燃料紧缺的纺织业中心长江下游地区之间的遥远距离，增加了如蒸汽机等采用化石燃料的技术的成本。[1] 此外，处于战时匮乏之下的日本侵华势力把工业生产转移至华北地区附近，远离长江下游地区，以降低燃料运输成本。

本书前两章聚焦于1882年至1937年长江下游地区的棉纺业和丝绸业所面临的电力短缺。在这两个案例中，当时的中央政府放弃了对电力工业的控制，听凭私人企业自己解决彼此之间的电力分配争端。第一章讨论上海公共租界的工部局如何扩大电力基础设施建设，以满足英国和日本棉纺厂厂主日益增长的电力需求。但上海工部局未能利用对电力的控制实现其政治目标。在1925年五卅惨案后的大罢工中，上

---

[1] 参见 Pomeranz, *The Great Divergence*, 64。

海工部局切断电源，试图迫使英国和日本棉纺厂厂主协商出一个方案以结束罢工。这一做法导致上海工部局被指责为将电力供应政治化，从而助长了帝国主义势力的野心。几年以后，公共租界的纳税人同意将电力设施出售给一家私人公司，以阻止政治力量干预电力分配。

相比于上海工部局，国民党政权对电力工业的控制更弱。第二章的重点是湖州丝绸工业的电气化进程及其与地方和全国政治的纠缠。面对外国机器纺织丝绸的竞争，丝绸工业中心湖州的乡绅们力推丝绸纺织业的电气化。和外国资本家一样，地方精英利用对电力供应的控制来保证自身在社会和经济方面的主导权。[①]湖州发电厂的老板们在没有中央政府帮助的情况下拯救了丝绸工业，他们因而极力反对国民党政权推行电力国营化。新成立的南京国民政府的管理机构力量弱小，缺少购买全国成百上千座发电厂的资本，不得不放弃国营化。[②]面对占优势地位的地方精英，技术官僚回归行业监管者的角色，他们出面调解了湖州丝绸织户与当地电力公司之间的矛盾。但这些监管者只是确定了电力行业内部的定价规则，对小型电力公司缺乏标准、效率低下等问题基本无所作为。

接下来的三章讨论了1937年日本全面侵华战争爆发后的能源危机，以及战时基础设施建设所带来的国家权力的集中化。在第三章，（我们将看到）日本侵略者和国民党政权都把煤炭作为电力工业的首要燃料来源，这一做法不仅由于煤炭资源相对充裕，也因为煤炭的集中生产和运输更易实现。战争的紧急状态使得理性分配和运输燃料资源变得更加迫切。日本人选择牺牲本已高度电气化的长江下游区域，转而扩张华北地区的电力网络。与此类似，为保障燃料来源，搬至西南边陲的国民党政权将煤炭工业和电力工业进行垂直整合。第四章探讨了国民党政权的相关机构如何通过技术转让和应用研究克服电气设

---

① 参见 Esherick and Rankin, eds., *Chinese Local Elites and Patterns of Dominance*。

② 参见 Kirby, "Engineering China."，特别是第 141—143 页。

备的短缺。为适应物资匮乏状况，电气设备的战时的生产者们以更低的生产成本实现了更高水平的标准化，从而有力维护了国家电压标准。战争也使中国有机会和盟国一起调动其尚未充分开发的水电的潜力。第五章转而叙述1942年至1945年国民政府资源委员会和田纳西河流域管理局之间的技术外交。这一技术外交的顶峰是美国大坝建造专家萨凡奇（John Lucian Savage）主持的三峡大坝调研。尝试建造一座具有全国性意义的超级大坝最终让身陷战争和政治动荡的国民政府把本已有限的资源摊得更薄。

最后两章追溯电力从城市战争武器向群众动员工具的转型。第六章考察了国共内战时期电力在城市战争中的决定性作用。该章伊始探究了国民党政权在东北地区接管电力资产的失败如何导致了一场动摇全国经济的能源危机。共产党却赢得了国民党政权下工程师精英们的信任，使得他们在内战结束后能够基本完好无损地接收电力基础设施。在最后一章，我们将看到战争状态的延续形塑了中华人民共和国初期的电力技术设施发展。对国民党"反攻大陆"的警惕和为朝鲜战争进行的动员导致了电力工业的进一步军事化。共产党不愿意增加装机容量，相反，他们调整了上千家工厂的生产日程，让其实行24小时运转，从而实现了对电力需求的重新分配，促使普通劳动者转化为工业大军中的一员。

战争的创伤延绵至今。海峡两岸的政策制定者和工程师依然忧虑能源的中断会使经济发展脱轨。中国电气化早期的历史教训无时无刻不在提醒人们在战争废墟之上仓促建立的集中化电力网络的脆弱性。人们犹如行走于钢丝之上，竭尽全力平衡短期经济收益与长期政治稳定及环境可持续性之间的矛盾。这是人类世时代的历史困境。大规模的碳锁定效应及对蓄意破坏的担忧依然困扰着正朝向可再生资源转型的海峡两岸。

第一章
干丝万缕

1920年代，初到上海的人会着迷于那由电创造出的现代城市的声色光影。自1883年始，电灯便照亮着上海外滩、南京路及百老汇路（今大名路——编注），日日夜夜展示着上海建筑的国际化风情。城市的灯光将外滩和法租界的欧式建筑衬托得愈发美丽，有轨电车叮叮当当穿梭于公共租界。夜晚的上海从不乏味。商店的招牌闪烁着霓虹灯，饭馆和舞厅营业至深夜，剧院巧妙地把舞台灯光融入演出，让观众大为倾倒。

支撑上海繁华的能源从何而来？沿着图1–1，就可以找到上海的动力之源。离开外滩的炫目灯光，从花园桥（现名"外白渡桥"）跨过苏州河，沿着百老汇路，向东走到杨树浦路。从这一刻开始，"东方巴黎"开始隐入背景，"东方曼彻斯特"在眼前徐徐展开。杨树浦路的两边纱厂林立，附近的兰路上也分布着好几家。空气中弥漫着蒸汽和煤灰。一部分煤灰来自纺织厂的烟囱，在那里，工人们把煤铲进一个大熔炉，以维持老式蒸汽机和发电机的运转。一部分煤灰则来自位于杨树浦路东端的江边电站。江边电站建成于1912年，一直由上海工部局掌管至1929年。中日英三国纺织厂是这座电厂的最大主顾。

上述假想的、从外滩到东部纺织区的旅程再现了上海电力的发展历程。电灯照明促进了上海城市电力系统的诞生，也激发了中国作家茅盾以及到过上海的日本作家芥川龙之介和谷崎润一郎的文学想象。

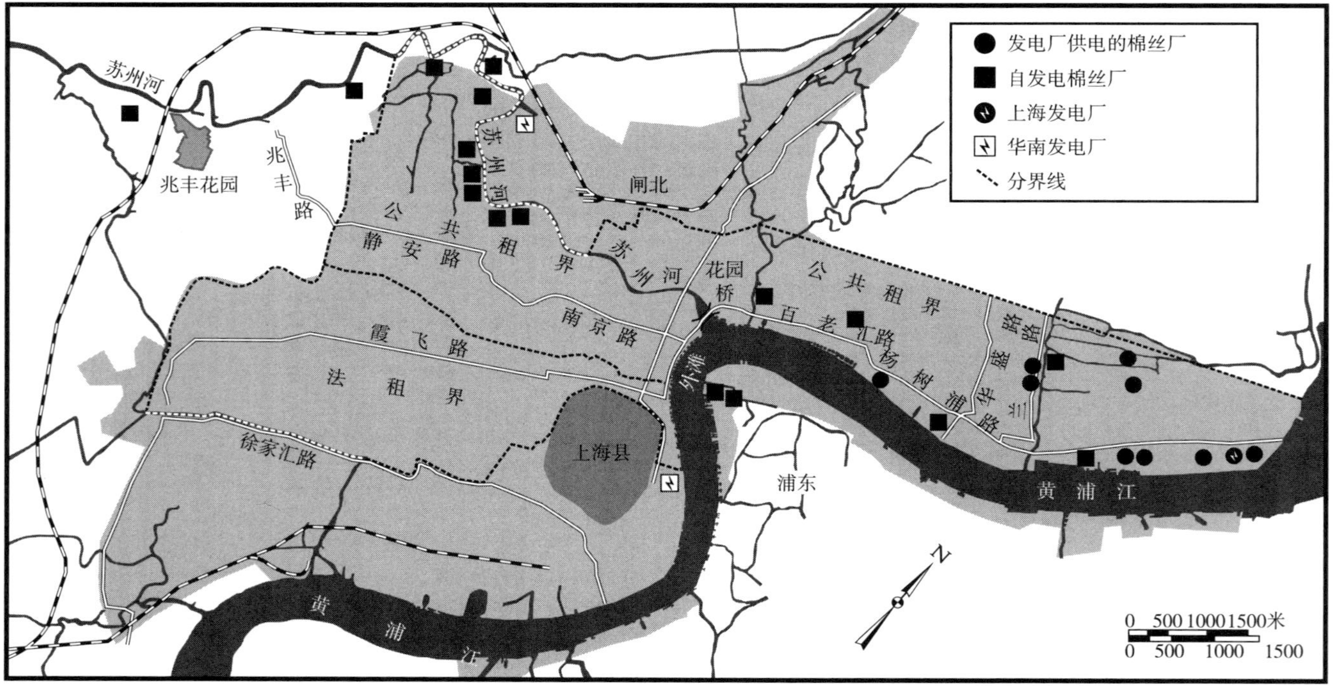

图1-1 1929年前后上海主要电厂和纺织厂分布图

说明：位于杨树浦路东端的发电厂为公共租界的纱厂供电。诸多华商经营的磨坊以及日本华商纺织、内外纺织在浦东陆家嘴沿着苏州河建立的日本纱厂群都自行发电。

图片来源：《报知新闻》附录，1929年电力统计调查。制图人：麦克·贝克霍尔德（Mike Bechthold）。

但如果利润仅仅来自电灯照明，上海电力工业恐怕早已夭折。正是来自棉纺厂的巨量电力需求催生了上海电力基础设施的扩张。对电力资源的争夺成为中外纺织厂主们商业战争的重要面向。[①]电力资源争夺战的结果塑造了资本匮乏条件下的经济加速发展模式，催生了经济自主理念，也产生了影响环境甚巨的残留性低效（residual ineffiencies）。

　　回顾中国工业化早期的动力之源，不仅可以追溯上海电力基础设施及其关键工业的发展历程，还可以揭示技术的不均衡发展所产生的问题。中国棉纺生产的机器化始于电力进入中国之前。1878 年，上海第一家纱厂成立，4 年后第一家电厂才建立。彼时电厂的发电量远远不能满足需求，第一代纱厂都安装了自己的发电设备。1914 年后，上海电力设施急速扩张，但"自发电"模式并未结束。日本纱厂成为新增电力设施的最大受益者，而中国企业主们继续自己发电，甚至安装使用蒸汽机的过时机器。这种过时造成了上海纺织工业的残留性低效。

　　自发电使得中国棉纺厂免受上海工部局内"跨国殖民主义"的翻云覆雨之害。我赞同杰克逊（Isabella Jackson）的观点：上海工部局虽由英国主导，但其成员来自不同国家，他们有殖民主义者的属性而无国家属性，他们的合作需要超越母国利益。[②]也就是说，上海工部局倾向于限制中国企业使用公共事业设施。在 1925 年的五卅运动中，英国人将电作为解决罢工问题的谈判筹码。有趣的是，被拒于电力网络之外、安装了自发电设备的中国棉纺厂，反而比那些依赖电力部门供电的棉纺厂更快恢复生产。

　　中国棉纺厂的机器化具有深远的环境影响，触发了中国从有机经济向碳经济的转型。尽管我同意斯文·贝克特（Sven Beckert）关于

---

① Broggi, *Trade and Technology Networks*, 36. 布罗吉提出，洋务运动的革新派视纺织厂的建立为"消费品市场'商战'"的组成部分。

② Jackson, *Shaping Modern Shanghai*, 8.

"棉花是更大范围工业革命的跳板"的论断，但对于他声称中国和印度是"以欧洲为中心的棉花帝国的附庸"的观点 [1] 持不同意见。中国棉纺工业的电气化为人类世时代的大加速发展打下基础，人类经济活动的大规模扩张在全球层面影响着地球系统的运行。本章将回答阿米塔夫·高希（Amitav Ghosh）提出的问题："帝国主义是否因减缓了亚洲和非洲经济发展的速度，而在事实上延迟了气候危机的肇始？" [2] 我认为，帝国主义势力不仅通过为上海棉纺工业提供资金把碳密集型工业生产模式引入中国，而且其制造的不平等加重了上海纺织工业的能源负担。

从照明到动力（1882—1915）

上海电力工业的碎片化反映了城市的政治面貌。中国第一家发电厂坐落于上海公共租界，从1882年7月26日开始发电。就在那一年，托马斯·爱迪生（Thomas Edison）用珍珠街发电厂的直流电点亮了华尔街。曾任上海工部局总董的罗伯特·立德尔（Robert Little）筹资将南京东路和江西路交会处（现在的南京东路地铁站）的一座仓库改建成了小型发电厂，装备了一台16千瓦直流发电机组。

在1897年和1911年，新资本蜂拥进入增长潜力巨大的上海电力市场。1897年，法租界在洋泾浜建立了自己的发电厂，并于1906年将电力公司和电车公司合并，成立了上海法商电车电灯公司。1898年，清政府成立了上海南市电力公司，后于1906年将其卖给华商李平书及其合作者。1918年，上海南市电力公司与华商电车公司合并，重组为招商电气公司。1911年10月，李平书在中国控制的上海闸北区建立了闸

---

① Beckert, *Empires of Cotton*, xiv.
② Ghosh, *The Great Derangement*, 110.

北水电公司。^①这些后来者们逐步把上海分割为不同的特许经营区，一开始其主要利润来源于电灯照明，后通过提供工业用电不断扩大客户群。1907年，上海电力的92%用于公共和私人照明。到1935年，全国范围内电力照明仅占电力总消费的25%（390307度电），而工业用电量达到57%（892046度电）。剩余的18%在传输中损耗了。^②

电灯照明与煤气及其他能源的激烈竞争限制了其增长幅度。杨琰的研究表明，第一代弧光电灯成本比煤气灯成本高。1883年2月，立德尔以每年银9100两的成本竞标，试图将南京路、外滩及百老汇路的155盏煤气灯替换为35盏弧光电灯。而煤气公司提供的反向竞标方案是新装62盏煤气灯，成本仅需银4542两。1883年至1892年间，弧光电灯的数量从35盏增长到81盏，而煤气灯的数量则从398盏增长到了483盏。直到1892年，煤气灯的成本仍比电灯照明低40%。立德尔的上海电气公司囿于人力和资本短缺，甚至不能及时修复损坏的发电机和弧光电灯。^③1888年，上海电气公司进行了重组，并于1893年被上海工部局收购。^④在上海工部局取得电气公司所有权的同一年，电灯照明的成本开始低于煤气照明。

新出现的交流电系统促进了发电网络的扩张。在电气公司早期采用的直流电系统中，电流传输距离超过1英里时，电压便急剧下降。立德尔曾设想把自己的小型发电厂向北搬到半英里外乍浦路的另一座仓库，以解决电力传输损耗的问题。正如厄尼斯特·弗里伯格（Ernest Freeberg）所指出的，1889年，由西屋电气公司和汤姆逊–豪斯顿公司（Thomson-Houston）开发的交流电系统开始取代爱迪生的

① 上海市电力工业局史志编撰委员会：《上海市电力工业志——概述》，http://www.shtong.gov.cn/newsite/node2/node2245/node4441/node58149/index.html，2017年10月12日访问。

② Chūgoku tsūshinsha chōsa bu, *Shanhai*.

③ 杨琰：《政企之间：工部局与近代上海电力照明产业研究（1880—1929）》，上海社会科学院出版社，2018，第64页。

④ Chūgoku tsūshinsha chōsa bu, *Shanhai*.

直流电系统。交流电系统效率更高、更具灵活性。[1]高压传输交流电可以大大降低线路上的损耗。变压器网络再把电压降低至可供消费者安全使用的数值。1896年，归属于上海工部局的上海电气公司在斐伦路（现在的九龙路）建成了一座采用交流电系统的新电厂。上海电力网络急速扩张。据上海工部局电气工程师奥尔德里奇（T. H. U. Aldridge）统计，1903年至1907年，上海的电气干线增长了210英里，在1907年总长达到400英里。[2]

在此快速扩张期，电灯照明的利润增长开始减缓。1883年至1907年，上海街头的照明弧光灯从35盏增长至238盏。1886年后的几年里，高能耗弧光灯的利润增长开始下降。1882年至1893年，弧光灯的数量每年以19.2%的比例增长。[3]每盏弧光灯的利润在1886年达至顶峰——银253两，保持几年后，逐步降至1893年的140两。[4]在接下来的13年间（1893—1906），弧光灯数量的年增长率降至4%。1907年，新增弧光灯数量仅为11盏。[5]耗电量低的住宅照明和小型街灯开始流行，但这无助于电气公司利润的提高。为非主干道和远程街区提供照明的是736盏白炽灯。1900—1907年，新安装电灯的数量以每年32.6%的比例增长，但电的销售量仅增长了22%。[6]单靠电灯照明本身，并不能为电力设施的进一步扩张提供足够的利润增长。

英国人控制的上海工部局认为工业用电是可观的增长领域。在

[1]　Schivelbusch, *Disenchanted Night;* Freeberg, *The Age of Edison*, 189 - 190.

[2]　Shanghai Municipal Council, Report for the Year 1907, 200. Accessed through HathiTrust。

[3]　参见杨琰《政企之间：工部局与近代上海电力照明产业研究（1880—1929）》，第74页。参考《上海工部局年度报告（1882—1894）》，上海市档案馆藏，档号：U1-1-907。

[4]　杨琰：《政企之间：工部局与近代上海电力照明产业研究（1880—1929）》，第75页。

[5]　Shanghai Municipal Council, Report for the Year 1907, 201.

[6]　Shanghai Municipal Council, Report for the Year 1907, 201, 205.

1907年12月的一份报告中，奥尔德里奇记录了"用作动力的电"销售量增长了114%，达到141146度，并说明："在照明需求相对小的白天，应采取一切可能的措施鼓励用电负荷的发展，以提升发电厂的荷载系数，从而间接降低发电成本。"①奥尔德里奇完全有理由对此持乐观态度。1907年，上海金融区的电梯数量在一年之内从10台增长至23台。市中心和城区东部的港口也使用了电动起重机装卸货物。在扩建斐伦路发电厂后，上海工部局紧接着安装了一台更大功率的发电机，上海有轨电车从而得到了进一步发展。电力发动机似乎开启了新的利润之源。

奥尔德里奇写于1907年的报告描述了上海电力基础设施最雄心勃勃的扩张，也显示了工业用电日趋重要。上海工部局选择在上海纺织工业的中心——杨树浦建立新电站。杨树浦江边电站位于上海公共租界的东端及黄浦江畔，相比于斐伦路电站，杨树浦江边电站的位置更佳。斐伦路电站"没有便捷的取煤之道，也缺少用于冷凝的水资源"，"每到冬季，用驳船运煤变得困难，所有的煤必须用篮筐运进来，当时每天进出的篮筐数量已达到300个"。②上海工部局对于电力发展前景极为乐观。这一点可以从奥尔德里奇的描述中看出来："电站应该被设置为5000千瓦的装机容量，但同时要有满足未来无限扩张的安排。"③

奥尔德里奇聘用了亚瑟·H.普利斯（Arthur H. Preece），亚瑟·H.普利斯的父亲威廉·普利斯（William Preece）是英国邮政总局的总工程师，以及普利斯和卡杜电力和通信公司（Preece & Cardew）一位周游世界的合伙人。当时预测的电力需求很高，普利斯遂提议安装两台1500千瓦的汽轮发电机组，代替之前计划的1000千瓦发电机组。上海

---

① Shanghai Municipal Council, Report for the Year 1907, 202.

② Shanghai Municipal Council, Report for the Year 1907, 204.

③ Shanghai Municipal Council, Report for the Year 1907, 204.

的用电荷载系数可以和英国的考文垂和西汉姆媲美，所以无须担心电站产能过剩。普利斯曾管理加尔各答的电力设施，他预测上海电气公司可以在两年半内收回成本。上海电网主要采用的是高压架空线路，比部分埋入地下的加尔各答电网线路成本更低。[①]

　　上海之外，中国最早一批发电厂在起步之初仍把电灯照明作为核心业务，但之后逐步推动电力发动机的使用。华商建立的第一批发电厂依然遵循洋务运动所提倡的"官督商办"模式。1890年，定居美国的中国商人黄秉常申请建立广州电灯厂。两广总督、洋务运动领导人张之洞适时批准了这一申请。[②]1905年，黄秉常的电灯公司倒闭，被清政府收购，并与另一家外商发电厂合并为广州电力有限公司。在33家成立于1911年以前的民族资本经营发电厂中，27家注册为"电灯厂"。[③]其余6家被命名为"电气公司"或者"发电厂"，但也都是从其他电灯厂重组而来。另一个体现早期技术采用者认为电将成为通用型技术的例子发生在安徽省芜湖市。来自合肥的吴兴周靠卖杂货发了家，他于1906年在芜湖成立了明远电灯有限公司。靠着从电灯照明中赚得的钱，吴兴周又开办了面粉厂、火柴厂、机器厂、电话局及其他实业。[④]电力公司的多元化经营促进了上海之外地区的工业化进程。

纺织生产中的能源革命

　　说回上海，1912年，江边电站建成，几年后，纱厂成为用电大户。即使其预测已经相当乐观，普利斯和奥尔德里奇还是大大低估了

①　Shanghai Municipal Council, Report for the Year 1907, 213.
②　原文如此。张之洞任两广总督时间为1886—1889年。——编注
③　李代耕：《中国电力工业发展史料　解放前的七十年（一八七九——一九四九）》，水利水电出版社，1983，第9—10页。
④　陈伟国、任良成编著《中国近代名人股票鉴藏录》，上海大学出版社,2012，第51页。

上海的电力需求。正好建立于上海发电扩容期的日本棉纺厂充分利用了价格便宜、供应充足的扩容电力。然而向电网购电的华商棉纺厂为数寥寥，它们大多入局太晚，最后还是回到自行发电的老路上：要么购买由蒸汽机驱动的过时机器；要么把自己的设备连接到被电力公司排斥的电网上。用电权的不平等成为中外纺织厂争端的一个源头。

中国棉纺生产的机器化过程在引入电力之前已经开始。至19世纪末期，进口的印度机织棉纱已经开始在中国取代手工织棉纱。正如城山智子（Shiroyama Tomoko）指出的，粗糙但耐用的机织棉纱非常流行，以至长江下游产棉区的农民直接购买印度棉纱织布出售。[1]同时，力主改革的洋务派号召建立中国人自己的棉纺厂以替代进口。1878年，洋务运动领导人李鸿章成立了官督商办的上海机器织布局。作为中国第一家国家出资的棉纺厂，上海机器织布局从美国进口了530台织布机和35000枚纱锭，从1889年开始生产。1893年，一场大火烧毁了机器设备，有官衔的实业家盛宣怀接手了上海机器织布局，并将其重组为华盛纺织总厂。[2]其子公司包括上海道台龚照瑗1888年创办的华新纺织新局。[3]1895年，学者型官员张謇在官股参与下创办了大生纺织一厂，该厂是柯丽莎（Elisabeth Köll）研究区域型企业时使用的案例。[4]1895年至1914年，中英日三国商人共在上海成立了10家棉纺厂，这带来了电力需求的激增。

然而，现有发电厂的发电量不能满足工业用电需求。即使经历了1888年重组，上海发电厂的瞬时功率输出峰值仅能达到150千瓦，还不足上海最小棉纺厂电量需求的一半。[5]仅有2000枚纱锭的同昌协记安

[1]　Shiroyama, *China during the Great Depression*, 43–45.

[2]　刘涛天：《纺织业概况调查》，《教育与职业》第179期，1936年9月。

[3]　Faure, "The Control of Equity in Chinese Firms."

[4]　Köll, *From Cotton Mill to Business Empire*.

[5]　Chūgoku tsūshinsha chōsa bu, *Shanghai*.

装了一台350千瓦的蒸汽机为机器提供动力。[①]纱厂把蒸汽机的修理、维护和运行外包给了一位外号叫"老鬼"的技工，按照安装的卷轴数每月付酬给老鬼。[②]此外，最早一代的交流电技术不适用于工业用电。斐伦路电站生产的是2200伏的单相交流电。单相发电系统输出的是脉动电流，和匀速运转的纺织机器不兼容。单相交流电需要的导电材料更多，从而提高了电力网络的扩张成本。发电电压低意味着电只能在较短距离内传输。斐伦路电站距离杨树浦路的棉纺厂集中地带甚远，使得电力传输很不经济实惠。

　　1912年杨树浦发电厂投入使用之时，上海工部局开始在公共租界推动工业电气化。前身为华新纺织新局的恒丰纱厂是首批向上海电网买电的棉纺厂。其总经理聂云台是洋务运动维新派人士曾国藩的外孙。科大卫（David Faure）研究发现，聂云台的父亲聂缉椝从1890年担任上海道台起便开始积攒华新纺织新局的股份，到了1905年，他已购得该公司2/3的股份。[③]1909年，聂氏家族趁拍卖之际控制了华新纺织新局。聂云台认为，棉纺厂从蒸汽动力转换为电气动力可以彻底摆脱"老鬼"的控制，并提高产品质量。蒸汽的温度变化使得织布机的动力不稳定，纱线的质量因而良莠不齐。聂云台买入了15台总功率高达554马力的电动马达，一劳永逸地解决了这个问题。恒丰纱厂生产的16支粗纱成为上海纱布交易所的产品标准。[④]

　　日本棉纺厂的出场恰好踩在新发电厂开张的节点上，它们很好地利用了新的生产模式。上海纺织会社成立于1914年，由英国、日本和中国三国商人联合经营，拥有3万枚纱锭，初期依靠一台3200千瓦

---

①　华商纱厂联合会：《中国纱厂一览表》，华商纱厂联合会，1933。

②　Lieu, *The Silk Reeling Industry in Shanghai*, 69.利奥在其研究中描述了"老鬼"在丝纺业的工作情况。雇用分包商管理蒸汽室的做法始于英国人开办的棉纺厂。

③　参见Faure, "The Control of Equity in Chinese Firms," 60。

④　参见朱有志、郭钦主编《湖南近现代实业人物传略》，中南大学出版社，2011。原注为《湖南近代实业人物传略》，有误。——译注

的蒸汽机提供动力。在其产量增长了3倍并拓展了织布业务后，上海纺织会社开始向江边电站购电。[1]电是主要成本来源。例如，一家使用丰田棉织布机的日本纺织厂每年用电需花费1200英镑，占其总成本的2.8%。[2]日本纺织厂商人将其生产转移到上海，不仅是因为生产成本更低及可规避针对日本商品的关税，[3]可以获得廉价电力也是重要因素。上海电费和伦敦相当，仅需2.5便士一个单位，比加尔各答低了37.5%。[4]到1914年，工业用电和取暖用电取代电灯照明，成为上海电气公司的主要收入来源，其在很大程度上是由新成立的日本棉纺厂对电力的需求所推动的。[5]

彼时，依然有大量棉纺厂继续使用原有的蒸汽机和发电机，不向电气公司购电。根据国民政府建设委员会1929年的全国电力工业统计调查及华商纱厂联合会1933年收集的数据，1915年前创办的中外棉纺厂均继续使用自发电。[6]1895年，怡和公司及当地华商联合创办了华商纱厂（Sino-British Textile Bureau），该厂直到1930年代还在使用3100千瓦的蒸汽发电机供电。[7]直到1929年，中国共有60万枚纱锭依然依靠蒸汽动力。在一家棉纺厂工作的电气工程师张望良发现，棉纺厂老板知道从电气公司购买电更便宜，却不愿意做出改变，其原因有四条。第一，电动马达比蒸汽驱动的机器功率低，价

---

① 上海纺织会社创办时的相关数据来自发表于1933年的中国棉纺厂列表。电力消耗数据来自国民政府建设委员会的电力工业统计调查。当时9家日本纺织厂只有4家报告称其使用自发电。

② 唐孟雄：《英国兰开夏棉业公司试验自动布机之正式报告》，《华商纱厂联合会季刊》第10卷第1期，1932年。

③ Duus, "Zaikabo," 84.

④ Shanghai Municipal Council, Report for the Year 1907, 213–214.

⑤ Shanghai Municipal Council, Report for the Year 1927, 370. 随着江边电站的建立，1912至1914年，上海发电容量翻倍；而同一时期工业用电和取暖用电的销售量增长了544%。

⑥ 《全国发电厂调查表》，建设委员会，1929。

⑦ 华商纱厂联合会：《中国纱厂一览表》。

格却更高。第二，安装费用高昂。第三，电动马达的维护成本高。第四，丢弃旧机器上的飞轮、缆线和皮带极为浪费。[①]过时的设备之所以被继续使用，是因为对于缺少资本的小棉纺厂来说，这是最经济实惠的。

从电气公司购买电的棉纺厂也不得不应付电力故障和短缺带来的生产中断。江边电站成立不到两年就发生了严重故障。1915年1月，1号发电机组和2号发电机组的涡轮叶片折断。1917年9月和10月，3号发电机组和4号发电机组被烧毁。为缓解电力短缺，电气公司安装了1万千瓦的5号发电机组。因为第一次世界大战的爆发，电气公司直到1919年才把损坏的1号发电机组和2号发电机组用船运到日本维修，而另从英国发货的两台发电机组延宕至1920年才送到。[②]电气公司亦无法满足新增加的电力需求。1918—1921年，新增8家华商棉纺厂，其纱锭数高达24.6万枚，它们安装了内部发电设备以保证自发电的供应。[③]恒丰纱厂是最早使用电网电力的公司之一，第一次世界大战后因市场需求增长，该厂扩大了生产规模，1921年，开设了一家分厂，增加了164台织布机和约2.3万枚纱锭。看到发电厂无法满足新的电力需求，恒丰纱厂自行安装了2198千瓦装机容量的发电设备。而当时上海的10家英国和日本棉纺厂中，只有4家安装了自己的发电机或蒸汽锅炉，其余6家均从电网购电。与此相对，28家华商纺织厂中有16家自行发电。[④]

中国纱厂老板根据类似规模的日本纱厂数据来估算自己的能源需求。日本和中国纱厂均使用印度和中国的短纤维棉生产纱线密度在30

---

① 张望良：《纱厂由蒸汽动力改用电气动力之管见》，《华商纱厂联合会季刊》第8卷第4期，1930年，第1页。

② 上海市电力工业局史志编纂委员会：《上海市电力工业志》，水利电力出版社，1993，第25—26页。

③ 华商纱厂联合会：《中国纱厂一览表》。

④ 建设委员会：《全国发电厂调查表》，第63—65页。

支以下的粗纱。[①]中国人公布的最为准确的能源投入统计是基于日本和歌山县箕岛纱厂经理杉本秋（Sugimoto Aki）记录的单日生产情况做出的。杉本通过一些已知的变量，如每日生产的20支、30支、40支棉纱数量以及每日消耗的能源总量，计算出能源效率。他先减去工人宿舍用电和照明用电电量，剩下的电量则假设都用于机器动力。然后他基于上述所有变量算出并条机前滚轮每分钟平均转数。算出消耗在并条阶段的电量后，杉本接着计算初纺、再纺、三纺、精纺及络筒等过程的电力消耗。计算结果显示，纺织一包406磅重的20支棉纱需要消耗265度电，同样重量的30支、40支棉纱则分别需要耗电397度、520度。[②]这些数据为纱厂老板选择合适功率的发电机提供了参考。尽管如此，杉本的能源消耗统计并不适合普遍推广。不同纱厂因棉纤维长度、滚筒转速、机器部件重量以及棉纱精细度等差异而有不同的能源需求。

值得注意的是，中国棉因其纤维更短，处理起来需要消耗更多的能源。[③]结合1906年出版的《国际技术图书馆》这本教材上的信息分析杉本的计算，可以帮助我们理解为什么会出现这种情况。短纤维要求滚轴之间的距离更短。比较来看，使用美国棉的底部滚轴之间的距离是1.25英寸，使用埃及棉和海岛棉的底部滚轴之间的距离是1.375英寸，使用中国棉的滚轴距离在0.875—1.125英寸之间。假设机器部件的重量相同，生产相同长度的棉纱，使用中国棉的滚轴每分钟转速须更高。

---

① 《国际技术图书馆》规定："按照线的粗细"，棉纱"分为粗支纱、中支纱、细支纱"，"线的粗细则由1磅重纱的汉克（hank）数量决定。1汉克纱长840码，纱的支数由达到1磅重的汉克数量决定。1磅重的10支纱有10汉克，或者10个840码长，也即8400码"。何为粗支纱、中支纱、细支纱并无具体规定，但根据经验，30支以下的纱都被认定为粗支纱。

② 何达：《棉纱纺绩与消费电力量》，《华商纱厂联合会季刊》第9卷第1期，1931年。

③ 李式中：《纺织原料（续）》，《华商纱厂联合会季刊》第10卷第1期，1932年，第6页。同时参见 Shiroyama, *China during the Great Depression*, 45。

许多纱厂继续冒险使用内部发电，而不是从电气公司购买电。纱厂自行承担发电的燃料及设备维护费用。日本企业三井物产垄断了煤的供应，上海煤价因而是加尔各答的两倍。[1]当日常维护需要关闭发电机时，纱厂必须停产，电机也经常出故障。1926年5月，日本喜和纱厂电机发生爆炸，造成一死四伤。爆炸极为剧烈，甚至烧穿了五英尺厚的钢板。两位日本技术人员受了重伤，但人好歹活了下来。[2]

作为谈判筹码的电

1925年夏天，日益仰赖新扩容发电厂电力的纱厂老板开始意识到，伴随新技术而来的是政治风险。1925年5月，以上海内外棉第七厂日本资本家枪杀工人顾正红为导火索，各地陆续爆发反帝运动，这就是著名的五卅运动。在这场运动中，电力供应在历史上第一次被用作政治危机中的谈判筹码。由于上海工部局对全市工业实施停电措施，处于罢工运动中心的纱厂不得不停产。而那些一直自发电的华商纱厂反而能够在这场政治危机中继续其部分生产。

上海工部局在大罢工刚有苗头时就着手保障公用设施的运行。1925年6月1日，上海宣布进入紧急状态；第二天，一队美国海军进驻江边电站和自来水厂。6月4日，1300名中国电厂工人加入总罢工。1925年夏天，共有来自200家企业的约20万名工人进行了长达数月的罢工行动。[3]工部局电气处雇用了100名俄罗斯工人顶替罢工工人，以维持至关重要的电力系统的运转。总工程师奥尔德里奇打算开除46个罢工的中国工人，长期保留30个俄罗斯工人，以"形成

---

①　Shanghai Municipal Council, Report for the Year 1907, 213–214.

②　《喜和纱厂电机炸毁》，《纺织时报》1926年5月31日。

③　Perry, *Shanghai on Strike*, 82.

未来在罢工中可以仰仗的核心团队"。[①]1925年6月29日，电气处决定：自7月7日中午12时起，停止向食品厂之外的用户供电。理由是人手不足。后藤春美（Goto-Shibata Harumi）指出，为了解决罢工问题，英国驻北京公使白慕德（Charles Michael Palairet）以断电向中国当局施压，要求其处理煽动罢工者。[②]公共租界内的中国人则向意大利总领事罗西求助，但罗西向工部局发出的威胁空洞无物，只有被无视的份儿。[③]

电力封锁对上海纺织业造成了严重伤害。持续两个月的工厂停摆让中国纱厂老板损失了326万元。5家安装了发电机的中国纱厂在7月恢复生产，每周售出285包现纱。随着50万枚纺锭停产，现纱产量每天减少1000包。[④]日本纱厂更是首当其冲，损失巨大。7月16日至27日，中方派出的交涉员许源[⑤]和日本驻沪总领事矢田七太郎（Yada Shichitaro）就解决罢工问题进行了磋商。[⑥]正当中日双方即将打破僵局时，日本纱厂老板要求在工人复工前恢复供电。但电气处执意要等到罢工完全结束才恢复供电，回绝了日本董事樱木（S. Sakuragi）的要求。[⑦]8月11日，日本纱厂老板和中国工人达成妥协。双方谈成的六大条件中有一条是："自行发电的纱厂必须立即复工。依赖电气处供电的纱厂在供电恢复后立即复工。"[⑧]这一条意在防止工人在纱厂尚未复工之时就要求厂方支付薪水。

而英国依然利用其对电力的控制拖延解决罢工问题。8月13日，

---

① Zhang Qian, ed., "Minutes for the Meeting on June 22, 1925," in The Minutes of Shanghai Municipal Council, 105. 以下简称SMC并注卷册号、会议时间和页码。

② Goto-Shibata, *Japan and Britain in Shanghai*, 26.

③ Zhang Qian, ed., Minutes of the SMC, Vol. 23, July 6, 1925, 118.

④ 《上海纱花市况》，《纺织时报》1925年7月13日。

⑤ 原文如此，许源的身份为外交部驻沪特派员。——编注

⑥ Goto-Shibata, *Japan and Britain in Shanghai*, 27.

⑦ Zhang Qian, ed., Minutes of the SMC, Vol. 23, July 31, 1925, 140.

⑧ Goto-Shibata, *Japan and Britain in Shanghai*, 27.

总工程师奥尔德里奇再次回绝了日本恢复供电的要求，并表示："在电气处职员依照工部局的条件复工前，电力供应不可能恢复。"[1] 当时，英国人已经意识到因日本虐待中国工人导致的劳动争端演变成了对英国的抵制。中日之间解决了彼此间的分歧，但英国工厂内的对峙尚未结束。8月21日，英国驻沪领事西德尼·巴顿（Sidney Barton）在发给英国驻北京公使的一封备忘录中表示，不同意任何"使日本纱厂复工，而英国纱厂却因反英罢工而继续关闭"的安排。在这份文件中，巴顿认为电力供应是"最有效的武器"，"可以增加足够的志愿工人保障向日本工厂供电，但在恢复正常之前拒绝向中国工厂供电"。巴顿还倨傲地对日本纱厂联合会发出的抵制工部局电气处、自行建立发电厂等威胁不屑一顾，并重申了自己的观点："在处理日本纱厂罢工中出现的排外尤其是排日骚乱时，上海工部局偏袒日本利益，因而引起了5月30日的大罢工。"[2] 许源成功解决了日本纱厂老板与中国工人间的矛盾，并主动表示将说服中国工人在8月26日无条件复工，但工部局电气处执意要开除200名中国工人，而留下之前替代他们的俄罗斯工人。[3]

巴顿表现得很强硬（saber-rattling），但几天后工部局的英国董事们就已经明白断电策略不可持续。工部局总董费信惇（Stirling Fessenden）警告道：中断供电会让上海的中外势力都认为工部局成了英国利益的代言人。他认为："因此，任何产生工部局偏袒某个特定国家利益印象的行为都必定会被有意向改变工部局现有管理模式的各方势力解读为改造工部局的理由。"他因而建议回复中国外交部特派

---

① Zhang Qian, ed., Minutes of the SMC, Vol. 23, August 13, 1925, 148.

② Robert L. Jarman, ed., "Despatch No. 143 dated 21st August 1925 from the British Consul General in Shanghai to the British Legation in Peking," in *Shanghai: Political & Economic Reports, 1842–1943 British Government Records from the International City*, Vol. 14 (London: Archive Editions, 2008), 248.

③ Zhang Qian, ed., Minutes of the SMC, Vol. 23, August 27, 1925, 153.

交涉员，明确表达："当所需工人复工后，工部局将立即恢复供电。"①
英国人做出了退让，撤回开除200名电力工人的决定，但依然表示会
解雇那些无用工需求的工人。9月8日，英国人主导的工部局恢复了供
电，但18天后工人们才被劝服在英国工厂复工。②

　　五卅大罢工后，上海棉纺织业经历了一场衰退。上海纱厂停产
后，日本棉纱涌入中国市场。为绕过对日本商品的抵制，分销商将这
些棉纱的品牌标签去掉，贴上显示其为中国制造商品的标签。在五卅
的余波中，一批在华日本纱厂关闭。1925年，纱厂数量从26家减至
22家，1927年回增至24家。③1927年4月，国民党在上海发动四一二
"清党"反共事件，此后直到1929年初，上海没有一家新纱厂成立。
经常性的罢工运动严重损坏了交通网络，也阻碍了江边电站的进一步
扩建。尽管上海棉纺织业急剧衰退，其他行业的电力需求依然增加了
电气处的收入。

　　尽管电气处为工部局提供了大部分财政收入，上海工部局在罢工
出现之初就计划卖掉它。电力专门委员会董事白克（A. W. Burkill）对
此的解释是，卖掉电气处可以确保电力"仅被视为超越政治影响的纯
工业行为"。④白克认为，电力的企业化可以保障电力供应便宜而充足，
并消除因工部局对五卅大罢工处理方式而产生的不信任。上海电力市
场增长潜力巨大，这意味着工部局能把电气处卖个好价钱。至1920年
代后期，上海发电厂比英国曼彻斯特电厂销售的电力还多，荷载系数
也更高。1929年4月，工部局通过了一项决议，同意以8100万两白银
的价格将电气处卖给美国电气债券和股份公司（EBASCO）。基于稳定

---

① Zhang Qian, ed., Minutes of the SMC, Vol. 23, August 27, 1925, 153.
② Zhang Qian, ed., Minutes of the SMC, Vol. 23, September 1, 1925, 158; Goto-Shibata, *Japan and Britain in Shanghai*, 30.
③ Shiroyama, *China during the Great Depression*, 45. 城山智子引用了设在上海的全国棉业统制委员会的数据，这些数据和华商纱厂联合会的棉纺工业统计数据高度一致。
④ Zhang Qian, ed., Minutes of the SMC, Vol. 24, March 25, 1929, 354.

的财务预期，公司很快安装了一台中压锅炉，将发电厂的装机容量提高至16.1万千瓦。①电气处更名为上海电力公司，做好了进入加速发展的新时期的准备。

1929年新成立的4家纱厂成为新组成的上海电力公司的潜在客户。申新第八纺织厂和协丰纱厂没有采取自发电模式，而是选择向电力公司购电。②1932年，在刊于《华商纱厂联合会季刊》的一则广告中，上海电力公司宣称为上海实业界供给的电力为"十九万三千马力以上"，"在上海只有本公司能供应此项电力"。③公共租界之外的纱厂也开始向电力公司购电。地处浦东的恒大纱厂便为其中一家。因成立时附近没有电厂，它原本依赖的是厂内一台500千瓦发电机组。1932年，浦东电气公司建立，恒大纱厂便直接从该公司购电，不再内部发电。④

但并不是每一家新成立的纱厂都采用申新第八纺织厂和协丰纱厂的做法。1929年，杨氏开办了隆茂纱厂，后又买下了东华一厂的资产。⑤东华一厂由日本商人于1920年开办，当时河边电站尚不能满足所有纱厂的电力需求，所以通过一台1250千瓦的发电机组供应600伏、60赫兹的电。⑥而上海电力公司供应的是220伏、50赫兹的三相交流电，和隆茂的机器并不匹配。为了与其他从电网购买便宜电力的纱厂的成本相当，杨氏筹资600万元更换纱厂设备。1932年1月28日至3月3日，中日双方交战。隆茂的设备还没更换完，上海就发生了大规模空袭。隆茂恰好处于交战区域附近，遭受了巨大损失，不得不

①　上海市电力工业局史志编纂委员会编《上海电力工业志》，上海社会科学院出版社，1994，第24页。
②　华商纱厂联合会：《中国纱厂一览表》，第26页。
③　上海电力公司广告，《华商纱厂联合会季刊》第10卷第1期，1932年6月，封面。
④　"新闻"，《纺织周刊》第2卷第25期，1932年。
⑤　乌公：《隆茂纱厂停业平议》，《纺织周刊》第2卷第46期，1932年。
⑥　东华一厂的建立时间参考《中国纱厂一览表》，电力输出的相关数据参考国民政府建设委员会1929年的电厂统计调查。

在1932年破产清算了所有资产。①隆茂的垮掉证明，资本不足迫使中国小型纱厂为节省设备成本而采用过时的技术，最终走向低效率的生产模式。

1933年，一项由太平洋国际学会（the Institute of Pacific Relations）资助的调查揭示了棉纺织行业存在的低能源效率问题。纱厂是电力消耗的大户，但其经济价值和能源消耗之间的比例较低。纺纱和织布消耗了上海34.3%的电力，但其产值只占上海工业总产值的28.5%。上海棉纺织工业覆盖洗棉、纺纱及织布全流程。按照卡洛斯·布洛基（Carles Broggi）的观点，这种纵向整合"在生产竞争较少的情况下、生产了价格高的精细产品"，②从而保护工厂不受价格波动的影响。织布业同样是能源高消耗产业，它消耗了上海5.52%的总电量，但只贡献了3.57%的工业总产值。③尽管上海电力供应日益充足，很多纱厂还是继续使用自发电。截至1933年，上海纱厂12.5%的动力来自自发电。自发电的持续存在，其原因不仅在于老纱厂需要使用蒸汽马达驱动旧设备，还源于纱厂老板对完全依赖外国人所有的电力公司供电充满疑虑。过时技术的使用降低了上海棉纺织行业的能源效率，电力使用权的不平等使得上海工商业界充满了怨愤与不信任。

上海之外地区的纱厂通过自发电实现了扩张。在无锡、常州、南通等主要产棉区，当地发电厂长期面临资金短缺的困境，无力购买新的发电机满足当地电力需求。1921年至1923年，无锡投资40.3万元成立了5家本地发电厂，其装机容量从10千瓦到100千瓦不等，使用的

---

① 乌公：《隆茂纱厂停业平议》，《纺织周刊》第2卷第46期，1932年。

② Broggi, *Trade and Technology*, 57.

③ Lieu, *Preliminary Investigation on Industrialization*, Tables 4 and 5.据刘大钧说明，调查员把蒸汽马达、蒸汽涡轮、汽油马达、电力发电机以及租用电厂电力加在一起计算出了"上海工厂用电量"。在计算净电力输出时，我减去了24248千瓦的自发电量。

是老式蒸汽机和燃气机。相比之下，1905年成立、投资125万美元的无锡振新纺织有限公司装备的是一台1544千瓦的蒸汽机。1921年，双倍投资的庆丰纺织公司也选择了安装一台1000千瓦的蒸汽机。[①]

因当地发电厂的发电量远不及纱厂的电力需求，长江下游地区之外的纱厂仍然自行发电。1916年，青岛内外棉纱厂成立，而德国人留下的青岛电厂已在1914年11月日本强占青岛时被毁坏。直到1919年12月，日方才安装了一台1200千瓦锅炉，修复了青岛电厂。1929年，青岛四大日本纱厂（内外棉纱厂、隆兴纱厂、富士纱厂、宝来纱厂）拥有5万千瓦装机容量，是青岛电厂的10倍。[②]天津（河北省）和武汉（湖北省）的华商纱厂情况类似。至1934年，纱厂发电量占到全中国发电总量的43%，其消耗的电量则占自发电总量的58%。

能源短缺是中国纱厂面临的主要发展障碍。为了缓解这一问题，有一家纱厂选择自建发电厂。这家纱厂就是张謇创办的南通大生纱厂。作为一位士大夫，张謇离开翰林院后，趁清末维新之际开始兴办实业。大生拥有87852枚纱锭，是上海之外地区的最大纱厂。正如柯丽莎和邵勤指出，张謇创办的大生纱厂成为实业救国和地方自治的平台。[③]电力供应对于实现张謇将南通打造为"模范县"的设想极为关键。邵勤研究发现，早在1920年其家族开始涉足其他实业时，张謇就曾计划创办一家区域性电厂。[④]

---

① 有关纱厂的数据来自《中国纱厂一览表》；有关动力的数据来自国民政府建设委员会1929年电厂统计调查。

② 参见青岛市地方史志研究院主办青岛市情网"青岛电灯厂"，http://qdsq.qingdao.gov.cn/n15752132/ n20546827/n20552822/n20553782/n20554016/151215024046156842.html，访问日期：2019年4月4日。——原注；其中隆兴纱厂原文用罗马字标注为Nissei，宝来纱厂用罗马字标注为Nagasaki，与作者引注资料中信息不一致，查《中国纱厂一览表》，隆兴、宝来分别为日清纱厂和长崎纱厂的分厂。——译注

③ Köll, *From Cotton Mill to Business Empire;* Shao, *Culturing Modernity.*

④ Shao, *Culturing Modernity*, 71.

1932年，大生纱厂向国民政府建设委员会提交了开办电厂的申请。当时大生需要至少4000马力驱动其240台织布机。当蒸汽机年久失修，纱厂老板们一般通过安装柴油发电机弥补电力之不足。但这一做法提高了燃料成本。[1]于是大生希望通过建立自己的电厂"摊平电力成本"。[2]毕业于康奈尔大学的黄辉当时是建设委员会的工程师，负责处理大生的申请。他认同大生的各项评估，在检查报告中写道："该公司虽接近产棉区域，采购原料颇占便宜，但其制造成本仍属钜重，以致难以与在华之日本纱厂与新式中国纱厂抗衡。"黄辉将大生生产成本高昂的原因归结为三点：（1）设备老旧；（2）债息负担重；（3）社会事业维护成本高。[3]

尽管1920年代的经济大萧条影响了工厂收益，大生仍力推设立电厂的计划。1932年，股东们批准了一项筹资计划：大生拿出3万元现金作为启动资金，同时资产抵押贷款5万元。1933年，大生向国民政府建设委员会申请电厂运营牌照。为了方便运输电力设备和燃料，新电厂建于长江沿岸，就在大生二厂的隔壁。电厂被命名为天生港发电厂，装备了一台每小时生产25吨蒸汽的英国产锅炉和两台德国通用电气公司（简称AEG）制造的、装机容量为750千瓦的发电机组。[4]新电厂将位于市郊的大生一厂和位于长江沿岸的大生二厂连接了起来。其所发的电通过一条15公里长、22千伏的线路传输，沿线的工厂都可以连上这一新电网。天生港发电厂将多余的电卖给通明电气公司，后者当时已为南通提供了三四十年照明服务。两家公司在其特许范围内都是独家经营。

① 《大生纱厂给国民政府建设委员会的报告》（1933年9月），台北"中研院"档案馆藏国民政府建设委员会档，档号：23-25-11-029-01。

② 《南通纱厂业将联合设立大发电厂》，《新电界》第18期，1932年，第4页。

③ 黄辉：《调查报告》（1935年2月），台北"中研院"档案馆藏国民政府建设委员会档，档号：23-25-11-029-01。

④ 黄辉：《调查报告》（1935年2月），台北"中研院"档案馆藏国民政府建设委员会档，档号：23-25-11-029-01。

国家管理部门对大生所建发电厂的表现相当满意。国民政府建设委员会全国电气事业指导委员会主任委员恽震负责战时电力基础设施建设，只要求大生对电厂做细微调整。当他和黄辉到电厂检查时，发现那里设备状况良好，因而免除了对该厂的压力测试。黄辉报告称，发电厂每天发电8万度，荷载系数为97%左右，这意味着电厂发的所有电几乎都得到了使用。天生港发电厂并没有妨碍通明电气公司的发展，大生纱厂的电费为每度1.65分钱，剩余的电卖给通明电气公司，售价为每度2.65分钱。通明电气公司大幅降低了南通的电费，使其仅为附近丝织中心湖州的1/4。[①]结果湖州的丝织业老板以南通的低电费为据指责本地电厂漫天要价。

长江下游地区纱厂的电气化进程表明，资本短缺的中国工业在寻求经济增长的过程中面临种种挑战。清末至民国初期，中国工业快速发展。蒂姆·莱特在其对1937年前的中国煤炭工业的研究中引用了约翰·基·张（John Key Chang）的发现：1912年至1936年，中国工业净产值每年以9.4%的速度增长。[②]但总量的数字只告诉了故事的一面。上海诸纱厂间不平等的用电权揭示了"速度经济"所存在的问题如何影响了中国早期工业的面貌。因为无法从电厂电网购电，纱厂老板们不得不安装过时的、由蒸汽马达驱动的机器，或是负担维持内部自行发电的成本。尽管1929年上海电力公司企业化后，从电网购电的成本下降，上海的很多纱厂依然依赖自发电。"自发电"模式的持续，其原因不在于保持经营灵活性，而是受制于资本短缺。和隆茂纱厂一样，资本不足的工厂无钱更换新机器，不得不继续使用过时的技术。它们不得不牺牲长期的可持续发展以换取短期的经济收益。南通大生纱厂自建发电厂只是个例外。其他纱厂缺少金融资本和政治资源，无法复

---

① 黄辉：《调查报告》（1935年2月），台北"中研院"档案馆藏国民政府建设委员会档，档号：23-25-11-029-01。

② Wright, *Coal Mining in China's Economy and Society*, 2；乌公：《隆茂纱厂停业平议》，《纺织周刊》第2卷第46期，1932年。

制大生纱厂的做法。

　　上海公共租界内的电力斗争也影响了近现代中国的经济主权观念。在强有力的管理机构缺席的情况下，各国资本家想方设法维护自己的商业利益。英国人主导的上海工部局出于保障公共租界繁荣和各国纳税人利益的目的接手供电事业。但自1914年开始为中、日、英三国纱厂供电之日起，上海工部局电气处的公正性就饱受质疑。中国纱厂老板连接电厂电网的要求一再被拒绝，他们认为电气处给予日本和英国纱厂优先用电权。非中国籍的资本家之间也存在冲突。正如我们已经看到的，为了迫使中日之间达成妥协以及报复日本挑起的对英国的抵制，英国干脆直接断电。五卅惨案也激发了中国工人和资本家的民族主义情感。

　　在1920年代走向成熟的中国知识分子目睹了外国资本家主导的电力工业带来的不平等，因而倡导通过电力工业的国营化解决用电权不平等的问题。郑友揆作为中国第一代经济史学家之一，明确表达了对基础设施国营化的支持。在其有关1949年前中国经济研究的结论中，郑友揆认为建设一个高效、诚实和有竞争力的政府是打破中国社会经济"僵局"的必由之路，并呼吁国家强制介入从消费品位到投资方向、资本筹措等经济的方方面面。[①]在后面的章节中，本书将讨论经济民族主义如何激励中国第一代工程师将其职业生涯转向公共服务，从而带动了国家高度干预的经济发展模式在此后四十年战争和革命时期的兴起。

　　在高度压缩的二十年间，上海纱厂完成了电气化进程，这标志着中国开始成为人类世时代大加速发展的参与者。工部局以英国5家最大电厂为参照评估江边电站的表现。1920年代后半期，上海在售电量及荷载系数方面均超过了曼彻斯特、伯明翰、格拉斯哥、利物浦和谢菲尔德。聚集在杨树浦路的工厂出手买下了上海电力每次扩容后增发

---

　　① 郑友揆：《中国的对外贸易和工业发展（1840—1948）》，第252页。

的电。1920年代的上海仅用了十年便完成英国费时百年的历史过程。1941年，日本发动太平洋战争并占领上海，上海的电力增长戛然而止，但加速发展的基础工作已经完成。

长江下游地区经历的则是另一种经济发展模式。在下一章中，在丝绸生产中心湖州，主导上海工业发展的帝国主义势力将退居幕后。我们将聚焦当地精英阶层如何利用新能源技术掌控当地工业的生产模式。湖州能源政治中弥漫着本土主义，当地实业家带头反对中央政府管控电力工业。如果说纱厂促进了集中化电力系统的兴起，丝绸工业导向的则是满足小地方用电需求、高度本土化的电力网络。就如电动丝织机和机器化纱锭编织着不同的图案，它们开创出截然不同的国家经济新篇章。

第二章
捍卫公益

　　20世纪初期，中国丝织业陷入危机。日本工厂引入了以法国设计为原型的电动提花机，大规模生产成本低廉、设计复杂的丝绸织锦。日本的机织丝逐步取代农户手工织的绉绸。在全盛时期，湖州在太湖南岸拥有东西向绵延约69公里、南北向长达27公里的丝绸生产中心，享有"湖丝衣天下"的美誉。当地农民一年只种一季水稻，大部分耕地植桑，由此即可保持较富庶的生活。为了复苏当地经济，湖州丝商应该学习上海纱厂的做法，推行丝绸生产的机器化。但此事说起来容易，做起来却无比艰难。

　　丝织业的能源经济和棉纺业不同。对于纱厂来说，从集中化的电网购电是合理的行为。除了能节省维护电力设备的费用，纱厂可以不受已有发电量的限制而扩大生产。但缫丝机规模相对小。一台燃煤蒸汽马达可以高度贴合其生产需求，既为机器提供了动力，又为煮茧供应了热水。缫丝机比电力更早进入中国。1880年，意大利商人将第一批现代缫丝机引进上海，两年后上海第一座发电厂才建立。直到1931年，上海73家缫丝厂总共自发电1637千瓦，并没有从电力公司购买电。[1]在前一章，我们看到恒丰纱厂老板聂云台通过连接电厂电网摆脱"老鬼"对锅炉房的控制。刘大钧1933年的研究表明，缫丝厂按照每卷轴0.55两银子付给"老鬼"月薪，而煤炭的花费每卷轴每天需0.1

---

① Lieu, *The Silk Reeling Industry in Shanghai*, 69.

两。该研究还发现不同缫丝厂的能源效率存在巨大差异，1马力动力驱动的卷轴数从2个到40个不等。刘大钧根据1931年的生产数据估算出驱动一个卷轴每天需要消耗40斤煤，相当于1磅丝需要燃烧0.25磅煤。[1]这印证了城山智子的观点，即当丝厂结合本地情况灵活使用煤或水作为欧洲缫丝机的动力时，日本丝织业的竞争力提升了。[2]

为应对外国竞争而进行的湖州丝织业电气化进程同时引发了一系列影响深远的经济和政治制度变迁。扎根于湖州本地及附近嘉兴、上海等地的湖州丝商不仅纷纷进口让竞争对手日本领先一步的电动提花织布机，还投资兴建湖州本地的电力基础设施。电动提花织布机不仅赋予湖州经济新生，也使湖州卷入了更广泛的区域和全国政治斗争。

湖州与附近的另一丝绸生产中心——无锡的对比表明，不同的地方权力关系导向不同的工业发展道路。从更广的定义上讲，湖州实业家们进行的就是夏明德（Lynda S. Bell）在关于20世纪初无锡丝织业研究中提出的"中产阶级实践"，其间"小农经济和新的机器缫丝生产国际体系相遇"。[3]面对竞争，湖州的精英阶层转而依靠地方政治中的精细权力共享机制，集中资本投资那些能够提高生产力的技术。1932年，资本充足的吴兴电气公司扩容至1757千瓦。根据夏明德的研究，垄断无锡蚕茧市场和缫丝生产的薛寿萱并没有大力投资无锡电力工业。无锡开办了50家丝厂和200家茧厂，其丝织业规模比湖州更大，但在1932年前一直没有自己的电力公司。无锡唯一存活的电厂由薛寿萱岳父的叔叔运营，自己不发电，只是转售武进国营戚墅堰震华电厂的电。其收益仅为吴兴电气公司的3%。[4]

湖州丝织业的电气化进程激发了有关"实业救国"理念的论争。

---

[1]　Lieu, *The Silk Reeling Industry in Shanghai*, 71.

[2]　Shiroyama, *China during the Great Depression*, 58.

[3]　Bell, "From Comprador to County Magistrate," 138.

[4]　参见建设委员会《全国电厂统计》，第27、37页。

地方士绅利用电取得了地方经济的主导权，他们巧妙地利用政府的"救国""公共利益"等言辞，强烈抵制国民政府接管电力工业。在1920年代和1930年代，湖州处于电气公司、用户和国家管理人员三方角力的一线。1929年，吴兴电气公司管理人员李彦士和沈嗣芳成了反对中国电力事业国营化的先锋。6年以后，当用户指责他们哄抬电价时，他们却又吁请国家管理人员介入。在这场民营企业和政府的拉锯战中，南京国民政府鼓励市场和行政管理制度共同发展，由此产生的韧性使得这个新统一的国家能够应对外源性的经济动荡，在不稳定的政治环境下保持经济发展。

拯救湖州丝绸

1890—1920年代，湖州丝织业面临激烈的国际竞争。在国家机构不够强大的背景下，地方精英阶层通过资金保障和基础设施的建设主动推进工业的现代化进程。五四及之后的爱国主义运动在中国最早一批工程专业毕业生中激发了强烈的民族主义情感，他们呼吁中央政府积极管理乃至直接控制各项公用事业。这两种不同的"实业救国"路线在民国初期并行不悖，自1927年国民党宣布北伐胜利、定都南京始抵牾不断。湖州丝织业电气化进程中出现的矛盾冲突揭示了一个事实：新统一的国家希望协调资源分配，服务于全局性的经济增长，而这对渴望维持经济自主的地方精英阶层形成了威胁。

19世纪末期，身处政治动荡中的湖州丝织业见证了无数兴衰轮替：鸦片战争，清朝战败，其后国际市场对湖州丝的需求陡增。1845—1859年，湖州生丝出口平均每年增长27.05%。[①]第一台电动缫丝机的出现造成湖州农民织户生产的土丝的需求量下降。与厂丝相比，土丝厚薄不

① 姚玉明：《略论近代浙江丝织业生产的演变及其特点》，《中国社会经济史研究》1987年第4期。

一、杂质繁多，且易断裂。城山智子指出，外国丝厂实际上由为外国公司工作的买办和中国丝商联合经营。比如，1863年，英国怡和洋行在上海成立了中国第一家机器缫丝厂——怡和丝厂，其资金的60%来自华商。湖州丝商及时调整商业模式，从机器缫丝中获利匪浅。1882年，湖州商人黄佐卿开办了第一家华商独资丝厂。[①]1895年，厂丝的价格已是土丝的两倍。蚕农不再留着蚕茧自己缫丝，而是全部卖给茧行。为了让土丝质量和厂丝一样匀净，南浔附近的丝厂曾尝试复摇技术。即便有了这些改进措施，复摇丝依然只占市场的15.96%。[②]据李明珠（Lilian M. Li）统计，蒸汽缫丝机产的厂丝占上海出口白丝总量的比例从1895年的11.7%上升到1915年的98.5%。[③]

　　在上海经商的湖州商人参与全球丝绸贸易后，意识到必须在家乡尽快实现机器缫丝。名为"洋装素"的湖州绉绸很适合做秋冬季节的衣服，风靡欧美市场。[④]但到1910年代，日本机器丝开始挤占湖州主打丝绸产品的出口市场。1914年，一家湖州丝厂在市场竞争压力之下从日本进口了十台提花机，大规模生产丝织品。1916年，日本商人将便宜的机器织"野鸡葛"大量倾销到湖州丝织市场。1917年，这家丝厂不得不破产。

　　在复制日本生产方法的尝试失败后，湖州丝商又设计了一种打开新市场的产品。为了挽救走向衰弱的湖州丝织业，湖州丝厂老板金丽生孤注一掷，用两台手摇织机织出了"华丝葛"的雏形。华丝葛触感凉爽、经久耐穿，逐渐在东南亚流行开来。需求上升后，湖州丝厂开

---

① Shiroyama, *China during the Great Depression*, 53‑54.

② 朱新予主编《浙江丝绸史》，浙江人民出版社，1985，第143页。

③ Li, *China's Silk Trade*, 79.

④ 冯子裁：《浙江吴兴丝绸业概况》，《实业统业》第1卷第3—4期，1933年6月，第96页。

始机器化生产华丝葛。1917年，湖州开办了3家机器缫丝厂。[①]在新的国家观念不清晰之时，华丝葛成为"实业救国"的成果。

1912年，中华民国成立，湖州改名为吴兴县。扎根于上海的湖州士绅着力推动家乡的电气化进程，于1914年成立了占地600平方米的吴兴电灯公司。吴兴电灯公司装备了一台100马力（73.5千瓦）的英国造蒸汽引擎和一台68.8千伏安三相交流电发电机。江浙皖丝茧总公所董事王亦梅和西门子洋行买办管趾卿是吴兴电灯公司的联合创办人，他们集资5万银圆建立了湖州第一座发电厂。一开始，吴兴电灯公司只在下午5点至午夜为吴兴县城街道照明供电。与上海情况类似，电力工业随着当地纺织行业用电需求的提高而不断扩张。1917年，股东们又筹资7万银圆在与湖州最大丝厂一墙之隔的北大门开办了一座新电厂。[②]大概同时期，湖州三家最大的丝织厂：广益、丽生、达昌，已计划在厂内安装柴油发电机。[③]但吴兴电灯公司极力说服所有丝织厂放弃这个计划。达昌绸厂老板钮介臣同意了吴兴电灯公司的请求。他与电灯公司的老板之一管趾卿一起，与西门子洋行达成购买涡轮机的协议。达昌每月固定支付电费600银圆，为电灯公司的扩建提供了稳定的收益来源。[④]1921年，吴兴电灯公司装备了一台600马力蒸汽涡轮机，极大促进了湖州丝织业的发展。作为优先级客户，丝绸厂享受更低的电价。1923年，吴兴电灯公司更名为吴兴电气公司，这一更名体现了其核心商业利益的转变。1925年，湖州丝织业达到发展顶峰，拥有50余家丝织厂、5000台机器丝车，年产丝53万匹。

---

① 冯子裁：《浙江吴兴丝绸业概况》，《实业统业》第1卷第3—4期，1933年6月；王翔：《辛亥革命期间的江浙丝织业转型》，《历史研究》2011年第6期；朱新予主编《浙江丝绸史》，第198页。

② 湖州地方志编纂委员会编，王克文主编《湖州市志》，昆仑出版社，1999，第935—936页。

③ 湖州地方志编纂委员会编，王克文主编《湖州市志》，第938页。

④ 《湖州达昌丝织厂敬告各界书》，《湖州公报》1935年8月6日。

在革命中走向成熟

当湖州的实业家们通过资助本地电力基础设施的发展维护自身的经济主导权时，另一种与此形成竞争的电气化路线随着1910年代民族主义运动的兴起而出现，这一路线主张由强有力的国民政府领导电气化进程。武装起义推翻清政府的国民党领导人孙中山，号召通过国营或国管促使电力工业转型为社会公益事业。1919年，孙中山阐述了其工业发展战略——"民生主义"，主张所有自然资源和公共产品都应该转交给国家，以实现"增长之福利用之于社会公益"。[1]孙中山提出上述设想之际，正是中国第一代工程师深受1911年辛亥革命和1919年五四运动的革命激情感染之时。

中国首批电气工程专业学生毕业于1921年，两位同毕业于这一年的电气工程师站在了商办与国营之争的不同阵营。他们就是后来成为吴兴电气公司总工程师的沈嗣芳和成为国民党政府重要技术官僚的恽震，两人均毕业于交通部上海工业专门学校。该校前身是1896年成立的南洋公学，后于1921年重组为交通大学。1918年，他们入学成为首届电机专业学生，也都担任过1919年成立的校学生会的会长。[2]电机专业创始主任是谢尔屯（S. R. Sheldon）。谢尔屯1894年毕业于威斯康星大学，曾任上海林业基金会秘书长。[3]电机科学生接受的是四年博雅教育。在科学和工程课程之外，他们还需要学习中国典籍、西方文学及外语。1919年5月，两人还参加了反对中国在巴黎和会上受到不公正待遇的全国大游行。

---

[1]　Sun Yat-sen, "How China's Industry Should Be Developed, 1919," 240.

[2]　《交通大学校史》编写组：《交通大学校史（1896—1949年）》，上海教育出版社，1986，第58页。若需了解更多关于交通大学工程教育的细节，可参考Köll, *Railroads*, 169 - 170。

[3]　"Alumni Notes," *The Wisconsin Engineer* 22 (1918): 294.

作为学生会会长，沈嗣芳和恽震均对校园激进主义持怀疑态度。沈嗣芳在文章中很少透露他对学生运动的看法。1919年，他在南洋公学出版的杂志上发表文章，呼吁广泛使用电力灌溉以减轻农民的劳作负担。[1]而恽震把自己定位为务实的改良派，遵循的是其出生地江苏武进常州学派的经世致用之道。[2]作为一名学生联合会成员，恽震观察到一些学生联合会成员只关注精英圈层之外很少人感兴趣的政治和外交议题，而忽视工商阶层关心的实际经济问题，校园罢课因而得不到公众支持。他号召学生联合会的成员多办面向工人、农民、商人的义务学校，向工人和农民传授实用技能，并参与社区服务帮助那些需要的人，而不是通过慷慨陈词的"救国"演讲鼓动大众。[3]

电机科的毕业生们把美国联合大学（Union College）德裔电机教授斯泰因麦兹（Charles Proteus Steinmetz，1865–1923）当作人生榜样。学生刊物和商业媒体不断讲述斯泰因麦兹的故事：这位天生驼背的、铁路工人的儿子怎样克服重重困难，最后成长为电气工程领域的权威。[4]探讨宗教问题的刊物《明灯》刊登了斯泰因麦兹的传记，强调他"这个驼子有一个天使的思想"，似乎在暗示中国也能够摆脱帝国主义势力的奴役，通过掌握科学技术进入发达工业国家的行列。中国学生对斯泰因麦兹的社会主义倾向很感兴趣。罗纳德·克莱恩（Ronald Kline）指出，1883年斯泰因麦兹受埃蒂耶纳·卡贝（Etienne Cabet）思想影响成为社会主义者。卡贝的思想"勾勒了一个没有金钱、私产和警察，实行集中计划、民主而平等的国家"。1888年，俾斯麦镇压社会主义者，斯泰因麦兹从德国布

---

① 沈嗣芳：《电力灌田》，《农业周报》第2期，1929年。
② 恽震：《恽震自传》（1944年2月19日），台北"国史馆"藏国民党军事委员会侍从室文件，档号：129-000000-087A。
③ 恽震：《学生运动的根本研究》，《少年中国》第1卷第12期，1920年5月。
④ 《斯泰因麦兹》，《明灯》第160—161期，1930年。

雷斯劳大学逃离。[1]中国的报刊作者强调斯泰因麦兹"恨恶资本家的专横"。[2]

1921年一毕业，中国第一代电气工程师就面临如何在一个新生行业保住饭碗的严峻现实考验。1928年，曾辗转于中美临时工作岗位之间的恽震成为新成立的南京国民政府一名行政官僚。[3]沈嗣芳则前往江浙一带乡绅经营的小型发电厂求职。他们青年时代的理想主义逐渐消退。

在伯父资助下，恽震在麦迪逊威斯康星大学攻读研究生。在此期间以及回国后从事工程师工作的早期，恽震通过少年中国学会和几场革命有过偶然的交集。在威斯康星大学，恽震和少年中国学会会员方东美是室友，在此期间一直关注着中国的政治局势。1922年，恽震离开麦迪逊前往匹兹堡的西屋电气实习，那时，他尚未完成硕士毕业论文。1923年，急于和妻子重聚的恽震回国，在杭州的浙江公立工业专门学校教书。在教职之外，恽震开始张罗成立中国工程学会，并认识了田汉。田汉是一位剧作家和社会活动家，其创作的《义勇军进行曲》后来成为中华人民共和国国歌。恽震还曾在河南郑州的一家纱厂担任总工程师，但因军阀混战不得不于1924年秋天离开。1925年，他回到家乡常州，结识了中国共产党早期领导人恽代英。恽代英建议恽震前往孙中山的革命大本营广州任教。因兄长反对，恽震拒绝了这一建议。后来，恽震通过少年中国学会的另一位成员在南京的东南大学觅得教职。1925年，恽震来到南京。几个月后，孙中山逝世。

1926年至1928年，国民政府发动北伐战争，制服了地方军阀，这个时期恽震并不在国内。1926年，当时控制南京的军阀孙传芳任命恽震为江苏代表团的专家成员前往费城参加世界博览会，当年也是美国

①　Kline, *Steinmetz*, 9.
②　《斯泰因麦兹》，《明灯》第160—161期，1930年。
③　恽震：《恽震自传》（1944年2月19日），台北"国史馆"藏国民党军事委员会侍从室文件，档号：129‐000000‐087A。

建国150周年纪念年。费城世博会结束后，恽震继续留在美国，在鲁滨逊公司（the Dwight P. Robinson Company）接受了一年的高级培训。

沈嗣芳毕业后则一直留在长江下游地区，一边在电厂工作，一边推行电气化灌田。他认为农业电气化是中国经济发展的关键，他是尝试将电力引入长江下游农村地区的开拓者。作为常州戚墅堰震华电厂的外线工程师，沈嗣芳将电线拉到附近的村庄，引入电泵缓解水资源短缺问题。他曾经做过一个试验：在输电线上接入两台24马力的引擎，为2000亩稻田提供灌溉。这些试验稻田取得了大丰收。经过3年时间，电力灌溉的农田面积高达4万亩。沈嗣芳估算，一亩田的电力灌溉成本为每年0.6银圆，比养一头水牛的成本低得多。同时，电厂提供马达和泵，农民不用承担设备费用。[①]电厂此时承担了传统乡绅的职能之一——分配水资源。

和沈嗣芳一起在震华电厂工作的李彦士出身于乡绅阶层。李是湖州本地人，15岁在青岛学习德语，1910年在维也纳大学取得解剖学学位，1911年转往柏林大学学习法律。1916年，他取得法律学位后回国，先后在青岛大学、北京大学、北京辅仁大学教授德语。1924年，他离开教职担任震华电厂厂长。李彦士非常支持沈嗣芳将电力灌溉引入常州农村。1925年，他从震华电厂卸任。在四川自流井短暂工作一段时间后，李彦士返回长江下游地区，担任南京电厂厂长。1926年，他被选举为家乡吴兴电气公司的常务董事，因而辞去南京电厂厂长职务。[②]1927年1月，因发电机不断出现故障，且电力系统输电电压极低，沈嗣芳被召往南京检修电力设备。

沈嗣芳和李彦士早期工作的震华电厂与南京电厂都成为政府的收购目标。1927年3月，蒋介石从军阀孙传芳手中攻下南京，次月在南京成立国民政府。1928年2月，国民政府成立了建设委员会，协调交

---

① 沈嗣芳：《电力灌田》，《农业周报》第3期，1929年。
② 浙江省电力工业志编撰委员会编《浙江省电力工业志》，第281页。

通、水利、农林、矿业等经济领域建设的发展。1929年，恽震回到南京，彼时蒋介石刚完成北伐并巩固了与主要军阀的联盟。张人杰（张静江）是国民党四大元老之一、湖州四大家族后裔，他任命恽震为建设委员会无线电管理处副处长。[①]同年，建设委员会将震华电厂和南京电厂置于中央政府的直接管理之下。1930年，恽震任全国电气事业指导委员会主任委员。孙中山提出的为社会更大福祉实现电力工业国营化的愿景不再停留于纸上，而成为南京国民政府积极推行的国家政策。[②]作为1921届毕业生中的佼佼者，恽震和沈嗣芳的职业发展道路迥异，站在了国营与商办之争的不同立场上。

沈嗣芳预料国民政府会将在首都南京的南京电厂收归国有。1927年初，他已经完成对南京电厂的考察，并详细报告了该厂锅炉生锈、发电机叶片损坏且已无法修复等情况。猖獗的偷电行为导致输电电压只有额定电压的1/3。[③]沈嗣芳期待政府接办该厂后提供必要的干预，帮助这家走向破败的电厂转型为全国模范电厂。南京电厂的恢复标志着国民政府致力于把南京建设为洁净、高效、技术先进的首都，从而迈出实现"国家统一、政令统一、思想统一"的第一步。[④]

沈嗣芳和李彦士认同政府对南京电厂的接办，但指责政府接收震华电厂是对他们劳动果实的窃取。1924年引入的电力灌溉系统非常符合国民党政权推行的现代化建设运动，吴兴电气公司在推动丝织业的电气化过程中也获利颇丰。研究过日本丝织业后，沈嗣芳和李彦士期望蚕种冷却、孵化、烘干、养蚕室温调准，甚至杀虫均实现电气化。[⑤]

---

① 收录于王宇泰等口述，张柏春访问整理《民国时期机电技术》（湖南教育出版社，2009）一书中的"恽震自传"。

② Kirby, "Engineering China," 142.

③ 沈嗣芳：《整理首都电厂工作之一段》，《工程》第4卷第2期，1929年。

④ Musgrove, "Building a Dream".

⑤ [日]Tada·G，沈嗣芳、李彦士译《日本蚕丝业之电气化》，《纺织周刊》第1卷第5期，1935年。该文译自日本交通部电力处电气工程师多田源次郎（Genjiro Tada）的一篇日文文章。

他们认为，必须发动民营企业老板阻止政府的进一步侵占，防止吴兴电气公司成为政府下一个收管目标。

民国初期的革命话语产生了两种不同的工业救国路线。国民党政权对长江下游地区商业、金融、工业中心的控制与地方乡绅的利益产生了冲突。国民政府应扮演何种角色？地方工业应有多大自主权？针对这些尚未解决的问题，在接下来的五年里，主张商办与国营者提供的仍是相互冲突的答案。

保护私人利益

中央政府"实业救国"的愿景与地方乡绅的经济利益直接冲突。为实现总理遗愿，南京国民政府将电力事业收归国营，以保证政府可以将电力分配给那些符合国家战略性利益的行业。民营电厂老板则将建设委员会努力合并分散的电力工业的行为解读为对私人财产的暗中收缴，以及对地方经济影响力的削弱。通过利用孙中山雄心勃勃的革命理念，民营电厂老板们不仅迫使中央政府中止国营化行动，还影响政策制定者设计了一个政府少干预的管理框架。民营电厂老板援引欧洲和美国的电力事业经验，推动政府进一步放松管制。他们认为自己通过市场力量保持低电价，并敦促政府保护私人产权，是公共利益的守护者。

建设委员会首次针对电力工业的调查展示了一幅糟糕图景。由于缺乏在全国进行广泛调查的预算，建设委员会不得不整合使用各省建设厅收集的数据、交通部移交的注册资料以及杂志和期刊文章等。[①]该调查结论认为，中国主要城市的庞大电力市场被一小批外商经营电灯电力厂垄断，而数百所服务于县城地区的民营电灯电力厂挣扎在倒闭的边缘。因电灯照明及为工业小作坊供电的收益不足以负担运营成本，民营电灯电力厂缺少扩容资本。总而言之，523所民营电灯电力

---

① 建设委员会：《全国发电厂调查表》，南京，1929，第3页。

厂仅占全国发电容量的24.7%。它们的市场份额小于35所外商经营电灯电力厂，后者占全国发电容量的32.7%。149家工厂自备发电机，占全国发电容量的36.9%。[①]

中国电厂所用发电机，于不同时间购自不同国家，并无统一工业标准。这种零散的发展模式导致了燃料混用。1929年，燃煤蒸汽机发了全国57%的电，柴油机则发了36%的电。使用柴油机，可以让发电厂根据电力需求增长而快速调整。南京电厂收归国营后，建设委员会电业室在等待从英国运来新的汽轮发电机及铺设将河水引入电厂的管道时，加装了两台137千瓦的柴油发电机，此举立刻缓解了南京的电力短缺。[②]此外，柴油发电机不像汽轮发电机需要用冷水凝结蒸汽，因而不会和农业灌溉竞争水资源。彼时，全国电压并没有统一标准。建设委员会从全国155家电厂获得的是不同的交流电频率设定——93家设定为50赫兹，另外62家设定为60赫兹。[③]即使在上海，在两家外商电厂和5家华商电厂覆盖的7个特许经营区内，电压和频率设定也不同。公共租界的电压和频率分别是220伏、50赫兹，而法租界的电压和频率则是100伏、50赫兹。电力工业的歧异状态反映了国家政治的支离破碎。

南京国民政府缺乏强制推行统一标准的行政资源。根据1929年和1930年通过的法律，无论是国营电厂还是民营电厂都需要获得特许经营30年的营业执照，电价须经建设委员会批准。[④]但即使在其势力范围的长江下游地区，国民政府也未能让电厂老板遵守这些法律规定。监

---

① 建设委员会：《全国电厂统计》，第2页。

② 鲍国宝：《首都电厂之整理与扩充》，《工程》第4卷第2期，1929年。更多有关南京电厂维修工作的细节参见Tan, "Repairing China's Power Grid"。

③ 建设委员会：《全国电厂统计》，第11页。1929年统计报告关于燃料混用的资料中有一个数字错误。报告的作者把柴油发电容量错误地写为7500千瓦。事实情况并非如此，因为法租界发电厂的柴油发电机容量为1.5万千瓦。另外还有107台柴油发电机。柴油发电容量总数应该为4.3315万千瓦。

④ World Power Conference, *Transactions Third World Power Conference*, Vol. 4, 415.

督散布于江苏、浙江和安徽三省的大量小型电厂的行政管理成本惊人地高。截至1929年12月，在浙江省112家平均装机容量达77.5千瓦的民营电厂中，只有12家在建设委员会获得了执照。[1]1932年才成立的全国电气事业指导委员会人手严重不足，仅有的11名委员负责监管全国。

1929年前后，民营电厂老板开始呼吁政府放松管制。建设委员会成立不到一年内，中央、省、市三级政府已将杭州大有利电厂、常州震华电厂及开封普临电灯公司收归官办。民营电厂老板将这些收归行为谴责为国家将私人财产"充公"。听闻省建设厅计划用1/3的价格收购江苏泰县地方电厂，民营电厂老板火速行动起来。[2]1929年7月19日，来自39家电厂的代表们前往南京向国民党中央党部、行政院、立法院和建设委员会请愿。[3]在提交给国民党中央的备忘录里，请愿团指责国民党任意收税、干涉企业人事等行为违反公司法。

民营电厂老板们引用孙中山的文章，呼吁南京国民政府保护私人财产与权利。他们特别提到："总理遗教"主张的是"民力不能经营之公用事业以政府力量为之"，而"并非谓人民已办成之商业，政府可夺而理之"。政府接管民营电厂的行为是一种变相掠夺。[4]

在请愿的同时，民营电厂也力图确定中国电力工业的管理架构。1929年7月至12月，请愿团一直在南京活动，提出了6条诉求："（1）拥护二中全会蒋主席提议业经通过之监督原案；（2）誓不承认改监督为监理；（3）请明订监督范围、防止各省市之侵夺政权；（4）请明令保障商办公用事业，以宏建设而定人心；（5）请明令各省市政府废止公用营业之苛捐杂税；（6）向国民政府交通部领有执照者，免予换照，以省手

---

① 建设委员会：《全国电厂统计》，第75—76页。
② 《致河南省民政厅张伯英厅长节略为恳请发还开封电厂由》，《电业季刊》第1卷第3期，1930年，第78页。
③ 《全国民营电业请愿始末记》，《电业季刊》第1期，1930年，第6页。
④ 《全国民营电业请愿始末记》，《电业季刊》第1期，1930年，第6页。

续。"[1]1929年12月，电厂老板的集体行动带动了全国民营电业联合会的成立。联合会成员包括120家电厂，来自10省，足以称为全国性组织。

全国民营电业联合会的名字证明，企业主善于借用国民党政权划定的行政类别来保障自身的商业利益。"民营"字面意思是"人民经营"，用来指代那些资本来自民间而非政府的实体。电厂老板们将自身统称为民营实体，为该词注入了新的意涵。与带有营利意味的"商办"和"私营"不同，"民营"传达的想法是：电厂不仅是一门生意，也是一项服务公共利益的事业。[2]

请愿团不仅达成了上述6条诉求中的5项，还敦促南京国民政府起草了让他们免于竞争的管理规则。1929年12月，立法院通过了《民营公用事业监督条例》。该条例规定电力公用事业需遵守财政报告标准和安全标准，但减轻了电厂税务负担以保护其效益。电厂的税负不到其收入的1%。只有外商经营的上海电力公司需要缴纳使用费税（royalty tax），即将毛收入的1%—5%交给上海工部局。

1931年通过的《电气事业取缔规则草案》正式写入了保障大小电厂经济活力的原则。供电容量超过10000千瓦的电厂被归为第一等，超过1000千瓦而在10000千瓦之下的被归为第二等，超过100千瓦而在1000千瓦之下的被归为第三等，100千瓦以下的归为第四等。供电容量大的电厂供电时间更长、服务标准更高。例如，第一等电厂必须每天24小时供电，而第四等电厂每天仅需供电6小时。在草案中，制定者做了立法说明：

> 发电时间，从地方及用户方面着想，则最好日夜发电，毫不间断。在电厂方面着想，则有利之时间开机，负载少之时间停

---

① 《全国民营电业请愿始末记》，《电业季刊》第1期，1930年，第7页。

② 在全国报刊索引数据库全文搜索1890—1930年出现"民营"的文章，大多数出自全国民营电业联合会《电业季刊》。

机，最为经济。故在小电厂营业范围内，白昼之电力，及深夜之灯亮，常成问题。本会以为规定过严，使电厂营业亏折，亦非立法本意。[1]

将电厂分为四等的做法使类似吴兴电气公司的中小型电厂受益。

1936年，建设委员会在华盛顿召开的世界动力大会上详细阐述了其立法理据。据其解释，政策制定者希望用"更有弹性的收益率"，"将资本吸引到电力工业中"，这意味着"如果一家电力企业管理高效、收费合理，其收益率可高达25%"。[2]

皆大欢喜局面的背后可能是国民党高层的默许。全国民营电业联合会会刊的创刊号展示了电厂老板们的政治人脉。为创刊号题词的作者名单读起来就像是中华民国的名人录，其中包括宋美龄哥哥、财政部长宋子文，立法院副院长林森。[3]内封是孙中山的"总理遗嘱"。联合会副主席郭志成，曾经是一名陆军中将，后来担任镇江大照电气有限公司总经理。他在创刊号的序中提到了蒋介石的"攘外必先安内"。郭志成批评"外界种种的摧残"破坏民营电业的成就。[4]在这里，他指的不是外商竞争者，而是拒付电费的军阀，因此此语无异于暗示：如果继续推行国营化，南京国民政府将被视为又一个敲诈民脂民膏的军阀政权。

在全国民营电业联合会取得初步胜利后，目睹政府接管震华电厂的沈嗣芳和李彦士继续要求政府放松管制。沈嗣芳代表吴兴电气公司和临近的嘉兴电气公司在请愿书上签了字。他和李彦士都被选举为执行委员会的委员。在阐述全国民营电业联合会未来20年的发展愿景

---

[1] 《电气事业取缔规则草案》，《电业季刊》第4期，1931年。

[2] World Power Conference, *Transactions Third World Power Conference*, Vol. 4, 411.

[3] 法学者楼桐孙在《电业季刊》创刊号中锦上添花地写道："近代世界非电不明，新式铁道非电不行。治病灌田事半功倍，救国要道建设中心。"

[4] 郭志成：《发刊词》，《电业季刊》第1期，1930年。

时，沈嗣芳指出国营化于电力事业的长期发展有害。他认为，"不得不改造一二厂家为官营，树之模范，是宜仰体政府之用意不容误会者也"，但政府收购电厂会打击对电力工业的投资，进一步加剧民营电厂融资的困难。[1]

1930年，沉浸于请愿成功喜悦中的沈嗣芳和李彦士作为中国官方代表参加了在柏林举办的第二次世界动力大会。在前往柏林途中，他们参观了马尼拉和新加坡的电厂。在柏林，他们和来自34个国家的3900名代表们一起参会，会议议程极为丰富，发布了18个主题的392篇论文。会议后，他们参加了前往鲁尔山谷（Ruhr Valley）的参观活动。在那里，他们参观了西门子公司和勃朗-鲍威利（Brown Boveri & Company）公司，看到几百倍于湖州电厂所用发电机的庞然大物从组装线上下线。从世界动力大会返回后，沈嗣芳和李彦士批评南京国民政府没有充分关注世界电力工业的大型专业会议：两位定居于德国的华裔工程师和商业部派驻德国分部的负责人也被拉来壮大中国代表团的声势。英国、美国、法国和日本都派出了几百人的代表团，而中国只派出了15人代表团。[2]

回国后，沈嗣芳和李彦士继续推动南京国民政府加大对私人财产的保护力度。在他们联合向全国民营电业联合会提交的报告中，沈嗣芳和李彦士提到，电气事业民营与官营之争早在第一世界大战末就出现了，但西欧和美国代表电力公司的会议代表都主张商办。在德国接受过法律教育的李彦士指出，"市商合办居多、商办较少"官民合营且官营部分所持股份较少是德国电气事业的通行做法。李彦士认为这种管理模式在德国是可行的，因为德国宪法保护私人财产，保证商办企业能够通过为国家提供服务获得合理回报。在和一位在1920年代

① 沈嗣芳：《同业此后之二十年》，《电业季刊》第1期，1930年。
② 沈嗣芳、李彦士：《本会出席德国二次世界动力大会代表李彦士沈嗣芳二君报告》，《电业季刊》第3期，1930年。

来华考察过中国电气事业的德国电学专家交谈后，李彦士重申了这一观点。这位德国电学专家告诉李彦士，因为中国政治上未上轨道、吏治未澄清，官商合办在中国行不通。李彦士的结论是中国电业仍以商办为宜。[①]李彦士还批评南京国民政府对于电厂登记注册的要求极为烦琐。例如，中国民营电厂必须每三十年即更新营业执照。据李彦士介绍，英国早就取消了类似的要求。[②]

在沈嗣芳和李彦士考察报告的基础上，全国民营电业联合会继续推销其简化的论断：官办电厂不如商办电厂经济。1933年，在全国民营电业联合会于汉口召开的年会上，李彦士做了题为"实业救国之目的何在？"的演讲，对官办电厂表达了最严厉的批评。他提出，商办电厂顾全血本，惨淡经营，且不受政治支配。同年，董枢在译述的一篇文章中提到美国的电费数据：美国市立电厂每度电售至美金3角6分6厘，而私立电厂每度只售2角5分7厘；在亚利桑那州，官营电售价是民营电售价的5倍。[③]这些简单化的论断忽略了影响价格的其他因素，比如电力消费模式的差异、燃料成本及生产规模等。商办电厂老板有意选择那些能够强化电厂国营化意味着消费者必须承担更高成本观点的案例。

全国民营电业联合会提出的国营电厂不如商办电厂经济的论断与全国范围的现实情况并不相符。国民政府管理的电厂比商办电厂收费更低。戚墅堰电厂的前身是震华电厂，其发电能力达1.71万千瓦，在大容量供电的情况下，每度平均收费2.13分。南通大生纱厂经营的天生港发电厂发电容量是戚墅堰电厂的6倍，出售给周边电厂的大容量

---

① 沈嗣芳、李彦士：《本会出席德国二次世界动力大会代表李彦士沈嗣芳二君报告》，《电业季刊》第3期，1930年。李彦士使用"商办"而非"民营"指代私营电厂。

② 沈嗣芳、李彦士：《本会出席德国二次世界动力大会代表李彦士沈嗣芳二君报告》，《电业季刊》第3期，1930年。

③ 董枢译述《民营电业实较官营电业为佳论》，《电业季刊》第4卷第2期，1934年。

电力每度却要收费2.65分。[1] 小型电厂还享受着垄断租金，政府不仅保障它们在经营范围内独家经营，还有丰厚的返还资金。

长江下游地区的华商电厂是政府从国营化行动中撤退的最大受益者。南京国民政府只收办了震华电厂和南京电厂。1928年至1937年，政府没有再接收其他电厂。南京国民政府放弃国营化计划的原因，除了国库资金不足外，还在于地方乡绅们的政治反击，后者认为政府接管电厂是对其权威的挑战。自发电的矿场和工厂也修建输电线路出售多余的电。1931年创办于湖州的长兴煤矿是其中之一。长兴煤矿一开始只是为自身挖煤供电，后来修建了输电线为周边乡镇的居民和街道照明供电。[2] 1928年至1932年，长江下游地区江苏、浙江、安徽三省电力工业的资本总额分别增长了44.53%、75.71%和6.35%。浙江民营电厂数量维持不变，还是110家。尽管免于竞争，中国电厂的市场份额仅从1932年的37.9%增长到1934年的40.5%。[3] 1930年，建设委员会以会令形式公布了"电气事业电压周率标准规则"，规定标准电源电压频率为220/380伏、50赫兹，但其影响甚微。四年后，合乎标准率从81.6%增长到82.4%。[4] 违反标准的电厂面临最高1000元的罚款，但这个金额只是中型电厂每日收入的九牛一毛。

放松型的管理架构限制了全国电气事业指导委员会的执行力。政府管理部门没有能力起诉偷电行为，亦无力帮助电气公司催缴拖欠的电费，电气公司无法依靠国家保护自身的财产。在痛骂国营化两年后，李彦士和沈嗣芳在面临最大客户拒付电费时依然请求政府介入。

---

① World Power Conference, *Transactions Third World Power Conference*, Vol. 1, 32.
② 湖州地方志编纂委员会：《湖州市志》，第935—936页。
③ World Power Conference, *Transactions Third World Power Conference*, Vol. 1, 108.
④ World Power Conference, *Transactions Third World Power Conference*, Vol. 1, 117.

恢复国家控制

当放任型经济的高潮开始消退时，政府管理部门赶紧抓住机会在分散的电力市场初步建立秩序。吴兴电气公司曾通过给丝织厂供电取得了长足发展，现在则因世界经济大萧条带来的丝绸出口严重衰退而步履蹒跚。1935年8月，吴兴电气公司和湖州丝织业之间的长期矛盾一触即发。代表本地丝织业的行会号召会员拒付电费。利用国家电业服务准则的漏洞，吴兴电气公司以切断当地丝织厂的供电进行报复。为消除私下打折带来的价格混乱，全国电气事业指导委员会强制推行标准化的电价体系，从而解决了这一争端。中国的变化是大萧条时期世界潮流的镜像——中央政府开始在基础设施建设中扮演更积极的角色。1936年，第三次世界动力大会在华盛顿召开，与在柏林举行的第二次世界动力大会形成鲜明对比，其会议安排反映了当时电业发展理念的转变。早在1929年，会议组织方就呼吁回到"第一次世界动力大会的常规会议内容"，聚焦"国家政策和国家计划议题"。[①] 会议项目负责人认为"公共教育和讨论"是理解各国电力基础设施建设中的基础性政策问题的关键，因而非常强调国家和地区计划、气电分配的合理化及公共管制等议题。1930年，第二次世界动力大会的中国代表团主要由民营企业家组成，而在1936年华盛顿会议上，代表中国电力工业发言的是来自全国电气事业指导委员会的官员，他们中的一些人直接参与了湖州电厂争端的调解。

湖州大丝织厂的老板们不仅为电气公司的开办出了资，而且自1917年以来就是电气公司的最大用户，当发现电气公司给新开办的

---

① World Power Conference, *Transactions Third World Power Conference*, Vol. 1, 43. 华盛顿会议的项目负责人具有明显的公共服务背景。伊利·萨姆纳（Ely Sumner）是卡耐基工程学院的机械工程学教授，担任卡耐基工程学院电厂主管，后来加入匹兹堡公共健康部推行禁烟。朱厄特（A. C. Jewett）为阿富汗埃米尔修建了第一座水电大坝。

碾米厂更低电价折扣时，他们觉得自己遭到了背叛。1935年8月6日，由湖州最大丝织厂达昌绸厂领头的吴兴机丝织业同业公会在当地报纸头版表达了不平之意，宣称丝织业对电气化的多年支持未得回报，打了水漂。达昌绸厂的老板钮介臣在1921年支持了电气公司的扩建，但从未得到承诺的优惠折扣电价。1927年至1930年，丝绸价格下降，湖州丝织厂濒临倒闭。钮介臣吁请电厂降低电价。1929年，吴兴电气公司和达昌绸厂达成协议：达昌绸厂若安装吴兴电气公司购买的、符合电业标准的最新机器，可获得挂牌电价的12.5%折扣。[①]两年后，钮介臣才了解到，电气公司给新开办碾米厂的折扣是50%。当丝织厂开始减产，吴兴电气公司转向湖州11家碾米厂销售多出来的电。一家碾米厂平均每月消耗1.6723万度电，是丝织厂的4倍。[②]为了安抚丝织业，吴兴电气公司把碾米厂享受的每度电8分钱的优惠价格也给了丝织厂。

　　曾指责南京国民政府从收购商办电厂中渔利的李彦士和沈嗣芳，因电价过高受到用户的攻击。绸厂老板要求电气公司把他们看作优待客户，每度电只付费7分，并且退回自1929年以来多收的电费。8月7日，吴兴电气公司直截了当地拒绝了上述要求，并发表了反驳吴兴机丝织业同业公会的15条意见，因为"本公司原置之不复，深恐各界不明真相转滋误会"。电气公司否认达昌绸厂具有电价特惠权。没有任何书面材料证明电厂确认绸厂为"优待客户"。电气公司联合创办人管趾卿和钮介臣曾达成口头协定，但前者离世已久。而绸厂则指出湖州电费过高。每度8分钱的电价是南通当时电价的3倍。电厂则以发电设备成本高昂、未偿贷款利息高企为由为高电价辩护。[③]此外，电气

① 《达昌绸厂和吴兴电气公司的合同》（1929年1月），台北"中研院"档案馆藏国民政府建设委员会档案，档号：23-25-13-014-01。

② 《待完成的工作》（1935年7月），台北"中研院"档案馆藏国民政府建设委员会档案，档号：23-25-13-014-02。

③ 参见《吴兴电气有限公司对于吴兴机丝织业同业公会为减让电费经过事实宣言之答复》，《湖州公报》1935年8月7日。

公司每月需要从100多家丝绸厂收取小额电费，承担了高额的交易成本。雪上加霜的是，一些大丝织厂违规搭建电线偷电。

面对价格欺诈和财务作假的指控，吴兴电气公司强烈反驳。他们指责丝绸厂老板散布不实信息，柴油价格并没有像丝绸厂老板说的那样下降了40%。他们否认更换电表后用户电表读数上升了20%，也否认私吞了保证金，并声称是丝绸厂老板混淆了可退还的押金和不可退还的电表维护费用。电气公司还坚称自己只是遵照惯例向全体居民收取街道照明费用。①

用户也趁此机会表达他们对电气公司安全的担忧。1935年4月，电力系统故障导致达昌绸厂发生火灾。电气公司和绸厂对事故的责任归属各执一词。吴兴电气有限公司坚称是绸厂内部电路超载造成火灾，而绸厂则认为是电网和丝厂之间线路连接粗糙所致。丝织业的代表们声称停电越来越频繁，电气公司对此的解释是——为了执行例行的夏季维护，他们必须断电。

吴兴电气公司后来巧妙地运用现行法规打破了僵局。它首先援引了建设委员会为防止电厂因竞争激烈和超支破产而通过的法规。《民营公用事业监督条例》第12条规定：民营公用事业全年纯收益超过实收资本总额25%时才能降低电费。② 电厂还被要求将超额收益的一半存入用户公积金。简单来说，财务负担使得降低电费不仅不可能，还违法。

在长达10天的通过当地媒体相互喊话后，电气公司援引电气事业管理条例，宣布将在丝绸厂生产高峰时段断电。根据《电气事业取缔规则》第42条，属于电气事业第二等的吴兴电气公司每天供电至少18个小时。吴兴电气公司承认"公司违反规则……并准于八月十五日

---

① 参见《吴兴电气有限公司对于吴兴机丝织业同业公会为减让电费经过事实宣言之答复》，《湖州公报》1935年8月7日。

② 参见《吴兴电气股份公司驳复吴兴机丝织业同业公会》，《湖州公报》1935年8月16日。

起，实行停供日电六小时"。它决定在每天早上6点至中午停止供电，而该时段正是缫丝机工作的主要时间。政府管理部门不得不介入，以阻止电力封锁对脆弱的湖州经济造成实质伤害。

8月15日，停电决定开始实行，吴兴县政府立即召集各方召开紧急会议。前县长戴时熙主持会议，并提出了三条建议：（1）缫丝厂和机丝厂将享受每度7分6厘的优惠电价；（2）丝织业必须在9月前支付所有未清偿款项；（3）电气公司必须尽快修改管理规则。① 县政府认为丝织业关心的是电价，回避了有关"优待客户"的问题。

这一争端成了管制电价的有利时机。建设委员会的一位部门主管朱大经负责调查工作。他在1933年处理过杭州萧山地区的安全投诉，还在1934年和恽震前往北平协调电灯公司与电车公司之间的纠纷。② 但湖州的情况比上述投诉、纠纷都要复杂，因为它涉及长期存在的地方矛盾。朱大经最终认为达昌绸厂与吴兴电气公司的私下协议是问题的症结所在。建设委员会不能强制执行私人协议，因而双方需要通过民事诉讼解决争端。朱大经明确表示，临时的特别协议会在电气公司和用户之间制造不信任，但也承认电气公司有权给大客户更优惠的价格。一个月后，建设委员会建议实施向用电大户打折的分层定价体系：用电50度以下电价为7.5分；用电50度至100度，电价减去1分；500度以上每度电价3分5厘。③ 这一政策取得了双重效果：一方面减轻了湖州丝织业用电大户的负担，另一方面为电力定价确定了规则。这些调解行动以及行业指南的颁布意味着早期的放松管制向更多政府干预转变。

1936年华盛顿第三次世界动力大会使建设委员会的管理者们有了

---

① 《电气公司与丝厂会谈记录》（1935年8月21日），台北"中研院"档案馆藏国民政府建设委员会档，档号：23-25-13-014-01-246。

② 张人杰：《本会为解决北平电灯电车两公司悬案》，《建设委员会公报》第38期，1934年。

③ 《吴兴电气公司应收账款》（1935年9月），台北"中研院"档案馆藏国民政府建设委员会档，档号：23-25-13-014-01-246。

比较中国和其他国家的电力管理制度架构的机会。中国官方致力于保障电厂的超高回报率，当出现电价纠纷时倾向于站在电厂一边。费城联合天然气公司董事长约翰·E.齐默尔曼（John E. Zimmerman）在会议报告中提出"合理性"应该成为公用事业费率管理的指导性原则，政府应坚持合理定价的回报率为7%—8%，"超过8%则可以降低费率"。[①] 与此相反，中国电厂只在"资本回报率达到25%"之后才被要求降低费率和提高发电量。美国的州委员会监督机构也有降价措施，每年可为纳税人节省数百万美元，齐默尔曼宣称州委员会对"电力消费者"一贯友好，某一州的委员会甚至宣称其"90%—95%的决定是为消费者着想的"。[②] 在提交给第三次世界动力大会的报告中，建设委员会代表团没有提及发生在中国的电价纠纷，只是概述了中央政府和地方政府在电力公用事业管理方面的责任。今天的我们已经无法知道会议展现的美国做法是否影响了中国官员对可接受电厂回报率的认知。在会上做报告的中国技术官僚谦虚地表示中国电力工业"尚处初始阶段"，只有少数几家国营电厂"差强人意"。[③]

　　南京的首都电厂和常州的戚墅堰电厂比商办电厂面临的经济压力更大。在实现高收益前，商办电厂可以推迟资本收购，但国营电厂在不盈利的情况下也必须扩张，且同时维持低电价。首都电厂的发电容量在收归国营10年间增长了4倍，电价仅为同地区商办电厂的一半。为了推迟破产，电厂连锅炉和涡轮机都拿去做了抵押贷款。戚墅堰电厂的荷载系数为58%，和上海电力公司一样高，却因消费者拒付电费面临资金短缺。尽管资金吃紧，它还得继续执行在上海开办第二座电

---

① World Power Conference, *Transactions Third World Power Conference*, Vol. 4, 664. 齐默尔曼解释道，1898年，经历过铁路运费定价争端的美国确定了公用事业费率。公众认为铁路公司在虚假投资基础上确定的运费过高。美国最高法院裁决，铁路公司的回报率应基于现有的财产价值，而不是所有的商业投资。1907年，这一裁决沿用于燃气和电气公用事业。

② World Power Conference, *Transactions Third World Power Conference*, Vol. 4, 668.

③ World Power Conference, *Transactions Third World Power Conference*, Vol. 4, 35.

厂的计划。最终，国营电厂不得不向市场屈服，与零散的私营电厂一样，面对利润率下跌的问题。

湖州丝织业的电气化进程显示，在中国从帝制走向共和的转型过程中，能源消费的日常政治如何塑造了国家建设的动力机制。湖州乡绅通过电动提花织布机重掌地方经济和政治主导权。因为对晚清宪政改革的支持以及1910年代对国民党的拥护均未能保证其政治影响力，长江下游地区的乡绅们转而致力于保护自己的经济利益。面对外国机丝的竞争，湖州乡绅们着力推动缫丝和织布的机械化，以使自己免于经济上的崩溃。在保护丝织业市场的过程中，湖州的实业家们并没有得到国家政治机构的帮助，因而对于1927年后定都于长江下游地区的国民党政权的干预持抵制态度。他们抓住了形塑管理框架的机会，巧妙地把抵制电业国营化和实业救国言辞结合起来，从而重塑了国家与地方乡绅的关系。

南京国民政府明白自身能力不足，缩减了原本宏大的国营化计划，转而采取政策指导式的渐进改革，帮助电厂、用户及管理者适应不断变化的市场。建设委员会管理电业的方式反映了洪源远所描述的"变异、选择、创造过程中的三个关键适应性问题"。[1] 1931年通过的电气事业条例可以看作一种"去中央化的特许经营模式"。到1934年，电厂老板们普遍遵守关于登记注册、报告财务状况的规定，这意味着他们认识到了这些管理规定在确保其运营合法方面的重要性。南京国民政府同样依赖市场力量清除那些弱小的电厂。通过把电厂分为四等的分层系统，管理者能够集中精力管理那些更能影响工业产出的大电厂。一旦认识到不可能实现整个电气事业的国营化，国家管理机构及其下属的行政人员调整了电业成功的定义。建设委员会并不直接命令经营不善的电厂关闭，而是悄悄将戚墅堰电厂的特许经营范围扩大至有电力需求的区域。首都电厂确立了行业标准，在其压力之下，私营

---

[1]　Ang, *How China Escaped the Poverty Trap*, 69.

电厂也相应必须保持低电价及提高系统稳定性。

尽管国民党政权的适应性行动强化了制度韧性，但同时带来了电力事业的系统性脆弱。只要小型电厂提交相关文件资料、没有引起事故，管理者就不干预其运营。为了保障电厂的高回报、低负担，管理者不鼓励电厂实施资本扩张。经营小型电厂的士绅们往往把收益（如果有的话）用来分红，而不是投资购买新的发电机和扩大电网。小型电厂带来的残留性低效抑制了长江下游地区的工业发展。

湖州丝织业的电气化还揭示了全球经济是如何渗入地方政治的。为寻找加速经济发展的捷径，实业人士和政府管理者都将其他工业化国家的经验视作经济增长的捷径。通过进口机器、复制国外竞争对手的技术，湖州乡绅们开了中国丝织业机械化的先河。这不仅快速扭转了地方丝织业走向衰败的命运，还刺激了湖州电力基础设施的扩建。吴兴电气公司的沈嗣芳和李彦士也鼓励当地丝织业效仿日本，实现从养蚕到织丝的多个环节的电气化。湖州电力市场的高增长潜力促使沈嗣芳和李彦士投入反对国营化的请愿行动。全国民营电业联合会利用参加1930年柏林世界动力大会收集到的信息，进一步推动政府放松电业管制：在对美国和英国电价数据进行简化的比较后，它将民营使得电价更低作为放松管制的理由之一，而隐藏了国外市政府在电力分配中承担协调人角色的事实。从柏林大会回来后，沈嗣芳和李彦士坚信民营电厂可以保证高需求、低电价，而那些在1936年华盛顿大会上做报告的政府官员却认为国营电力基础设施促进了自然资源的高效调配。

湖州丝织业的电气化进程意味着中国从有机经济向碳经济的转型还有另一种可能性。丝绸是有机经济的产物。棉纺业可以通过从外国进口棉花提高产量，湖州及其他地区的丝织业则高度受限于本地桑蚕的成长周期。吴兴电气公司只是加速了湖州有机经济原材料的处理过程，并没有提高生丝本身的产量。与散布于江苏、浙江两省的几百家小电厂一样，吴兴电气公司一直都是服务于小地方的、孤立的电力公司。即便如此，这些小电厂原本可以发展成几百个覆盖长江下游地区的社区微型电网，进而形成一个去中心化的电力分配系统。不像大型电网在长途输电的过程中会出现电力损耗，小型电网可以及时响应当地电力需求的变化，减少能源浪费。1937年日本侵华战争造成的破坏彻底切断了这一发展模式。战时动员的烈焰与怒火迫使日本人和国民党政权都将电力工业置于政府的集中控制之下。

在1936年第三次世界动力大会的开幕致辞《电力与文化》中，刘易斯·芒福德（Lewis Mumford）似乎已经预测到了中国电力工业的结构性转型。当时在美国制宪大厅的中国代表团一定听到了芒福德的话：

> 一位名叫亨利·亚当斯的美国历史学家曾预言，在我们这一代，世界将从机械时代进入电力时代，能源急剧增加，所有社会过程都进入加速度。他指出，这也许意味着要么我们的文明加速解体，要么我们在不同的基础上建立一个全新的世界。①

参加华盛顿会议一年后，中国的技术官僚将冒着敌人的炮火，投身于战时电力系统的建设。在这场双方倾尽全力的全面战争中，日本人和国民党政权将重塑中国的能源版图。

---

① World Power Conference, *Transactions Third World Power Conference*, Vol. 1, 117.

第三章
生灵涂炭

　　1936年春，江苏陇海铁路连云港发电厂23岁的电气工程师孙运璿因为一篇激情澎湃地呼吁电力工业国营化的文章，引起了全国电气事业指导委员会主任委员恽震的注意。这位毕业于哈尔滨工业大学的年轻工程师官僚未来会在台湾政坛步步高升，直至1978年至1984年任"行政院"院长。1938年春，日本军队沿长江向国民政府临时陪都武汉进攻，孙运璿和国民政府资源委员会的其他工程师被委派将数百吨重的电力设备运输至内陆省份，在那里搭建为国防工业供电的电力基础设施。孙运璿急赴江苏连云港，彼时在200余公里外的徐州，中日双方从1938年1月至6月已对峙数月。他负责监督将两台500千瓦锅炉涡轮机向西运输至1200英里之外的四川自流井。面对有雄厚工业支撑的日本侵华部队的嚣张气焰，中国内陆腹地的电气化进程为中国抗战之火的持续燃烧提供了火种。随着日本夺取全中国97%的发电厂，撤离至西南边陲的技术官僚群体肩负起了建设富有韧性的、足以承受战争变化的电力基础设施的重任。[①]

　　1941年，一幅题为"对日抗战之末路与夫明朗华北之建设"的宣传画透露了服务于国民党政权的工程师官僚努力的徒劳（见图3-1）。

---

① 陈中熙：《电气事业与电气事业建设：本文系贡献于关心电气事业的一般读者》，《资源委员会季刊》第4卷第3期，1944年9月，第4—5页。

此画讽刺了国民党高级官员和资本家纷纷逃离饱受战争破坏的上海和南京。它把蒋介石描绘成一位在日军大肆轰炸战时首都重庆时，在中国西南一隅瑟缩躲避的懦夫，与之形成鲜明对比，已经被纳入"大东亚共荣圈"的华北则大放光明。

图3-1　1941年侵华日军的宣传画

图片来源：P. J. Mode Collection of Persuasive Cartography, Cornell University Library.

这幅宣传画也显示了日本全面侵华战争（1937—1945）如何重构了中国的能源地理。战争使长江下游地区和华北地区的命运逆转。作为中国最大电力公用事业所在地的上海、南京等城市在这个时期遭受了巨大的破坏。日本利用华北地区靠近煤炭主产区的优势，大大提升了华北地区电力工业发电量，推动华北地区向军事防御工业基地转变。当日本人的炸弹如雨点般密集轰炸蒋介石的内陆基地时，随蒋一起撤离到西南地区的技术官僚开始从头建设电力基础设施。

本章追溯的是日本侵华战争期间三个战时电力系统的发展过程。它们分别是总部在北平的华北电力公司（日文名为"华北电业株式会社"）、总部在上海的华中水电股份有限公司（日文名为"华中水电株式会社"），以及1939年于云南昆明仓促建成的昆湖电厂。本章使用了大量档案资料，并参考了东京大学田岛俊雄研究团队和经济史学者金丸裕一早前的研究。[①]这三个案例不仅显示了战争的紧迫性如何刺激中国与日本均直接控制电力工业，还揭示了中国走向碳密集型发展道路的背后动因。临近战争结束，中国电力工业不再集中于上海，而是扩展至全国各地，这一趋势在1949年中华人民共和国成立后依然持续。

战争动员使得中国和日本都重启了电力工业国营化进程，也使得燃煤发电厂增多。转向煤电不仅发生在煤矿资源丰富的华北地区，也发生在煤可燃性低的西南地区。煤电的最显著好处是成本远低于水电。[②]此外，战时政权可以充分利用煤电系统的模块化、可扩展性及可靠性。尽管出发点各异，日本侵华势力与国民党政权都将发电厂与煤矿进行了垂直整合。煤炭资源的集中使日本人的运输成本大大降低。日本人鼓励华北区域的发电厂到离燃料资源更近的地方扩建、发电，但为节省成本严格压缩长江下游地区的煤炭供应。而在昆湖电厂，政府通过收购煤矿，保障和加大煤炭供应。根据托马斯·休斯（Thomas

---

① Kanemaru Yūichi, "Shina jihen chokugo"; Tajima Toshio, ed., *Gendai chūgoku no denryoku sangyō*.金丸裕一在其三十余年的写作中广泛研究了上海电力工业史。他2010年的文章汇编了从日手手稿中新发现的史料。田岛俊雄是东京大学社会科学研究所的教授，自2004年始，他的研究团队主要使用工业公报、统计摘要等公开出版的资料研究现代中国的电力工业。

② 陈中熙：《电气事业与电气事业建设：本文系贡献于关心电气事业的一般读者》，《资源委员会季刊》第4卷第3期，1944年9月，第15—16页。1944年9月，陈中熙比较了5000千瓦水电厂和燃煤电厂的成本。以每度电平均成本计算，水电的建设成本比火电多国币100元。水电大坝的利息和折旧成本折合每度电国币12元，而煤电的每度电成本平均为国币2元。

Hughes）的研究，德国和美国在战争期间都由政府资助"发电厂以前所未有的规模扩张"。中国战时电气化进程与此不同，华北地区推行集中化的区域电厂扩张，西南地区则新建大量可以因应战争需求随时关闭和重建的小型煤电厂。[①]

为全面战争做准备

在1937年7月日本全面侵华战争爆发前的数年，为了将能源资源用于国防，国民政府和日本都曾试图直接控制电力工业。1932年，在全力以赴抵抗日本入侵的预期之下，南京国民政府成立了国防设计委员会，1935年又将其重组为国民政府资源委员会。资源委员会隶属国民政府军事委员会，统领战时工业动员工作。[②]保障国防工业供电成为资源委员会的首要任务。同时期，日本开始力推电力企业国营化，其国策机构则对中国主要城市的电力基础设施展开了调查。1937年7月两国军队开战后，中国与日本国内抵制国营化的力量都被瓦解了。

国民党政权内的技术官僚非常清楚中国电力工业的低产出严重限制了中国的工业产能，在与日本人的对抗中中国处于不利地位。日本所有城市和超过80%的农村都实现了电气化。[③]1929年，中国电力工业年发电量为16.7亿度，只有日本年发电总量的15.8%。[④]为解释中日电力资源的差距，时任国民政府资源委员会电气处处长的陈中熙将发电量换算成人力：170度电可以抵一个工人工作一年，日本1929年的生产能力相当于6211万个工人工作一年，而中国仅相当于980万个工

---

①　参见 Hughes, *Networks of Power*, 286。

②　若需了解有关国民政府资源委员会建立的大事年表，参见 Bian, *The Making of the State Enterprise System*, 45—53。卞历南认为国民政府资源委员会的成立不只是换了个名字而已，而是标志其变成蒋介石推动工业发展的智囊团机构。

③　Suzuki Jun, *Nihon no kindai*, 265.

④　鲍国宝、恽震：《电气事业概论》，第14—15页。

人工作一年。①国民政府建设委员会预测到了随着战争的推进，中国沿海城市将被日本占领。1936年，为应对全国电力事业落入日本人手中之可能，国民政府经济部制订了一项在内陆地区建设国有重工业的五年计划。②本章后面会写到，针对这个计划，国民党政权执行的力度太小，执行的时间亦太晚了。

甚至在南京国民政府开始为可能出现的战争后果制订计划之前，日本民营公司和政府支持的公司已经在密谋将中国电力企业并入日本帝国主义的电业版图。早在1935年，"南满洲铁道株式会社"（以下简称"满铁"）的经济调查机构就已完成了一份长达185页的报告，详细列出了中国发电厂的情况。作为高度机密文件，报告的目录提前预演了日本侵略中国的可怕路径：从华北地区的北平和天津开始，进而横扫华北平原，最终南下长江三角洲。③

日本调查员参考了国民政府建设委员会对中国电力工业的统计调查数据，同时从几家重要的发电厂收集了相关运营细节。满铁1935年的报告重印了从中国政府公开资料中获得的每一家电厂的资本和发电量数据。它还囊括了连中国政府官员也不掌握的其他信息。如有关北平华商电灯公司条目之详细令人吃惊，6台涡轮机的完整清单中不仅列出了其购买日期、发电量、原产国及生产商，连每日耗煤量、煤价、电厂设施布局的数据也包括在其中。④这些技术细节为后续日本掠夺电厂提供了便利。1938年，一位名叫出弟次郎的日本工程师参观华北后，注意到中国发电厂很少保留电力设备的图纸，因为由外国供货

---

① 陈中熙：《电气事业与电气事业建设：本文系贡献于关心电气事业的一般读者》，《资源委员会季刊》第4卷第3期，1944年9月，第1页。

② 郑友揆、程麟荪、张传洪：《旧中国的资源委员会：史实与评价》，第24页。

③ Mantetsu keizai chōsa kai, Shina denki jigyō chōsa shiryō [Materials on the Investigation of Electrical Industries in China], October 1935, DL 177–22, NDL, Tokyo, Japan.

④ Mantetsu keizai chōsa kai, Shina denki, 1–18.

商负责所有设备的维修工作。^①最终，除云南和广西的发电厂外，日本占领了报告中提到的所有发电厂。

上述调查为日本电力公司侵占中国电力工业提供了急需的信息。1936年春，东京电灯公司、日本电气公司、宇治川电力公司、大同电力公司、东邦电力公司等日本最大的五家电力公司暂时搁置彼此间的商业竞争，联合对中国华北地区展开调查。早在1936年8月，满铁旗下的兴中公司联手天津市政府成立了天津电业股份有限公司。天津电业股份有限公司后来成为华北地区最大的发电厂。1936年12月8日，日本五大电力公司投入500万日元启动资金成立了北中国电力工业公司（日文名为"北支电力工业株式会社"）。启动资金由五家公司平摊。^②

就在日本五大电力公司谋划在中国市场扩张期间，它们了解到日本政府计划推进电力工业国营化。与中国情况类似，日本电力公司指责政府侵犯了私人产权。1936年12月，日本电气协会代表提出，纳粹德国意识到私有化让电价更低，已停止了电力工业的国营化进程。^③劳拉·伊丽莎白·海因（Laura Elizabeth Hein）研究发现，广田内阁递信大臣赖母木桂吉在1937年1月提出了一个折中方案，使日本政府可以在"不取得所有权的情况控制电厂管理"。尽管方案得到了日本陆军主管经济计划的军官铃木贞一的支持，但赖母木桂吉未能在国会获得足够的支持票，不得不撤销相关的提案。^④1937年7月中日全面开战后，日本国内对国营化的抵制缓和下来。1938年3月，国营化议案最终通过。

国民党领导层意识到赖母木提案是日本发动军事侵略的前兆。在国民党上海机关刊物《汗血月刊》的社论中，良穆写道："日军部以

---

① Ide Taijiro, "Shina senryō chi".

② "Hokushi Keizai kōsaku taikō," circa July 1937 in "Hokushi keizai kōsaku tō shiryō" [Materials Related to the North China Economic Project], 90:2:H, University of Tokyo Economics Library, Tokyo, Japan.该文件夹内有剪报、电气工程杂志文章及伪满洲国"工业部"1937年至1938年的内阁报告。

③ "Doitsu denki jigyō".

④ Hein, *Fueling Growth*, 45 - 46.

对外作战为烟幕弹，最后目的无非谋强化军部之统治权。电力国营之结果，使军部把握经济界至上权威，此后可摆脱一切财阀与政党之牵掣，而遂行军部任何主张。"[1]作为应对措施，作者呼吁南京国民政府将电力工业发展整合于中国抗战事业之中。良穆不知情的是，日本当时正酝酿通过控制当地能源把整个华北变成其军事工业基地。

日本侵略时期华北地区的电气化进程

日本傀儡伪满洲国的经济计划制定者提出了一项将华北电力工业"国营化"的计划。这项由伪满洲国"实业部"提出的"华北经济建设计划"，落款时间是1937年7月，但实际可能写于更早的时间，意在"在短时间内"把华北地区建成日本"军事基地"。"为获得充足而低价的电力，当务之急是扩大和加强电力公司的建设。"[2]首先，日本将设立由"实业部"直管的发电所。这些发电所将负责发电设备和输电线路的维护、运营及扩建。其次，为降低电力的平均成本，政府部门将资助大型发电厂的建设。日本的计划制定者相信他们可以"不理会小电厂，因为这些小电厂肯定竞争不过新成立的国营电厂，它们要么并入国营电厂，要么退出市场"。[3]日本还不得不彻底改变曾经长期执行的"水电优先，火电为辅"的政策，激进地开发华北地区的煤炭资源。"国营"电力公司将在煤炭主产区建立1000千瓦以上的大型发电厂，从而将电输送至能源需求量大的城市中心。

1928年，中国旧都北京改称"北平"，根据日本设计的华北地区工业发展计划，其电力系统进行了重组。1937年12月，日本将北平华商电灯公司收归汉奸政权"中华民国临时政府"直管。北平华商电灯

---

① 良穆:《日本之国营电力》,《汗血月刊》第7卷第6期，1936年6月。

② "Hokushi Keizai".

③ "Hokushi Keizai".

公司后来成为华北地区最大的电力公司。①日本国策机构华北开发株式
会社为北平华商电灯公司购买电力设备和物资提供了资助。②

认同公司利益和国家利益一致的日本私人企业开始支持日本国策
机构和军事机构"接管"中国华北地区的电力工业。除宇治川电力公
司外，日本几大电力公司都向华北地区派出了工程师。日本华北方面
军将这些工程小分队分成五组：东京电灯公司工程师前往平汉铁路沿
线，日本电气公司工程师前往津浦铁路沿线，东邦电力公司工程师前
往平绥铁路沿线，大同电力公司工程师前往太原，南朝鲜联合电力公
司（South Chosun Consolidated Power）工程师前往山西省的其他地区。③
工程师小分队是军事后勤团队的关键成员。私营电力公司认识到，这
些工程师冒着生命危险，做出了牺牲。有关东京电力公司历史的文字
中有一条这样写道："由于供应受限，我们必须将旧设备从日本本土
运往所需之地。为完成这一艰巨任务，我们竭尽全力。在此过程中，
两名队员在执行任务时捐躯。"④

日本通过军事占领和战略性收购控制了华北地区的电力工业。
1937年7月至1939年3月，依附于日本军队的工程师小分队侵占了
河北、河南、山东和山西等省份中型城市的发电厂，其发电容量为
1.5594万千瓦。东京电灯公司将河北石家庄、河南新乡及彰德等地的
发电量提升了4500千瓦。⑤到1939年3月，日本在华北地区基本完整地
占领了拥有6.4984万千瓦发电量的发电厂。

---

①　Tajima Toshio, "Kahoku ni okeru kōiki denryoku," 116.

②　《华北电业公司北平分公司购买物资和发放许可证及物资需要的调查等》，北京
　　市档案馆藏，档号：J006-003-00001。电厂经理向华北开发株式会社提交了发
　　电设备、橡胶、电线等原材料的需求许可申请。

③　Denki shinpō sha, *Hoku chūshi denki*, 34.

④　Tōkyō dentō kabushiki kaishashi iinkai, ed., *Tōkyō dentō kabushiki kaishashi* [The
　　History of the Tokyo Electric Light Company] (Tokyo: Tokyo Electric, 1956), 140. 转引
　　自 Kanemaru Yūichi, "Kachū denryoku" (2010): 154。

⑤　Denki shinpō sha, *Hoku chūshi denki*, 35.

原本抵制国营化的日本电力公司高管转头认同由国策机构统筹电力基础设施发展的好处。日本电气公司副总裁内藤熊喜是一位在日本国内广受尊重的中国专家，他曾表达对诸如兴中公司的国策机构在电气化项目中承担重要角色的矛盾心理。他认为，政府支持的公司应限于公共基础设施项目，而不应介入私营市场。但内藤又希望国策机构加速实现日本以伪满洲国为范本再造华北地区的愿景。他展望华北地区的电力联盟"立即行动起来，提供资本、技术和经验，恢复、巩固和扩大电力事业"。①满铁理事十河信二把电力发展列为经济发展计划切实取得的第一个"成就"。

在日本电力公司和军事部门共同"接管"华北地区电厂后不久，曾经中断的日本电力工业国营化计划重新启动。1938年3月，日本国会通过了近卫内阁提出的将33家发电公司合并为一家名为"发送电"的特殊国营公司的计划，发送电株式会社将向其他输电公司和配电公司售电。②发送电株式会社的组织逻辑源自民营企业和国策机构在华北战场上的合作。国家统一协调燃料的分配和使用，电力公司则通过售电持续获得收益。1938年4月，为体现其"建立东亚新经济秩序"的使命，日本五大电力公司将在中国的公司更名为"东亚电力工业株式会社"。另外15家日本电力公司也入股这家区域电力公司，将其实收资本提高至3000万日元。③

确定关键的公司结构后，日本开始着手成立中日合资企业，巩固其对华北地区电力市场的控制。在一家典型的合资企业中，中日双方各控股50%，在管理委员会中拥有相同数量的代表人员。

战前中日合资成立的天津电业股份有限公司成为电力工业合作的起跳板。内藤熊喜视天津为日本在华北地区建立电力事业版图的基

---

①　Sogō Shinji, ed., *Shigen kaihatsu hokushi*, 110, 115.

②　Hein, *Fueling Growth*, 46.

③　Denki shinpō sha, *Hoku chūshi denki*, 1 - 5.

地。天津日租界当时已经成为日本棉纺厂和铁厂的集中地。1938年2月上线的3万千瓦发电容量进一步巩固了日本对华北工业的控制。内藤预测天津的平均瞬时功耗为2.5万千瓦，对天津电业股份有限公司及时满足电力需求充满信心。①除天津电业股份有限公司外，日本还在华北地区成立了冀东电业股份有限公司、齐鲁电业股份有限公司、芝罘电业股份有限公司等其他合资公司②。每家公司都有明确划定的特许经营区域。东亚电力工业株式会社在华北地区收购了23家之前由华商经营的大型发电厂。③对于那些苦苦维持其偿还能力的中国小型电厂老板们来说，日本资本的注入给他们带来一线生机。

1940年2月1日，日本成立了华北电力公司（日文名为"华北电业株式会社"）。这是华北地区第一家大型区域电力公司，直接管理北平、天津、冀东唐山等地的电力公司以及河南、山东处于军管之下的发电厂。东京帝国大学毕业生、王克敏伪政府"司法院委员长"朱深担任华北电力公司总裁。副总裁正是内藤熊喜。作为一家新成立的集团企业，华北电业股份有限公司以日本本土的发送电株式会社和伪满洲国的满洲电业株式会社为榜样，由国策机构共同所有、中日商业代表共同管理。

华北电业股份有限公司已缴资本高达1.77亿日元，业务范围覆盖北平、天津、唐山、济南、芝罘、石门、开封、徐州等地，实现了日本在战前制订的在河北、河南及山西建立大型发电厂和长距离输电线路的计划。④内藤倡议在煤矿附近建立发电厂，并通过高压线路将电输送至城市。这样做可以帮助电力公司降低煤炭运输成本。日本人首先搭建了长距离输电线路。1940年，天津至塘沽港7.7万伏高压输电干

---

①　Sogō Shinji, ed., *Shigen kaihatsu hokushi*, 117.

②　文中提到的三家电业股份有限公司分别位于唐山、济南、烟台。——编注

③　Denki shinpō sha, *Hoku chūshi denki*, 24 - 25.

④　《华北电力股份有限公司三周年庆典材料》（1942年2月），北京市档案馆藏，档号：J006- 003-0024。

线建成；1942年，天津至北平高压输电干线建成。同时，日本提高了开滦煤矿附近发电厂的发电能力，并于1944年建成了唐山至天津、塘沽及北平的高压输电线路。田岛俊雄将这个战时电力网络描述为"现代京津唐电网的原型"。[①]

尽管燃料充分，华北电力工业长期存在发电能力不足的问题。石景山发电厂装机容量高达3.2万千瓦，为北平提供了大部分电力，日本在占据该厂后认识到，1.8万千瓦的瞬时输出功率只实现了其所列额定功率的一小部分。1941年5月，经过一些小型维修后，日本人想办法将该厂的瞬时输出功率提高到了2.11万千瓦。[②]几年以后，他们才在该厂安装了日本新制造的发电机。其他发电容量则必须从中国其他地区获得。日本控制区域扩大至华中地区和华南地区后，为缓解发电容量不足问题，长江下游地区的一些发电设备被运往北方。华北地区的发电能力的扩容最终以牺牲长江下游地区为代价。

制造上海电力危机

在从华北平原向华中地区和华南地区扩张的过程中，日本遭遇了一场自己制造的能源危机。在掠夺长江下游地区电力工业的过程中，他们遇到了三重阻碍。首先，争夺上海和南京的战争严重损坏了这两个城市的电力基础设施。其次，即使修复了输电线路和发电设备，日本大型区域电力公司受到外国租界及与其合作的伪政权——"中华民国维新政府"的双重抵制。最后，从华北地区运煤至长江三角洲成本高，使得日本向上海和周边城市的电力公司供应燃料的代价昂贵。为缓解这些困难，内藤与满铁华北首席经济调查员押川一郎提出了一个

---

① Tajima Toshio, "Kahoku denryoku," 116.

② 《（民国）二十九年五月份发电绩字》（1940年5月），北京市档案馆藏，档号：J006-001-0003。

"合理的办法"：缩减上海煤炭供应，并将闲置设备运往北方。这样一来，即使占领了中国电气化程度最高的地区——江、浙、皖三省的发电量占全中国的45.3%，日本亦未能榨取长江下游地区的工业产能。[①]

占领上海数月后，日本开始计划成立华中水电股份有限公司，但很快意识到管理长江三角洲电力市场的困难。1937年11月，日本占领上海，12月占领南京，不久后的1938年1月18日至2月6日，主要由12名日本西部电力公司管理层组成的团队在长江下游地区做了一次"旋风之旅"。[②]出于不明原因，日本电力工业的"中国专家"内藤熊喜没有参与此次行动。来自东京电灯公司的冈部荣一是该团队最年长者，他承担了内藤的职责。其他成员事先几乎毫不知情。辻秀男是宇治川电力公司分公司主管，仅有5天时间准备行程。1938年1月17日，辻秀男从大阪出发前往长崎，跳上一艘渡船，三天后在上海赶上了参访团队。日本认为修复长江下游地区电力工业的任务过于繁重。回到大阪后，辻秀男在大同电力公司的午餐会上报告了中国之行的发现，同行的石川芳次郎颇为恼怒地问："该拿华中地区怎么办呢？"[③]

上海本来是进军华东地区的"大奖"。石川芳次郎发现上海外国租界内的电气化水平可与日本任何一座大城市媲美。石川芳次郎在京都的电厂拥有10万千瓦发电容量，为方圆约287平方公里的110.7万人供电，而上海外国租界内的发电厂总发电容量高达14.118万千瓦，为集中于约33平方公里的150万人口供电。[④]1938年，为避免和西方势力发生冲突，日本没有夺取一直由美国和法国掌控的租界电力基础设施。

日本面临恢复上海租界之外的约860平方公里城市区域公共设施

[①] 数据来自国民政府建设委员会1936年对中国电力工业开展的统计调查。该数据不包括日本占领的东三省。转引自陈中熙《电气事业与电气事业建设：本文系贡献于关心电气事业的一般读者》，《资源委员会季刊》第4卷第3期，1944年9月，第10—11页。

[②] Kanemaru Yūichi, "Kachū denryoku," 158.

[③] Ishikawa Yoshijiro, *Naka shina* 19.

[④] Ishikawa Yoshijiro, *Naka shina*, 4.

的难题，这些区域在淞沪会战中遭受严重损坏。在调查市区北部的闸北发电厂和南市的华商电气公司时，石川芳次郎深感绝望。他报告称这些区域70%的住宅和商业区被燃为灰烬，其惨烈程度让他回想起在1923年关东地震中东京东部的工人社区所遭遇的破坏。南京和杭州的境况同样糟糕。国民党在撤退时炸毁了杭州一座1.5万千瓦的发电厂，造成的损失高达百万元。[①]如何才能恢复上海和南京的旧日繁盛？

尽管工作量巨大，石川不愿接受任何放弃长江下游地区的建议，因为上海租界的英国、美国和法国等方面势力会趁机填补权力真空。他提出：

> 华北五省必须和日本成为一体。但我们应该考虑如何将影响力延伸至华中地区，在对外事务上采取更强硬的立场，并警惕任何危及我们地位的行为……如果对华中地区置之不理，亲日之情就不能发展。如果中国人不能对日本人产生亲和感，我们就丧失了实现东亚和平目标的机会。[②]

石川的上级辻秀男表达了类似的看法。在其个人报告中，辻秀男提出，上海美商发电厂趁"租界外的华商电厂处于绝望之际，控制了上海的电力供应"。他补充道："当我们的军队占领南京的发电厂，日本的电力公司也必须尽快控制长江三角洲地区。"[③]

1938年6月30日，日本将上海租界外的五家电力公司和两家水厂合并，组成华中水电公司。其管理层单方面宣布公司将在日本扶持的伪维新政府下享有特殊地位。伪维新政府继而宣布，非日本公司在租界外区域供应电力违法，并禁止任何公司自行发电。它还免除了华中水电

---

① Ishikawa Yoshijiro, *Naka shina*, 20.

② Ishikawa Yoshijiro, *Naka shina*, 21.

③ Kanemaru Yūichi, "Kachū denryoku," 159.

公司的重型设备税、注册费及"国税"。①1938年8月9日，伪维新政府"实业部长"与日本华中特遣军特务部长原田熊吉正式认可该协议。

经济史学者金丸裕一提出，华中水电公司"兑现"了恢复长江三角洲地区电力供应的"承诺"，但后来因为资本、熟练劳动力和燃料严重受限而不断缩减业务。金丸引用了满洲电业公司的记录，其中提及日本计划在闸北安装一台4000千瓦发电机，在浦东安装两套5000千瓦发电机，以及在上海南市华商电厂安装一台3万千瓦发电机。日本还修复了国民党政权国营的首都电厂。但是，他们很难找到操作电力设备的工人。参与南京大屠杀的日本中将中岛今朝吾在日记中写道："在军队攻占和剽掠城市的过程中，大量技师和电工被杀死了。"②金丸裕一的结论是，到1941年12月，华中水电公司修复了江苏省境内大部分被战争破坏的电力线路。随着日本偷袭珍珠港，太平洋战争全面升级，煤炭运输的压缩及原材料短缺使得维持长江三角洲地区电力基础设施的运转变得愈加困难。③

1938年8月至1941年12月的档案资料大体支持金丸裕一的研究发现，但也揭示了日本为保存战争资源而限制修复行动。限制令使长江三角洲地区的电力工业很难得到急需的机器设备和燃料。1938年12月，伪维新政府"实业部长"王子惠转发了日本华中远征军禁止从日占区运输金属、金属制品、煤、纺织品及酒至上海租界的禁令。④这使得日本军队完全控制了流向上海的电力设备和燃料。日本占领军还通过限制华北地区煤的流动，扰乱上海租界内美商和法商发电厂的运行。

日本人将上海闲置的发电设备调往华北地区。他们掏空了青帮帮

---

① 《华中水电株式会社设立要纲》（1938年6月30日），上海市档案馆藏，档号：R1-10-821。

② Kanemaru Yūichi, "Cong pohuai dao fuxing," 859. 原文用中文发表。

③ Kanemaru Yūichi, "Cong pohuai dao fuxing," 860.

④ 《实业部等关于准日军要求禁止往上海及租界内外输送物品之令》（1938年12月3日），上海市档案馆编《日伪上海市政府》，档案出版社，1986，第472—474页。

主杜月笙所有的华商电气公司。有针对性地破坏杜月笙的电气公司背后也有政治目的。石川芳次郎专门以杜月笙为例说明中国人对"发财"的迷恋。[1]石川认为杜月笙是迷恋"发财"的中国人的典型，他是一个不道德的商人，依靠与国民党高层的勾结积累不义之财。在杜月笙逃到香港后不久，日本把杜电气公司的一套3200千瓦发电设备和另一套6400千瓦发电设备搬到了北平西郊的石景山发电厂和钢铁厂。剩下的一套6400千瓦发电设备被运往位于山东省的博山发电厂。战争结束后，华商电气公司向国民党政府提交了返还这些设备的请求，声称总共有1.6万千瓦的发电设备在上海沦陷后几个月就"立即被敌人攫取"。[2]转运上海闲置电力设备使日本省却了从日本本土运来翻新发电机的麻烦。上海南市遭受的破坏极大，电力需求很低。在日本占领期间，这里的工业活动基本没有恢复，华中水电公司因而中止了建立一家3万千瓦电厂服务该地区的计划。[3]

为了在资源严重不足的情况下保持收支平衡，华中水电公司扣留了本应上交给上海"合作政权"的款项。它强烈要求豁免相关费用，这一行为激怒了上海伪维新政府领导层。1939年3月，电力公司和伪政权之间爆发了一场有关公共服务业回报率的争论。按照已签署的公路和水路使用费用协议，华中水电公司旗下的发电厂应缴纳照明收入的1%和动力收入的1.5%。作为母公司，华中水电公司有责任支付这些费用。为推动电力公司履行上述义务，工部局扣留了相关的电费和水费。日本扶持的电力公司则以免税条款为由拒绝缴费，并提出正是这些附加费用削弱了它们履行公共服务职责的能力。[4]经过数月争吵，

---

[1] Ishikawa Yoshijiro, *Naka shina*, 25.

[2] 《华商电气公司关于战后初步重建情况的简报》（1949年4月），上海市档案馆藏，档号：Q578-1-94。

[3] 美商上海电力公司的有关记录证实了华商电气公司的说法，该记录提及美商上海电力公司不得不向租界以外的区域供电。

[4] 《上海"维新政府"给华中水电公司的信》（1939年11月1日），上海市档案馆藏，档号：R1-10-823。

公司管理层终于在1940年5月向工部局财政处承认，因为不断攀升的亏损，其无法支付这些款项。

日本还以控制煤供应为筹码扩大自己对租界政治的影响力。自1940年5月起，日本商工省开始实施煤炭配给制。[1]随着战争的延宕，日本开始削减美商和法商发电厂的煤炭供应。一直享受稳定电力供应的租界开始经历电力短缺。5月，上海工部局建议在夏季月份实行夏令时，以减低照明的电力需求。副总办何德奎（T. K. Ho）要求商店把时钟往前调一个小时，以利用更长的白天时段。[2]因为电灯照明仅占所有电力消费的11%，这些措施并没有阻止上海实施用电管制。[3]1941年3月3日，美商上海电力公司仅剩下3个月的燃料储备，不得不向上海工部局提交限制用电的提议。它提出，电力公司"现在无法保证能够从开滦以外的地方每月获得2.5万吨煤燃料，这个数额大约是当前需求量的一半"。[4]

工部局的日本董事明确表示日本政府不会放松煤炭管制，建议工部局的董事们另想办法。1941年3月5日，在一场为解决电力危机而召集的会议上，日本董事冈本一策放了第一炮，明言："限制供应是必要的预防措施，1940年1月1日开始的限制每月用电量是合理之举。"怡和洋行大班、工部局总董恺自威（W. J. Keswick）和冈本意见一致。[5]明白日

[1]　参见 "Sekitan haikyū tōsei shikō rei"。

[2]　参见 Minutes of Council Meeting for May 15, 1940, *The Minutes of the Shanghai Municipal Council,* Vol. 28 (Shanghai: Shanghai Classics Publishing House), 54。

[3]　参见《华中水电股份有限公司关于电力非常措施》（1944年7月），上海市档案馆，档号：R13-1-160-77。这份报告以等量煤的吨数为指标，列出了每个类别用户的节能目标。通过倒推，我统计出了每个部门的大致煤炭消耗总量。就1944年7月而言，在约2.1719万吨煤炭消耗总量中，2400吨用于电力照明。

[4]　参见 Minutes of Council Meeting for March 5, 1941, *The Minutes of the Shanghai Municipal Council,* Vol. 28, 187。——作者注。原文为 sources other than Kailan，1937年全面抗战爆发后，开滦煤供应上电近一半的燃煤，参见陈宝云《中国早期电力工业发展研究：以上海电力公司为基点的考察（1879—1950）》，合肥工业大学出版社，2014，第92页。——编注

[5]　1941年1月，恺自威从一场暗杀中侥幸脱身，当时他在上海赛马场被日本各路联合会会长射中了肩膀。

本人不会同意提高煤炭供应量后，工部局成员转而寻找其他煤炭资源。夜幕降临前的几分钟，工部局发布了租界史上的首个限电令，号召人们减少25%的用电量。在另一位日本董事、时任三井物产上海支店店长高雄太郎[1]的支持下，工部局授权上海电力公司从加尔各答协调了15万吨煤运至上海。工部局华董、会计师奚玉书（字毓麟）在会议室里快速盘算着，预估这些煤的成本高达每吨300元，是从华北运来的煤的30倍。[2]

上海华商将这些限电措施视为针对非日本企业的能源封锁。1941年3月15日，华商在《申报》社论中谴责日本企业滥用特权，不遵守节电令。代表华商发声的《申报》社论写道："上海电流供给问题解决之总关键，操于日人之手，因日本当局若能增加来沪之华北煤斤办法，则电流供给问题即可解决。"[3]换句话说，这是一场人为制造的危机。

日本人向工部局施压，要求其加倍努力，采取措施，减少用电量。经过数周协商，工部局发现从加尔各答紧急运来的煤炭至少需要分八批运输。当时三井物产控制了上海的煤炭供应，高雄太郎告诫三井物产不要把船租给工部局。[4]到1941年6月，上海电力公司计划每月使用3.5万吨煤，这个数字是最低需求量的70%。冈本向工部局保证，日本将每月向上海供应不低于2.5万吨的煤。[5]上海电力公司不得不接受日本设置的各种限制。

1941年12月偷袭珍珠港后，日本人直接控制了上海电力基础设

---

[1]　原文为Hanawa Yutaro，疑有误，查《上海租界志》，1940年4月18日—1941年5月1日，上海工部局董事中唯一一位名字中含罗马字发音Yutaro的是高雄太郎。——编注

[2]　Minutes of Council Meeting for March 5, 1941, *The Minutes of the Shanghai Municipal Council*, Vol. 28, 191.

[3]　《工业界切望当局公允分配电流》，《申报》1941年3月15日。

[4]　Minutes of Council Meeting for March 27, 1941, *The Minutes of the Shanghai Municipal Council*, Vol. 28, 206.

[5]　Minutes of Council Meeting for March 27, 1941, *The Minutes of the Shanghai Municipal Council*, Vol. 28, 259.

施。美商上海电力公司被置于日本军事管理之下。日本还要求在工部局拥有多数代表席位。日本上海总领事冈崎胜男取得了总董位置。冈崎解释道："公用事业关乎公共安全和日本对本区域的防卫，在太平洋战争爆发的当下，日本不会让敌对势力控制公用事业。"[1]日本还采取进一步措施限制上海商品的流通。1942年4月，上海工商界必须获得"兴亚院"的批准后，才能使用、生产或售卖13种物资，其中包括铁、钢制品，有色金属以及煤炭。[2]

为防止上海消耗对日本战备极为重要的燃料和矿产资源，日本当局对这些资源进行全面控制和严格管制，上海电力危机因而进一步加剧。按照1941年3月的限制令，上海电力公司的发电量减少了45%。上海市发布了针对广告灯和霓虹灯的禁令，但出于安全考虑保留了街灯。[3]其发电量还将降至更低。为了填补巨额赤字，工部局日本董事要求提高电价。冈崎胜男提出，战争期间煤价上涨了五六倍，上海电力公司每月亏损高达1200万元。侵占上海电力公司后，华中水电公司的亏损进一步扩大。冈崎胜男得到了新任总领事的全力支持，力推电价上涨两倍。除一位中国董事抗议"工部局尚未充分考虑就要被迫接受修改后的电价"，其他工部局董事都同意该计划，并声称电价上涨"理由充分"。[4]非日籍董事们都明白，电价修改得到日本政府的全力支持，任何抵抗都是徒劳的。

上海是中国用电量最大的城市，日本占领区域率先开展节电运

---

① Minutes of Council Meeting for May 16, 1942, *The Minutes of the Shanghai Municipal Council*, Vol. 28, 466.冈崎胜男后来成为日本外相，在密苏里号战列舰上签署了投降协议。——作者注。此说不确。日本投降时，冈崎胜男的职务为日本外务省调查局局长，其并未签署投降协议，只是曾参与《投降诏书》的谈判。——编注

② 《兴亚院华中联络部关于统制上海地区重要物资移动函及市府函令》（1942年4月），上海市档案馆编《日伪上海市政府》，第570—574页。

③ 《煤斤将自华北运沪　电流供给无虞》，《申报》1942年3月4日。

④ Minutes of Council Meeting for May 16, 1942, *The Minutes of the Shanghai Municipal Council*, Vol. 28, 468.

动。1943年7月，工部局解散。伪上海市政府接手了之前的外国租界。伪上海市政府"社会福利局"收集了上海能源消耗大户的名单，并于1943年11月成立了工业燃料经济委员会来讨论降低煤炭、电力和燃气配额的政策。①1943年最后一天，伪上海市长陈公博强制要求商店晚上7时前关灯，饭店和娱乐场所晚上11时前结束营业。②

因限电运动实现的节电有限，日本人将注意力转向提高上海电力公司燃料的利用效率。"工业统计课"要求电力公司加强对锅炉房的管控，因为"锅炉房工作人员至关重要，要选用那些智力高、经验丰富的人"。"工业统计课"属员详细考察了发电过程的每一个步骤，建议清洁锅炉和为锅炉除锈，预热锅炉用水，疏通锅炉给水的喷嘴泵，并调节烟囱通风以确保有足够的空气帮助燃烧。他们还推荐加入10%的水湿润粉煤，以防止"粉煤在充分燃烧前堵塞烟囱而产生损耗"，"同时可以防止粉煤从炉条中掉落"。③更为重要的是，"工业统计课"呼吁加强对锅炉工人的管理，不让他们把煤灰卖给煤球厂非法获利。充分燃烧每一盎司煤，即可切断其牟利行为。

随着燃料危机加剧，各行业协会纷纷要求破例。日本人的军事管理部门拒绝了其中大部分的请求，但对那些事关安全的请求会有一些照顾措施。1944年2月，上海两家制药厂通过能源节约委员会的私人关系免掉了超额用电罚金。当时上海正暴发脑膜炎，他们为了提高免疫血清产量而超过了用电限额。1944年11月，杂粮业同业工会也成功地为10家会员单位争取到了恢复电力供应。该协会会长告诉日本军事当局，虽然其成员不供应军粮，"所营业务不过制磨苞米粉、蚕豆粉、

---

① 《工业燃料经济委员会会议记录》（1943年11月29日），上海市档案馆藏，档号：R22-2-135。

② 《减少不必要的电力消耗》（1943年12月31日），上海市档案馆藏，档号：R22-2-19。

③ 《关于燃料及能源经济的一些建议》（1944年2月），上海市档案馆藏，档号：R22-2-135。

绿豆粉、红粮粉、山芋粉、豌豆粉，均为平民食粮所必需之品，以济无力购买食米之穷，合乎政府补救民食之意"。此外，这10家杂粮商店每月仅使用1452千瓦电力，还比不上一家中型工厂的用电量。[①]

日本占领上海长达八年，在其后期，长期的电力短缺严重拖累了上海工业。从华北地区运煤至长江三角洲成本高昂，日本不得不减少煤炭运输。到1944年7月，上海电力公司仅能用煤2.9万吨，比战前少了近4成。一个月后，它不得不将每月用煤量再减少7500吨。[②]战前拥有东亚最大发电厂的上海电力工业濒临消亡。1945年日本侵华战争临近结束，负责盘点战争损失的临时参议会发现，上海五大电力公司的总发电量从战前的26万千瓦跌至不到14万千瓦。[③]战争期间，华商电气公司、沪西电力股份有限公司和浦东电气公司的发电量为零，不得不转售上海电力公司的电。[④]正如我们在第六章将要讨论的，战时能源危机破坏了上海经济的稳定，是最终导致国民党政权1949年崩塌的因素之一。

烽火连天

此时，国民党统治之下的西南地区正在发生什么呢？决策者们在制定了内陆国营工业发展五年计划的一年后，全面抗日战争就爆发了。工程师们撤退至几乎没有任何发电能力的四川、云南和贵州等省份（见表3-1）。他们必须让自己尽快熟悉这些边境地区的自然和人文环境，用从战争中抢

---

① 《上海杂粮同业公会给上海伪特别市政府的信》（1944年11月28日），上海市档案馆藏，档号：R47-2-71。

② 《节煤报告》（1944年7月），上海市档案馆藏，档号：R13-1-160-77。该报告用吨煤当量列出了每个工业类别的节电目标。

③ 《上海伪特别市临时参议会关于严控能源浪费的提案》（1945年8月），上海市档案馆藏，档号：Q109-1-1999, SMA，转引自高明《1945—1965　上海电力工业研究》，博士学位论文，上海交通大学，2014年。

④ 参见Kajima Jun, "Shanghai denryoku sangyō," 95。加岛润援引了上海统计局1947年编写的数据。高明从上海市档案馆的年度报告中获得了相同的数据。

救回来的残破设备从头建立电力基础设施。中国战事需要便宜而充足的电力，这也促使工程师们在这些地区建立起以火电为主的能源基础设施，尽管当地煤炭质量堪忧，水电资源却潜力巨大。

表3-1　1939年前后日本人与国民党分别控制的电力工业

日本人控制的省份	发电厂数量	投资额（千元）	发电能力（千瓦）
江苏	107	47818	125740
安徽	25	1828	4644
浙江	109	13057	30908
福建	29	5457	11555
广东	35	9622	36060
江西	13	1115	3792
湖北	18	5192	20427
山西	6	1530	5572
河南	7	1430	2110
山东	23	5038	52044
河北	17	16528	44079
察哈尔	1	278	335
绥远	2	591	608
湖南	12	2479	7074
总计			344948
国民党控制的省份	发电厂数量	投资额（千元）	发电能力（千瓦）
云南	3	1610	1614
贵州	2	110	165
陕西	1	300	709
西藏	1	83	100
四川	22	4685	5172
西康	1	21	25

续表3-1

国民党控制的省份	发电厂数量	投资额 (千元)	发电能力 (千瓦)
甘肃	3	44	141
宁夏	1	100	100
总计			8026

资料来源：国民政府资源委员会1935年全国调查（见陈中熙《电气事业与电气事业建设：本文系贡献于关心电气事业的一般读者》,《资源委员会季刊》第4卷第3期，1944年9月）。湖南部分地区为国民党控制。

在战前同时肩负居民和军事用电职责的技术官僚们迅速转向战时动员。资源委员会电业处处长恽震被授予国民革命军少将衔。他曾在上海[①]担任军事交通技术学校的教务部主任，对军事领域并不陌生。恽震负责教授国军官兵使用无线电设备，每月享有津贴200元。[②]但国民党的正规部队并没有帮助恽震完成将电力工业拆迁至内陆省份的任务。他眼睁睁地看着国营首都电厂的发电设备落入日本人之手。银行不准国民政府资源委员会迁走发电机，理由是这些发电机是贷款抵押品。1937年8月至11月，淞沪会战中，只有3家上海电厂和一家苏州电厂、一家常熟电厂及一家杭州电厂遵守了每日向国民政府建设委员会汇报运营情况的要求。[③]随着日军迅速占领华中地区，恽震的同僚们很难执行之前制订的在西南地区建设电网的计划，这些电网原本要为临时国防工业提供动力。

在撤退至西南地区之前，资源委员会已经决定优先建设火电厂。毕业于康奈尔大学的黄辉认为，尽管西南地区拥有中国一半以上的水力资源，其地质和水文条件并不适合开发水力发电。黄辉提出了中国发展水电的四大障碍：

---

①　原文如此，应为南京。——编注
②　王守泰等口述，张柏春访问整理《民国时期机电技术》，第163页。
③　《十五家电厂致国民政府建设委员会的信》（1937年8月26日），台北"中研院"档案馆藏，档号：23-25-00-020-02。

1. 吾国无大瀑布，但小瀑布则西南各省颇多，只宜于中小规模水力之开发……

2. 吾国森林素不发达，河流多未导治，且缺乏天然湖泊调节，故流量变化甚大。如建筑蓄水库，又恐淹没田亩太多。故水力电厂须与火力电厂配合供应，方为经济。

3. 吾国河流因流量变化甚大，故洪水位与枯水位相差悬殊，往往超过二十余公尺，乃至三十余公尺，为欧美各国所罕见……

4. 吾国北部气候严寒，冬令结冰颇久，西北河流含沙量颇重，且因黄土覆盖甚厚，良好岩石基础不易获得，以上各点皆为工程上之复杂问题，惟南方水力开发则尚少此项困难。[1]

所有这些因素阻碍了云南省省府昆明的水电发展。1910 年，昆明西部山区成立了中国第一座水电站——石龙坝水电站，发电量只有微不足道的 2000 千瓦。毕业于巴黎大学物理系的刘晋钰承担起了建设昆明电力基础设施的重任。他了解到，在 11 月至次年 4 月的枯水期，河流湖泊的水位会急剧下降，水电站的发电机仅能开动一半。[2]1910 年石龙坝水电站建成后，云南水电并没有得到进一步发展。资源委员会别无选择，只能从水电转向火电。把水从滇池抽出来，送入锅炉，让升腾的蒸汽推动汽轮发电机。即使煤存储量稀少，新建一座火电厂依然比升级现有的水力发电设备更可行。

阻碍水电发展的地理和气候因素同样拖延了昆湖电厂的建设。年轻的土木工程师方刚在昆明以西 9.6 公里处的马街子镇石咀村为发电厂勘定厂址，该地旁边有一片巨大的水域，且位于煤炭运输的要道

---

[1]　黄辉：《中国之水力资源及水力发电之展望》，《资源委员会季刊》第 4 卷第 3 期，1944 年 9 月。

[2]　刘晋钰：《昆湖电厂筹备经过》，《资源委员会月刊》第 1 卷第 5 期，1939 年。原文标注刊名及刊出时间有误。——编注

上。①1936年的实地勘测忽视了当地的土壤情况，施工人员后来才发现该地土壤无法支撑发电设备的重量，也承受不了汽轮机旋转时的震动。刘晋钰不得不从湖南下摄司请来打桩工人处理电厂的地基。1938年5月，施工团队到达的时候，正好碰上了昆明的雨季，原本就铺设不好的路变成了泥潭，诸如锯条和锤子等基本施工工具的短缺进一步耽误了工期，至10月底全部打桩工程才告完成。②

此时，逃出南京的恽震及其同僚正在协调将发电设备迁往云南。③但资源委员会只抢救回两台发电机组。第一台来自湖南湘潭电厂。工人们将300吨重的2000千瓦机炉绑在12艘船上，沿湘江顺流而下至湘西祁阳。刚到祁阳，恽震和黄辉就接到把机组运往广西柳州的命令。从昆明来的民工把机组拖到了越南北部，最后经海防—昆明铁路运抵昆明。④由巴布科克和西门子建造的第二台机组用船从新加坡运到了上海。资源委员会将其送到香港，然后经由海防—昆明铁路运至昆明。⑤除昆湖电厂外，资源委员会还在四川、甘肃、云南和贵州建了6家电厂。总之，资源委员会共拆解了2200吨发电设备，翻山越岭地从水路或陆路运至偏远的内陆省份，然后再重新组装。⑥

1939年9月，为了保障新建电厂的燃料供应，资源委员会接管了

---

① 王守泰等口述，张柏春访问整理《民国时期机电技术》，第185页。

② 刘晋钰：《昆湖电厂筹备经过》，《资源委员会月刊》第1卷第5期，1939年。

③ 程玉凤、程玉凰编《资源委员会档案史料初编》，台北"国史馆"，1984，第30页。理论上，资源委员会工业处负责监督所有的生产活动，包括电气工程建设，但在实际上，电业处管理电厂。

④ 王守泰等口述，张柏春访问整理《民国时期机电技术》，第185页。昆湖电厂其他设备部件的运输也是绕了一大圈。从湖北汉冶萍公司运去的一台柴油引擎在昆明车站躺了两个月，才最终到达马街子。一台15吨重的飞轮因为太重不能用卡车运输，不得不让工人用钢缆拖到高处。见中国人民政治协商会议西南地区文史资料协作会议编《抗战时期内迁西南的工商企业》，云南人民出版社，1988，第196页。

⑤ 刘晋钰：《昆湖电厂筹备经过》，《资源委员会月刊》第1卷第5期，1939年。

⑥ 《统计：资源委员会附属厂矿战后内迁器材数量表》，《资源委员会公报》第1卷第1期，1941年7月。

坐落于昆明西北方84公里外的明良煤矿。明良煤矿开办于1902年，战前是云南最大的煤矿，为当地手工业、锡冶炼厂和大铁路公司供煤。它生产的褐煤非常适合英国制造的锅炉涡轮机。按照接管协议，政府出资国币220万元，私人入股国币60万元。恽震被任命为重组后的明良控股公司总经理，参照其他国营国防工业对其进行了改建。[①]煤矿雇用了更多的工人，1940年，其产量从战前的9200吨提高到3.4036万吨。[②]卢钺章发现，位于昆明以南约218公里外的开远煤矿生产的褐煤含水量在23%至32%之间，其完全燃烧率比伪满日资抚顺煤矿开采的煤低得多。[③]但工程师官僚们面对劣质煤泰然自若，还援引苏联为例，后者烧的是劣质泥炭，但照样提高了发电量。

昆湖电厂在战争期间表现出了极大的韧性。它装机容量只有4336千瓦，通过64.5公里长的高压输电线路和21公里长的低压配电线路，每年为包括昆明最重要的国防工业在内的520家用户供电300万度。[④]刘晋钰报告称，昆湖电厂只在1940年因空袭发生过一次持续两小时的全面停电。昆湖电厂每月会因日常维修出现大约三次短暂停电，在雨季曾有9次因暴雨雷击出现停电，但很快恢复过来。[⑤]工程师们同时还要为滇池沿岸电厂和其他工厂可能成为空袭首要目标做准备工作。

早在1940年4月，为躲避空袭及更接近燃料产地，资源委员会就曾考虑将昆湖电厂部分迁往多山的昆明腹地。在昆明东北向75公里、嵩明县和宜良县接壤处，刘晋钰选定了一个地方。这个地方比之前的厂址更靠近明良煤矿，可以降低燃料运输成本。更妙的是，四面高山

---

① 《抗战时期内迁西南的工商企业》，第193—194页。

② 《抗战时期内迁西南的工商企业》，第193页。

③ 参见闵江月《萨凡奇考察长江三峡前后》，《湖北文史资料》1997年第1期。

④ 《昆湖电厂年度报告》（1940年），台北"中研院"档案馆藏国民政府建设委员会档，档号：003-010301-0581。

⑤ 《昆湖电厂年度报告》（1940年），台北"中研院"档案馆藏国民政府建设委员会档，档号：003-010301-0581。

可以保护新电厂不被空袭。[1]喷水洞发电所就建立于此。发电所的名字来源于其所在的西山脚下的一个通风孔。[2]

1940年10月，日本在入侵法属印度支那地区后对昆明发动了空袭，迫使工程师们启动应急计划。当时两家兵工厂已经搬到了喷水洞附近的山洞里，急需电力供应。1940年12月，完成地形调查后，昆明电气公司的土木工程师陶立中陪着刘晋钰参观了山洞中的兵工厂，研究如何适应当地的山形。实地考察缓解了刘晋钰的忧虑。他发现一个宽5.49米、高7.32米的山洞正好可以放置涡轮机。工程师们在山洞口外建了一间房，用来放置锅炉。山洞和锅炉厂之间的路仅不足3米宽，这就尽可能减少了可能遭受空袭的区域。工程师们在山洞和锅炉房间建起了一堵保护墙，墙内有一个仅容一人爬行通过的地道。这有利于保护涡轮机不被山洞外的爆炸损坏。[3]

把一家发电所挤进一个可做防弹掩体的空间是对资源委员会土木工程师们能力的极限考验。除需降低空袭损害外，为把笨重的涡轮机打包进狭小的空间，以及解决除尘、通风、降噪等问题，工程师们想出了很多创造性的解决办法。[4]利用山洞自身的优势，工程师们取消了消灰间，采用了水冲法，利用凝结器放出的冷却水将煤灰从山洞里冲走。建筑设计节省了大量水泥，充分利用了水资源。因为山上的岩石足够牢固，可以承受涡轮机的震动，也没有必要建稳定涡轮机的钢筋

---

① 陶立中、刘晋钰：《昆湖电厂喷水洞发电所建设经过》，《资源委员会季刊》第4卷第3期，1944年。

② 云南省地方志编纂委员会编《云南省志卷37·电力工业卷》，云南人民出版社，1994，第201—208页。

③ 陶立中、刘晋钰：《昆湖电厂喷水洞发电所建设经过》，《资源委员会季刊》第4卷第3期，1944年。

④ 刘晋钰：《昆湖电厂筹备经过》，《资源委员会月刊》第1卷第5期，1939年。完成地道施工的工程师曾于1930—1936年参与广汉铁路建设。为连通广汉铁路，他们曾在湖南株洲和广东韶关之间长约421公里的山区挖了很多的洞。电厂所在山洞的建设标准和广汉铁路项目的建设标准一样。

混凝土底脚。发电厂由150马力的"河上运行"装置提供动力，而无须外接柴油发电机。

昆湖电厂和喷水洞发电所都在空袭中存活了下来。在1941年10月和1942年1月两次空袭中，石龙坝水电站被毁坏。这两家电厂承担了昆明的大部分供电。[1]为弥补电力不足，国防工业另备有自己的发电机。资源委员会疲于维护现有的电力基础设施，直到战争结束才开始实施云南省水电发展计划。1944年，资源委员会原本计划在云南北部修建螳螂河水电坝，但已无力实施这一计划。[2]把一个火电厂塞进山洞已足够具有挑战性，而在枪林弹雨中建一座水电大坝是不可能完成的任务。

全面抗日战争时期的物资匮乏导致中国转向碳密集型发展模式。日本侵略者和国民党政权不仅把煤作为发电的首要燃料，而且集中管理煤的分配和消费。其结果与双方控制区域内煤炭储量关系并不大。华北地区选择在燃料资源地附近发电，西南地区则使用含碳量低的泥炭发电，这两种实践都可以在苏联1920年推行的"国家电力委员会"计划中找到高度相似的前例。同时，资本也在其中发挥了作用。日本电力公司利用华北战事，集中资本和人力攫取中国电力基础设施。与日人合作的伪政权希望通过保障电力供应稳定城市经济，因而支持成立中日合资电力公司。企业和侵略者利益的一体化加速了日本对华北地区电力事业的控制，进而促进了速度经济的产生，为长距离输电网络的发展铺平了道路。煤炭资源分配的集中化以及将长江下游地区电力设备调往煤炭资源丰富的华北地区，重构了中国的能源版图。这些改变影响深远。1936年，华北地区发电量占全国总发电量的比例为8.3%，到了1947年，这一比例提高至15.8%。[3]正如第六章和第七章将要展示的，上海工业则因该时期的破坏和中断，将长期面临燃料短缺

---

[1]　刘晋钰：《昆湖电厂筹备经过》，《资源委员会月刊》第1卷第5期，1939年。

[2]　桂逎黄、刘晋钰、杨国华：《螳螂川计划及滇北区水力发电之展望》，《资源委员会季刊》第4卷第3期，1944年。

[3]　参见 Carin, *Power Industry in Communist China*, 15.

和电力供应短缺。

后续统治中国的政权也将承受1937年至1945年中国电力工业加速发展和合并的代价。战争期间仓促上马的发电设备和输电线路极易发生故障。战时电力系统成为残留性低效的源头。正如第六章将论及的，华北地区的区域电网曾是日本战时电气化的典范，在国共内战时期却成为共产党寻求突破时得以掌握的薄弱环节。

资源委员会的技术官僚们经历了国家97%发电厂落于日本人之手的创伤，也目睹了敌人在中国的土地上攫取能源资源、发动对中国的战争，他们由此形成了自身的能源安全观。这种能源安全观对外国介入始终持高度怀疑态度。自给自足的基础设施建设路径使国民党与其盟友产生龃龉。本书下一章将详细考察资源委员会的技术官僚们如何刻意与美国盟友保持距离，防止美国电气设备行业将其标准强加于中国电力工业之上。这些技术官僚不惜以疏离全球贸易伙伴为代价，坚决捍卫国家经济主权。

本章所概述的各项发展也为中国转变为大加速时代（great acceleration）的贡献者铺平了道路。战争动员迫使统治中国的各竞争性政权提高发电量。在全面抗日战争期间，华北地区的装机容量增长了89.6%，如此高的增长率后来再也没有出现。它还促使工业活动向华北地区煤矿所在地转移。西南地区内陆省份一开始的发电量极小，但随着四川、云南和贵州的发电量分别增长4.74倍、5.18倍及11.36倍，电力被快速引入这些地区。[①] 尽管战争期间加速建设，中国内陆省份的电力工业规模依然很小。碳驱动经济的建设板块被迁往内陆地区。技术官僚们利用有限的电力供应，在中国西南边陲建起了替代性的生产设施。在被切断全球供应链的情况下，他们设计和制造了发电机、变压器及电线等电气元件，将化石燃料中的能源转化为支持抗日战争的动力。

---

① 参见 Carin, *Power Industry in Communist China.* 14。

　　1944年，国民政府资源委员会下属中央电工器材厂从驻昆明的美国陆军野战炮兵部队那里收到了一份长长的供需单。仅士兵营房就需要配备：11个吊顶插座、2个地插、4个方便插头、一个30安的闸刀开关、13个锥形反光罩、2个15安的瓷保险丝箱、50个瓷绝缘器、260英尺美标14号和18号户外防水铜线、100英尺美标8号户外防水铜线、10英尺胶芯软线、2个瓷电线夹、10个50瓦白炽灯、3个40瓦白炽灯以及各式各样的木螺钉和瓷夹板。娱乐室、盥洗室、厨房、军官营房及餐厅需要的电气装备更多。营房还必须通过多个变压器接入当地电网。①6年前，国民党政权刚撤退到中国西南边陲的时候，这张供需单上的每一样物品都必须从国外进口。之后6年，为维持战事，被切断与国际供应网络联系的中国工程师们一直致力于快速建立国内电机电器工业。他们的努力终于开始有了回报。

　　经历一番周折后，电机电器工业的战时基地最终落脚于昆明，因为这里临近著名的铜产地。恽震没有成功地把首都南京的发电设备迁移至内地。全面抗日战争期间，他被授予少将军衔，此时承担起制造急需的电气元件的任务。1938年，他骑马调查了云南东川铜矿。这些

---

① 参见 Services of Supply, China Theater to NRC, December 25, 1944, RG 0493, US Forces in the China–Burma–India Theater, UD–UP 402, NARA, College Park, Maryland, United States。

矿厂从乾隆朝（1736—1796）起就为国家供应铸币用铜，全面抗日战争期间则为生产电气元件所需高等级铜的冶炼厂提供矿砂。[①]如果说青铜时代象征着中华早期文明的成熟，1938年至1944年则标志着中国"铜时代"的来临——国家之存亡取决于生产关键电气元件的能力之上，这些用于武器制造和军事通信的关键电气元件如图4-1所示。

战事绵延八年，彻底改变了中国电气设备工业。1937年前，中国电力事业的扩张是逐步进行的。电力公司安装的设备各异，没有统一标准。中国也缺乏刺激投资电气设备制造的因素。生产少量规格各异电气元件的成本高昂。同时，英国、德国和美国的制造商们当时正面临产能过剩，把中国视为倾销其积压商品的市场。战时动员使得中国切断了与全球供应链的联系，促使工程师官僚同时采取两条不同的自给自足路径——一条是通过美国、欧洲的成熟制造商实现技术转让，另一条是国家资助下的应用研究。正如沈德容（Grace Yen Shen）在研究中国地质学历史时所提出的，中国战时科学不应"因其临时、孤立、边缘，对全球科学发展没有重要影响"而被忽视。[②]电机电器制造情况类似，工程师官僚进行了大量应用工业研究，为战时匮乏的资源寻找可行的替代品，探索通往自给自足的道路。这些工程师官僚认为自己的工作对寻求能源独立和捍卫国家经济自主权来说至关重要，他们极力抵制美国电气行业把其工业标准强加给中国。资源委员会与美国合作伙伴西屋公司就技术转让条款所展开的谈判清晰地表明了这一点。

全面抗日战争期间，电气器材制造从一个边缘部门成长为"自由之中国"国防工业的关键。国营中央电工器材厂（以下简称"电工厂"）一开始生产电线、电子管、电话机等军事通信核心元件。恽震

---

① 恽震：《华东工业部电气工业处处长恽震一九五一年九月廿七日在节约用铜运动大会上演讲》，《上海工商》1951年第34期。

② Shen, *Unearthing the Nation*, 147.

判断电气器材制造将比发电更重要，便请辞电业处处长一职，全力以赴履行电工厂总经理的职责。[①]1948年7月，恽震向《大公报》记者如此解释自己的这一决定：当自己的电工工业没有建立之前，多增加电力就是多增加外汇支出，"为国家增多漏卮。于是眼光远一点的人，便想分一点力量到制造方面。"[②]恽震有理由为自己的战时成就而自豪。

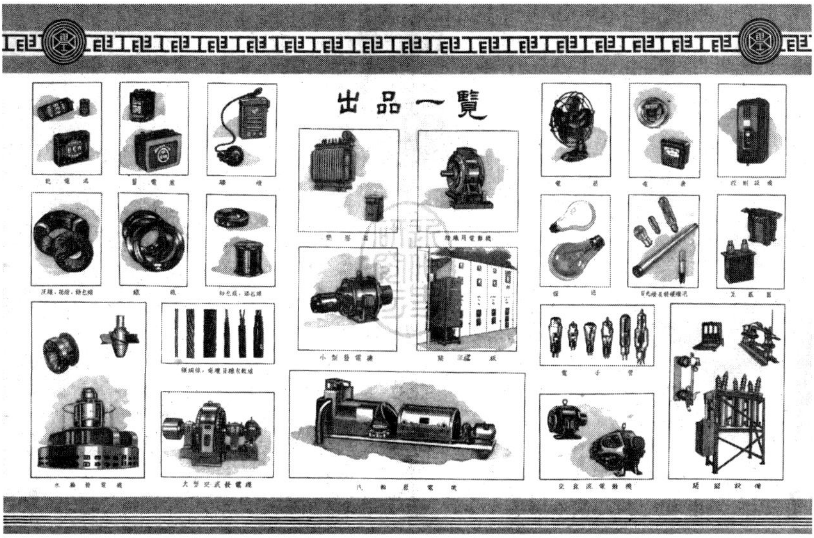

图4-1 中央电工器材厂产品

说明：除灯泡和电扇外，上述名录中的其他元件在1939年前都必须依赖进口。
图片来源：台北"中研院"近史所档案馆。

战争结束时，资源委员会实现了电气设备生产的国家垄断，朝实现电力事业的国有化迈出了关键一步。除了促进国内电气设备事业的发展，资源委员会还成功地推进了国家工业标准。1931年，资源委员会决定将220伏/50赫兹定为标准电压和功率，因为这一标准比110伏/60赫兹用铜更少。战时的物资匮乏使得推广这些之前就已确定的

---

① 王守泰等口述，张柏春访问整理《民国时期机电技术》，第189页。

② 徐盈：《一个人谈电工事业：今天是他们分别独立成长的日子》，《大公报》1948年7月1日。这篇文章是为庆祝中央电工器材厂成立十周年而作的评论。

标准更加必要，恽震及其同事因而抵制美国私人制造商所游说的美国通用110伏/60赫兹标准。

曲折的自给自足之路

自1882年中国第一座发电厂建立始，包括电线等基础元件在内的几乎所有发电设备和输电设备都必须进口。1939年，恽震在提交给资源委员会的报告中提到1932年至1936年间，中国每年进口价值国币700万元的铜线、71万元的电子管及超过200万元的电话机。[①]在1937年7月日本全面侵华前，中国大概有200家生产电气器材的工厂，组装电灯、电扇等小型器材，其中159家位于上海。严重的资金短缺使得大多数工厂半死不活，生产效率低下，产品质量堪忧。[②]"兴亚院"的清水道三（Shimizu Dōzō）曾毫不客气地评价中国电灯工业。他报告称，1924年至1934年，上海的电灯厂每年生产1600万个电灯泡，相当于每25人拥有一个灯泡，仅能满足全国需求的40%。因为质量良莠不齐，消费者选择不买中国产的灯泡。[③]中国产的电池情况与此类似，其寿命不足6个月，而外国电池长达两年多。

1937年前，进口机器极大支撑了中国工业发展。侯嘉星基于战时消费数据的研究表明，1928年至1932年南京政府成立初期，中国机器进口数量飙升。总进口的16.26%—22.76%为原动机。全国安装了一万余台柴油马达。正如第二章所提到的，柴油发电机使得像吴兴电气公司那样的小型电厂迅速提高发电量。吴兴电气公司扩建的策划者其实是西门子公司在中国的买办。到1932年，德国取代英国成为发电机的最大

---

① 恽震：《电工器材厂之筹备经过及现状》，《资源委员会月刊》第1卷第1期，1939年。

② 恽震：《三十年来中国之电机制造工业》，王守泰等口述，张柏春访问整理《民国时期机电技术》，第255页。

③ *Nakashi kensetsu seibi iinkai*, 42.

出口国。三年后，日本成为第二大发电机出口国。日本全面侵华前夕，
德国、日本和英国产品分别占中国进口发电机市场的34.08%、32.40%
和15.19%。美国排在第四位。[1]

　　中国电气设备低价格的背后是外国制造商向中国市场倾销其积压
产品。资源委员会工程师张承祜曾负责协商电线生产的技术转让。他
惊讶地发现，电线不仅占电气设备进口总额的49%，而且其零售价格
比美国还低5%到26.7%。他认为"国际竞争之压倒的势力，使我国新
设立电线厂在营业上绝无把握，难以立足"。[2]

　　小电厂常常从要价最低的厂家购买设备，国家管理部门推动电压
标准化的努力收效甚微。中国战前的情况和美国、英国、德国第一次
世界大战后的情况类似。托马斯·休斯提出，1926年后随着宾州—新
泽西互联电网、巴伐利亚拜仁电网及英国国家电网等大型新电力集团
的出现，电力领域的"惰性、分裂倾向与狭隘主义"才开始瓦解。[3]美
国没有任何值得一提的标准化指南。1927年，美国电气工程师学会
（AIEE）的阿杰辛格（R. E. Argersinger）痛心地指出，尽管美国电力
公司知道电气设备制造商大批量生产少数产品类型更为经济实惠，依
然不愿使用统一标准。[4]正如第二章所讨论的，中国的情况是私营电厂
老板抱团抵制国家管制。1931年，南京国民政府颁布了国家电压周率
标准，这是国家管理部门与私营公司相互妥协的结果。建设委员会规
定，直流电的供电电压定为220及440伏；交流电的周率定为每秒钟
50周波，电压定为220伏、220/380伏（三相）或220/440伏（单相），

---

① 侯嘉星：《动力机器进口与近代中国工业化（1910—1937）》，《"国史馆"馆
　　刊》第39期，2014年3月。
② 张承祜：《中国电线工业》，《资源委员会季刊（电工季刊）》第5卷第2期，
　　1945年5月。这篇文章引用的价格数据来自张承祜1936年出发去英国前进行
　　的调查。
③ Hughes, *Networks of Power*,324 - 325.休斯还把英国电力的标准化问题比作"中
　　国匣子——一个问题套着另一个问题"（第358页）。
④ Argersinger, "Voltage Standardization".

这些设定都是当时最通用的。配电电压则混用了美国和欧洲当时已有的设定。中间配电电压为美国常用的2200伏、2200/3800伏及6600伏，但高压输电线的电压采用的则是欧洲标准。[1]建设委员会意识到不可能推行任何单一的外国标准，因而允许成立于1931年前的电力公司不执行其颁布的标准电压周率。

战争动员迫使中国电力部门摆脱对外国的依赖，加急推进标准化。经济部预测沿海城市将落入日本人手中，于1936年通过了一项内陆省份重工业三年建设计划。在2.712亿元的预算中，电机电器工业只有1500万元的预算（占比5.5%），不如钢铁、化工等其他备受瞩目的工业。[2]要在预算有限的基础上快速启动电机电器工业，工程师们必须仰赖技术转让协议快速获得必要的制造工艺与技术。当上司们忙于拆迁电力设备、防止破坏时，资源委员会的基层工程师们只能独自与潜在的外国厂商协商对中国有利的合作条款。在日本全面侵华前一年内，他们谈定了三项技术转让协议。最终，资源委员会从英国购买了生产电线电缆的设备和技术，从美国购买了生产电子管的设备和技术，从德国购买了生产电话的设备和技术。

因为没有时间发展自己的技术和设备，资源委员会选择了"尽可能进口外国技术"的实用主义策略。[3]恽震委托其上海交通大学（前身为交通部上海工业专门学校）的校友担负起与外国电力工业谈判的重任。[4]同时，恽震还要负责协调搬迁发电设备，以及为新建立的国防工业铺设电力线路。

---

[1] 建设委员会：《建设：令发电压周率标准规则》，《江苏省政府公报》第573期，1930年。

[2] 1935年后，中国国家货币为法币。关于五年计划的讨论参见郑友揆等《旧中国的资源委员会——史实与评价》，第24页。郑友揆引用了南京第二档案馆的国民政府资源委员会文件（档号：28-5965）。石油工业和钢铁工业分别获得8630万元和8000万元资金分配。

[3] 郑友揆等：《旧中国的资源委员会——史实与评价》，第32页。

[4] 王守泰等口述，张柏春访问整理《民国时期机电技术》，第179页。

到达欧洲和美国后，年轻的工程师们动用各种私人关系，联系可能的合作企业。张承祜和恽震都是上海交通大学毕业生，后在曼彻斯特大学取得电气工程硕士学位，他负责电线和电缆的技术转让协议。他的技术专长是无线电发射机，回国后在上海国际总台工作。与电线生产商达成技术转让协议的任务与他的技术专长毫无关系。为完成任务，张承祜考察了上海的主要电气设备零售商和批发商，并研究相关的关税记录。张承祜锁定了世界最大的三家电缆厂——英国绝缘线缆集团（British Insulated Callenders Cables Company）、开达能电缆公司（Callender's Cable and Construction Company）及亨利电报公司（Henley's Telegraph Works Company）。

张承祜请国民政府驻英庚款购料委员会主任王景春引荐了英国绝缘线缆集团（BICC）的总经理。[①] 在磋商过程中，张承祜始终以自给自足为目标，拒绝了最初的提案。在最初的提案中，英国将同时供应拉丝机和现成的铜棒，这一安排意味着"原材料还是控制在外国人手中"。而且，全面抗战期间铜棒无法运入中国。他转而要求英国为中国提供金属辊筒，这样委员会辖下的工厂可以自行生产铜棒。[②] 英国方面同意了这些条款。他们向中国派出了一名英国技师和一名英国工人帮助装机，且每年在伦敦培训三名中国工人。开始运营后，电工厂将2%的收入作为回报交给英国绝缘线缆集团。[③]

真空管的技术转让采用了类似模式。另一位上海交通大学的毕业生朱其清被派往美国。但与张承祜不同的是，朱其清拥有无线电通信的高级学位，属于在其专长的领域内工作。但不巧的是他和实业界毫无联系。1936年冬，他到达纽约，和两位在新泽西纽亚克屈勒斯真空管

---

① 王守泰等口述，张柏春访问整理《民国时期机电技术》，第179页。
② 张承祜：《中国电线工业》，《资源委员会季刊（电工专刊）》第5卷第2期，1945年2月。
③ 中国电器工业发展史编辑委员会：《中国电器工业发展史》，机械工业出版社，1989，第32—33页。

公司（Arcturus Radio Tube Company）和国际电话电报公司（International Telephone and Telegraph Company）实习的中国工程师取得了联系。[①]朱其清最终联系上了美国无线电公司（Radio Corporation of America）。但双方未能就技术许可费用达成一致，谈判很快在1937年1月破裂。朱其清又联系那两位实习工程师，后者将其引荐给了美国无线电公司的竞争对手纽亚克屈勒斯真空管公司。资源委员会仅花1万美元就购买了一些真空管的电路图和工艺规格。朱其清和这两位实习工程师共同为中国真空管厂起草了一份设备购置清单，并用剩下的预算购置了必需的设备。[②]

　　这个基本协议为中国提供了足以自己生产真空管的信息。电灯泡厂工人有一些可转换的技能刚好可以用来生产真空管，比如钨丝的拉拔和切割、焊接，玻璃制造及从玻璃外壳中抽出空气等。1937年11月上海沦陷后，有100名玻璃工人和技师跟随资源委员会灯泡厂总经理冯家铮撤退至内陆地区。另有50名女学徒加入了新的内陆生产基地。使用从纽亚克屈勒斯真空管公司购得的电路图和工艺规程，灯泡厂于1938年7月生产出了第一批"中国造"荧光灯，不久之后又成功生产出了第一批"中国造"真空管。[③]1937年，电工厂与西门子哈尔斯克公司达成野战电话技术合作协议，开始为蒋介石领导的国民党军队生产三种主要军事通信设备关键元件。[④]

---

① 王守泰等口述，张柏春访问整理《民国时期机电技术》，第184页。
② 郑友揆等：《旧中国的资源委员会——史实与评价》，第37页。
③ 郭德文、孙克铭：《抗战八年来之电器工业》，《资源委员会季刊》第6卷第1—2期，1946年。
④ 王守泰等口述，张柏春访问整理《民国时期机电技术》，第179—180页。该书收录了恽震自传，其中描写了野战电话设备制造技术转让因涉及国内政治及日益紧张的中德关系而极为复杂。他回忆道，芝加哥电话制造公司是中国银行董事长宋子文的"关系户"，宋子文向资源委员会副主任委员钱昌照施压，要求其购买美国人的专利。第一批德国野战电话是资源委员会自行组装生产的模板，差点到不了中国。1938年，法属印度支那殖民政府对德国商品实行禁运，电工厂无法在海防港接货，只得将货品转运至香港的临时装配设施处。1939年初，电话生产业务转移至昆明。

资源委员会忙于搬迁发电设备，无法挤出人手从国外引进发电技术。恽震将当时的国有电机厂设在国民党事实上的信号装备部队之下。其1927年在上海交通大学成立之时只是一个小型教学作坊，为国民党军队生产短波军用无线电收发报机。1929年，建设委员会接管了这个小作坊，并将其改组为第一家国营电机制造厂。这家临时工厂向部队供应电池和收音机，同时研制电动马达和变压器。就在上海保卫战爆发的前两天，这家工厂和国民党军队一起撤退到了临时首都武汉。因"军事形势关系"并"以防万一汉口失陷"，1938年2月，工厂撤迁至内陆省份湖南，一个月后归并中央电工器材厂。①恽震要求这家工厂生产电池、电动马达和变压器，这些生产在很大程度靠模仿进口的电气设备。正如本章后面所详细展示的，这家工厂发展为抗战期间应用研究的中心，因为它不受技术转让协议的限制，具有自行设计临时性产品的灵活性。

电气设备工业首先迁到了湖南湘潭，随后又迁至云南昆明。全面抗日战争爆发前一年，即1936年7月，恽震与中央钢铁厂、中央机器厂的总经理一起沿长江主要支流考察了华中地区的江西和湖南两省。两个月后，这三位总经理决定将工厂设在湖南湘潭市下摄司。下摄司位于湖南省会长沙以南约60公里处。长沙是国民党部队的重要据点，直到1944年末才沦陷。下摄司面积有9430亩，位于湘江北岸，具备两大重要优势：土壤每平方英尺能承载40吨—50吨的压力，可以支撑电机厂、机器厂及钢铁厂三厂机器和建筑物的重量；山的海拔在约92米—183米之间，可以躲避地面袭击和空中袭击。②

将电工厂设在湘潭是为了未来建设战时工业复合体而做准备。作为国民党政府的首席电气工程师，恽震带领一批工程师先行抵达湘潭

①　许应期：《中央电工器材厂第四厂概况》，《资源委员会月刊》第2卷4—5期，1940年。

②　湘潭电机厂志编纂办公室：《湘潭电机厂志（1936—1989）》，1992。1949年后，中央电工器材厂重组，更名为湘潭电机厂。目前该厂依然位列国企500强，资产总额高达16.3亿元。

建电厂，这家电厂是后续的工业发展的基础。[①]电力可以保障自来水和煤气的供应，以及铁路和码头的建设，为钢铁厂、机器厂、电工器材厂提供所需的基础设施。在大约一年内，下摄司新工业基地似乎远离敌人的炮击。它离最近的沿海工业基地也有约1287公里。1938年10月，临时首都武汉沦陷，战争形势为之大变，资源委员会按照类似的计划流程把下摄司的工业搬到了昆明。

从武汉撤退至重庆后，国民党政权开始意识到电工器材制造的战略重要性。1938年10月，经济部所颁训令的第五条规定：

> 经济部为适应非常时期之需要，经行政院核准，得将左列各企业分别收归政府办理，或由政府投资合办：一、关于战时必需之各矿业。二、关于制造军用品之各工业。三、关于电气事业。[②]

此外，如果华商企业随国民党一起迁至湘西、四川、广西和云南等内陆省份，国民党政权将为那些经营困难的企业提供军事保护和资金支持。

日本攻占武汉一个月内，中央电工器材厂关闭了在湘潭的所有制造业务，撤迁至中国西南边陲的桂林和昆明。只有10位工人留下来看守空厂及学徒培训用设备。[③]为避免一次袭击毁掉整个电工器材工业，中央电工器材厂被分成了生产电线、真空管、电话和电机的四个分厂，分散于昆明、桂林、重庆和贵阳等地。[④]

---

① 《湘潭电机厂志（1936—1989）》，第5页。
② 《非常时期农矿工商管理条例》，1938年10月18日，陈真编《中国近代工业史资料》第3辑，生活·读书·新知三联书店，1961，第726—727页。
③ 《湘潭电机厂志（1936—1989）》，第734页。
④ 中央电工器材厂：《十周年纪念册》，1948年，台北"中研院"档案馆藏国民政府建设委员会档，档号：24-16-03-11-6。《十周年纪念册》是很有价值的资料，总结了中央电工器材厂的里程碑事件，有好几篇关于中央电工器材厂档案资料收集的文章都提及了这本纪念性的出版物。

昆明成为电工器材制造工业总部有两个关键原因：连通陆路交通及临近铜矿。只要法属印度支那没有落入日本人手中，资源委员会就能够通过滇越铁路运输物资。电线厂第一批机器先是运到越南北部的海防港，再通过铁路运至昆明。[1]即使后来铁路被切断，昆明依然是滇缅公路上第一个中方要站，后来成为经由喜马拉雅山空中运输供给的第一个降落点。

更重要的是，云南以高质量铜资源闻名，而铜是电工器材的关键原材料。1951年，在一场有关节铜的演讲中，恽震回忆起在云南的经历，提到自己1938年曾考察东川铜厂，对其矿砂的高质量极为赞赏：

> 那时东川每年只有出产四五百吨运到昆明做电解铜。据地质学家说，从东川穿过金沙江，一直到西康天宝山，有三四百里叫铜带，下面肯定都有铜的蕴藏。面上已在清朝开完，下面初步钻探，希望很大，将来需要用新法坑道来开采。这里的铜成分很好，一百斤矿砂可炼纯铜四斤。东北华东中南都有一些小铜矿，但这些矿含铜量不高，只在0.5%左右，与东川相差八倍。[2]

他还补充说，这个地区森林砍伐严重，树都被砍下来做了柴火。即便如此，铜矿产量还是相当不错。

1939年7月1日，电工器材制造工业的各分支领域终于并于一处。1939年4月，真空管和灯泡生产团队从湘潭安全抵达桂林。到1939年5月，电线厂开始生产裸铜线，并用进口金属棒拉线生产电缆。1939年6月电厂开始满载运行之时，炼铜厂开始提取高等级铜，国内因而

---

[1]　恽震：《中央电工器材厂二十八年度事业总报告》，《资源委员会月刊》第2卷第4期，1940年。

[2]　恽震：《华东工业部电气工业处处长恽震一九五一年九月廿七日在节约用铜运动大会上演讲》，《上海工商》1951年第34期。

也能生产铜线。但负责生产野战电话和电机的分厂还在等待机器设备运来。[①]

在财务方面，中央电工器材厂与托尼（R. H. Tawney）所描写的中国农民很像——"竭力站在没脖子深的水里，一丝微小的涟漪都可能使其毙命"。[②]中央电工器材厂四家厂报告的营业收入为210万元国币（下同），而运营成本也高达200万元。为平衡收支，它想尽办法增加财源。其中出售野战电话厂旧设备收入25万元，外币57万元。在桂林的第四分厂通过出售本厂制造的小容量发电机的自发电收入8万元。运营第一年，中央电工器材厂满打满算取得了可观的95万元盈余。[③]中央电工器材厂还可以获得低息贷款。1940年，财政部长要求"四大"银行（中国银行、中央银行、中国农民银行和交通银行）向国有工业企业提供低息贷款，其中中央电工器材厂是最大的受益者。在这个一揽子资助计划中，四大银行共借贷4430万元，其中中央电工器材厂贷到了600万元。[④]这些贷款支持解了中央电工器材厂的燃眉之急。经理们不用再担心无力清偿债务，能够集中精力完成为军事部门供应电线、电池、无线电设备以及电力设备的紧要任务。这些器材虽小，却是支撑部队前进的动力之源。

围绕炼铜厂、电线厂和电厂建立的工业复合体很快成为敌机轰炸的显明目标。1940年10月日本入侵法属印度支那地区后，昆明落入日本轰炸机轰炸范围。1940年10月17日下午两点零五分，26架日本重型轰炸机从2700余米的高空向马街子投下了数百枚炸弹。根据恽震发往重庆的急电，轰炸机沿着炼铜厂、电线厂烟囱连成的轴线飞行，不

---

① 恽震：《中央电工器材厂二十八年度事业总报告》，《资源委员会月刊》第2卷第4期，1940年。

② Tawney, *Land and Labor in China*, 77.

③ 恽震：《中央电工器材厂二十八年度事业总报告》，《资源委员会月刊》第2卷第4期，1940年。

④ 《财政部咨请经济部核复经济三年计划实施办法案》（1940年4月26日），《资源委员会档案史料初编》，第74页。

过，刮起的西南风把其中一些炸弹吹得偏离了目标。[①] 为了尽量降低建设成本，中央电工器材厂将电线生产放在钢筋水泥厂房中，野战电话和其他电工器材的生产设施则放在竹筋土墙的房子里。[②] 这些临时性建筑受到严重破坏，有的甚至被烧成一片灰烬。弥足重要的电线厂在日军的轰炸中首当其冲。恽震仔细描述了轰炸造成的损失：

> 铜线厂屋顶着二弹，水泥大梁折断数根、东部墙壁倒坍、大中小号绞线机损伤甚重，电气检验仪器全毁，总电钥板电板均坏，水管气管油管煤气管电灯及一切设备之附着于房屋上部者皆损坏不堪。其他机器偏西部者多完好。[③]

一位跛足的技师没有找到掩护，来不及逃脱，最终死于大规模炸弹袭击中。恽震统计，电线厂损失了一半生产设备、60%原材料以及5%成品。中央电工器材厂申请了40万元赔偿，但从没得到军事保险当局的反馈。[④] 电工厂忙于躲避敌人、扩大生产，同时还要加固工厂的建筑。电线厂向西搬了两公里来到粟园，电机厂则在原址用砖墙和土屋顶进行了重建。野战电话厂向西南方向搬了20公里来到位于川滇铁路线终点的安宁。[⑤]

---

① 参见恽震写给翁文灏的信《中央电工器材厂遭受战时财务损失情形》（1941年10月21日），台北"国史馆"藏资源委员会档案，档号：003-010309-0279-0006a。

② 恽震：《中央电工器材厂二十八年度事业总报告》，《资源委员会月刊》第2卷第4期，1940年。

③ 恽震：《中央电工器材厂遭受战时财务损失情形》，台北"国史馆"，档号：003-010309-0279-0006a。

④ 恽震：《战时损失》，台北"国史馆"，档号：003-010309-0279-0007a。

⑤ 不在计划内的搬迁非常费钱。中央电工器材厂欠承包商早期建设项目费用国币48万元，1941年工程欠债345万元，1942年又不得不为搬迁支付282万元。参见《中央电工器材厂创业预算概算及计算数表》（1942年1月），台北"国史馆"藏资源委员会档案，档号：24-16-03-9-1。

空袭发生后的好几个月，昆明的工业都在挣扎着恢复。此时他们孤立无援，盟军被牵制于战场，无力施以援手。1941年3月12日，中央电工器材厂和资源委员会、交通部、军政部及兵工署的代表们举行了会晤，确定了电气设备配给的基本规则。[1] 在接下来的几个月里，中央电工器材厂以技术为由拒绝了军方的诸多请求，直到一年后他们才能满足军方对绝缘电线的需求。[2]

1941年通过的租借法案为中国重建电工器材制造工业提供了急需的财政支援。1941年，美国提供了1亿美元的贷款。在接下来的一年里，英国以出口信贷的形式提供了1亿英镑贷款（折合5亿美元）。[3] 1942年4月，中央电工器材厂起草了一份包括数百种物资和设备，价值598180美元的清单，并通过环球贸易公司（Universal Trading Company）提交了订单。[4] 不出意料的是，其中花费最大的是用于制造电线的426吨铜棒，成本高达140500美元。电线厂原本设计年产2000吨裸铜线，但云南北部的铜矿每年最多只能生产500吨铜。本地铜资源不足，在铜冶炼厂被日本空袭并遭严重破坏后尤甚。[5] 花费第二大的是多晶钨丝，这些钨丝长达6865公里，用于无线电管和灯泡生产，密度各异。[6] 事实上，租借法案下的首宗大额采购的57.5%用于为技术转让协议项目补充原材料和设备。

① 经济部：《与中央电工器材厂开会的会议记录》（1941年3月12日），台北"国史馆"藏资源委员会档案，档号：003-010303-0449-0024。

② 《中央电工器材厂给军械部的信函》（1941年下半年，具体日期不详），台北"国史馆"藏资源委员会档案，档号：003-010303-0451-0020a。

③ Maochun Yu, *The Dragon's War*, 93. 余茂春提出，美国财政部官员对中国租借贷款设定了限制。临近战争结束，中国人只用到了贷款的一半。

④ 《中央电工器材厂自美国购置器材总表》（1942年4月），台北"国史馆"藏资源委员会档案，档号：003-020500-0222-0026a。

⑤ 郭德文、孙克铭：《抗战八年来之电器工业》，《资源委员会季刊》第6卷第1—2期，1946年。

⑥ 《总结文件》，台北"国史馆"藏资源委员会档案，档号：003-020500-0222-0012a、003-020500-0222-0027a。

　　尽管运输通道被切断，中央电工器材厂的原材料和机器部件依然严重依赖外国进口。他们通过纽约、伦敦和新德里的四家主要代理机构，尽量简化采购流程。这些代理机构有丰富的中国市场经验，与资源委员会的技术官僚亦有私交。资源委员会驻美办事处与环球贸易公司及华昌贸易公司均有联系。这两家贸易公司均由中国工程师创办运营。美籍华裔工程师李国钦原籍湖南，创办了华昌贸易公司，在战前从事将中国钨矿卖给美国的业务。全面抗战期间，资源委员会接管了他在中国的钨矿生意，将其公司指定为从美国进口电气设备的主要代理机构。①资源委员会驻印代表与英国福公司（the Pekin Syndicate）的新德里分公司取得联系。英国福公司最开始是在上海注册成立的一家工程企业，主要销售从英国购入的原材料和机器。中央电工器材厂的另一家代理公司为位于伦敦的中国采购代办处（China Purchasing Agency）。这些位于纽约、伦敦和新德里的代理公司从中央电工器材厂接收采购要求，负责保证供应商发货、获得出口许可，以及把货品运输到资源委员会在加尔各答的办公室。②然后，资源委员会的官员通过运务处，在从加尔各答飞往昆明的航班上预留货运吨位，并预先缴足航空运费全款。③

　　采购过程很少像上面描述的这么顺利，中央电工器材厂即使付足货款，也不能保证收到订购的货品。美国和英国供货商经常以无法运输为由单方面取消订单。以1942年4月通过环球贸易公司进行的大宗采购为例，该采购提出四个月后，租借法案管理办公室拒绝了运输这些部件的要求，宣称只有"当印中之间的空中运输可以保证的时候，

　　① 王守泰等口述，张柏春访问整理《民国时期机电技术》，第79页。

　　② 国民政府资源委员会：《中央电工器材厂的信函及购货单》（1942—1947），台北"国史馆"藏资源委员会档案，档号：003-020500-0222；国民政府资源委员会：《中央电工器材厂：应贷款订购器材案》（1942年9月—1943年11月），台北"国史馆"藏资源委员会档案，档号：24-16-03-6-2。

　　③《在印器材内运收费办法》，《资源委员会公报》第4卷第2期，1943年2月，第22—23页。

才会重新考虑这样的申请"。[①]运输条件即使改善，采购物品运来的速度也极慢。1942年11月，中央电工器材厂急需青铜薄板、裸铜线及配电盘电线来生产一批野战电话。资源委员会驻美办事处代表陈良辅恳请环球贸易公司向租借法案管理办公室重新提交加急采购的申请。陈良辅写道："我们把上述订单大大压缩至少数几样货品，重量不超过两吨，我们对于安排从印度至中国的空中运输抱有极大希望。"[②]为向美国官员说明这些货品不会让飞机超载、可以安全运输至中国，他甚至将每个物品的重量精确至磅。

即使美、英允许货物出境，这些货物也会在转运过程中丢失，而中央电工器材厂需要承担所有损失。同时，运输和保险费用高企。英国代理公司收取订单总价值的20%作为保险费和运费。[③]但保险其实并不能绝对防止损失。1941年12月至1942年1月，分两批运输的6个发电机组及交流发电机组的部件丢失了，英国保险公司不予承认，坚称船已在仰光和卡拉奇卸货。他们引用保险条件称："当货品在最后一个港口卸货后，保险即中止。"中央电工器材厂别无选择，只能拿出新的信贷额度重新购买那些丢失的设备。[④]

盟军也会扣押那些供应紧张的战争物资。英国限制橡胶出口，而生产机器与绝缘材料的替换部件都需要用到它。1942年1月末，马来亚沦陷，英国失去了橡胶的主要来源，因而严控橡胶储备。英国把橡胶储存在印度，要买橡胶必须先从英国军械总司令那里获得许可。1942年9月，资源委员会在印度的代理公司——福公司新德

---

① 《陈良辅写给国民政府资源委员会（重庆）的信》（1942年8月31日），台北"国史馆"藏资源委员会档案，档号：003-020500-0222-0269a。

② 《陈良辅写给环球贸易公司的信》（1942年11月12日），台北"国史馆"藏资源委员会档案，档号：003-020500-0222-0269a。

③ 《购自英国器材表304》（1942年），台北"中研院"档案馆藏资源委员会档案，档号：24-16-03-6-2。

④ 《福公司致资源委员会信》（1942年9月18日），台北"中研院"档案馆藏资源委员会档案，档号：24-16-03-6-2。

里分公司很不情愿地接受了一笔 10 吨橡胶的订单，并要求现金支付货款。[①]经过近一个月的斡旋，福公司新德里分公司终于从英国当局拿到了许可，且确认中国可以使用英国的出口信贷购买。[②]物资短缺促使中央电工器材厂试验用细麻布和绝缘漆作为替代品，1942 年后橡胶很少被用作绝缘物资。[③]

通过应用研究克服物资短缺

　　1940 年 10 月至 1942 年 2 月的艰难岁月里，面临物资短缺的中央电工器材厂成立了内部的研究室寻求解决之道。恽震借鉴了 1920 年代在西屋公司的实习经历，当时西屋公司非常重视应用研究。据托马斯·拉斯曼（Thomas Lassman）的研究，西屋公司将其研究设施放在制造部门，并于 1935 年前后从应用研究转向基础研究。[④]恽震在中央电工器材厂昆明总办事处成立了技术室来协调研究工作。他把研究人员分为 3 个小组：化学、机械及电力。在其 12 个研究领域中，电工器材制造应用科学、原材料和可行的替代品、电气仪表测试和开发、机械设计以及电气设备制造工具是最重要的。研究小组组长须每月提交报告，且所有报告都会呈给总经理。[⑤]技术室招募了很多毕业于顶级院校的优秀工程师，他们认真执行恽震制定的研究议程，严格遵守中央电工器

---

① 《福公司致资源委员会信》（1942 年 9 月 18 日），台北"中研院"档案馆藏资源委员会档案，档号：24-16-03-6-2。

② 《福公司致经济部加尔各答办公室函》（1942 年 10 月 14 日），台北"中研院"档案馆藏资源委员会档案，档号：24-16-03-6-2。

③ 参见中央电工器材厂《十周年纪念册》，台北"中研院"档案馆藏资源委员会档案，档号：24-16-03-11-6。

④ 参见 Lassman, "Industrial Research Transformed"。拉斯曼的文章考察了理论物理学家爱德华·康登（Edward Condon）如何在 1935 年将基础研究引入西屋公司。

⑤ 参见《资源委员会中央电工器材厂总办事处办事细则》（1942 年），台北"国史馆"藏资源委员会档案，档号：003-010101-0151-0063x。

材厂的管理制度。和散布于中国西南地区其他研究团队类似，恽震的研究团队不得不用临时设施工作。研究团队成绩斐然，中国全面抗战期间的一半专利由他们发明，且实际应用于武器制造和机器翻新。

　　研究人员发明了更高效率处理当地原材料的方法。因为从美国运钨常常延误，而钨酸锰铁矿在中国储量充沛，冶金学家发明了从钨酸锰铁矿提取高纯度钨的方法。昆明炼铜厂的助理工程师丁陈威翻阅了斯密特尔金属参考手册（*Smithells Metals Reference Book*），发现书中提到的已有的提取方法只能生产85%纯度的氧化钨。丁提出了获得高纯度钨粉的三步骤法。他先用氢氧化钠煮钨锰铁矿，然后把煮出来的成品浸泡在氨溶液中制备仲钨酸铵，最后把仲钨酸铵转换为氧化钨。他声称在重复实验中能够获得99.98%纯度的钨粉。[①] 绝缘材料是研究人员感兴趣的另一个领域。桂林中央无线电器材厂的化学工程师张连华为他的云母板制作法申请了专利。云母板是一种耐高温的绝缘材料。张的配方用的是广东的云母矿物质、云南的虫胶、"随处可买"的牛皮胶以及"所有药店都有的"酒精。[②]

　　到1943年下半年，资源委员会公报发表的技术改良一半以上来自电机工业部门。1943年12月公布的所有技术改进项目都来自中央电工器材厂和中央无线电器材厂：短波无线电定向器的设计、电话秘密终端器、无线电耳机仿制、氧化铜整流器，以及极大提升电力传输和军事通信效率的碳精制品。[③]

　　作为唯一一家不受任何技术转让协议限制的国营电机制造厂，中央电工器材厂第四厂为工业研究做出了最大贡献。正如之前提到的，

① 《昆明炼铜厂致资源委员会函 称已成功提炼高纯度钨粉》（1943年5月22日），台北"国史馆"藏资源委员会档案，档号：003-010201-0157-0052a~003-010201-0157-0056a。

② 《中央无线电器材公司致资源委员会申请专利函》（1944年2月），台北"国史馆"藏资源委员会档案，档号：003-010305-0087-0024a。

③ 《工业技术改进简讯》，第48—49页。经查，文献应为《工业技术发明简讯》见《资源委员会公报》第5卷第6期，1943年，第48—49页。——译注

第四厂在1920年代只是设在上海交通大学教室里的一家不起眼的小作坊。第四厂负责除电线、真空管、灯泡、电话及无线电之外所有电工器材的生产，承担了中央电工器材厂大部分产品的供应。第四厂总部在昆明，同时在桂林和重庆设有分部。桂林分部的工程师葛祖辉宣称该厂产品"均由本国工程师自行设计制造"，且"一般出品尚为各客户所嘉许"。[①]1944年，第四厂的员工从成立初期的50人增长为800人。[②] 从1942年至抗日战争结束，中央电工器材厂生产了不同型号的马达、发电机及变压器，供应给中国西南地区各电厂。

在撤迁至中国西南边陲的过程中，中央电工器材厂的技术官僚还通过转运、重组、翻新发电机发展出了修复战争损坏设备的规程。翻新水力发电机使得资源委员会可以在资源极度匮乏的条件下完成小型水电项目。重庆附近的龙溪河水力发电厂、昆明的耀龙电力公司，以及贵州的修文水力发电厂都受益于这些设备翻新项目。[③]龙溪河水力发电厂一台受损发电机的翻新可以让人一窥中央电工器材厂的修复工作过程。张承祜的描述值得在这里全文引用：

> 资源委员会龙溪河水力发电厂购有遭火焚毁之二五〇〇瓦六〇〇分转发电机一部，固定子钢片变形，线圈全部被毁，委托电工厂修理，改制为容量一七〇〇瓦电压六九〇〇伏发电机，以应长寿水力发电之需要，该厂负责重新设计，自制绕线工具，采用云母绝缘，为期一年有余，除固定子之重装旋制工作，委托重庆民生机器厂代办外，他若线圈装置与装配等，均系自行设法，现该机已经使用近年，未闻有何障碍，如此高压及较大容量发电

---

① 葛祖辉：《资源委员会中央电工器材厂概况》，《工业青年》，1941年，第51—53页。
② 张承祜：《国营电力机器事业之成长与展望》，《资源委员会季刊》第5卷第2期，1945年。
③ 张承祜：《国营电力机器事业之成长与展望》，《资源委员会季刊》第5卷第2期，1945年。

机之修理，国内尚为创举。[①]

中央电工器材厂的努力促进了国统区发电量的增长。1938年至1944年，中国西南地区发电厂的装机容量从35405千瓦增长为70017千瓦，几乎翻倍。同时期，发电量从73621694度增长为174229500度。[②] 考虑到资源委员会没有和外国企业达成任何发电技术转让协议，也难以从国外进口大型发电机，增加的发电量应该来自对受损涡轮机的翻新，以及因陋就简地仿制发电机。

除了增加能源供给外，应用研究还促进了对于武器生产至关重要的电气工具的设计和制造。电焊技术加快了武器生产过程，提高了其耐用性。张承祜列举了三种作为新产品的焊接设备。其中最重要的是，中央电工器材厂向廿一兵工厂供给了3台10千伏安点焊机，用于试制迫击炮弹尾，试制结果颇佳，受到鼓舞的中央电工器材厂又继续制造多具20千伏安点焊机。[③]第四厂和中央电工器材厂一起成为中国国防工业的中心。它们在昆明、重庆及桂林的生产单位不仅为驻防在西南山区的战士生产电线、灯泡及野战电话，还为兵工厂供应新的生产工具，如远红外隧道烘箱、金属加工用介电加热器及用于检查金属缺陷的X射线装置等，从而提高了中国造武器的质量。

尽管创举不断，中央电工器材厂生产规模并不大。其产出在1942年和1943年达到高峰，在1944年日军发起一号作战（Ichigo Offensive）并占领桂林后大幅下降。日军的进攻迫使中央电工器材厂将分厂从桂林搬迁到重庆和昆明。张承祜在1945年写道："国营厂家在最近数年

---

① 张承祜：《国营电力机器事业之成长与展望》，《资源委员会季刊》第5卷第2期，1945年，第214页。

② 参见经济部提交国民政府资源委员会之《经济部关于1945年上半年工作报告》，1945年7月，中国第二历史档案馆编《中华民国史档案资料汇编》第5辑第2编，江苏人民出版社，1989，第401页。

③ 张承祜：《国营电力机器事业之成长与展望》，《资源委员会季刊》第5卷第2期，1945年。

来，虽稍有进步，但先进厂家，一日千里，相形之下，落后甚远，国营厂全年产量，不及欧美厂家一日或一周之产量。"[1] 与通用电气、西屋公司以及西门子等大型电气企业集团相比，这些战时临时工厂的产量仍然很小。

尽管困难重重，中央电工器材厂在致力于自给自足的同时继续找机会与外国供应商合作。1944年，资源委员会把恽震从昆明派往中央电工器材厂驻美办事处，担任技术委员会常务委员，负责与美国电气设备制造商洽谈技术转让事宜。恽震曾如此阐明其采购外国电气设备的指导原则：

> 我国不但资源不甚完备，而且在战后举办工业决不能百废俱举，以有限的人力资力，而去举办全世界各种的新事业，是事实上不可能的。所以在每一个工业部门中，必须切实自作忖量，那几样东西在国内大量需要，必须自己制造，那几样东西需用数量不多，不值得自己制造，尽可以向国外购买。又有几样东西，在初期虽然须由国外输入，但是性质重要，与工业基础之建立有关，所以必需设法学习自制。[2]

在与西屋电气公司交涉的过程中，恽震依然坚持自给自足的最终目标，在许可费问题上采取了毫不妥协的态度，以保持技术转让协议的成本效益。恽震将与美国合作厂商的谈判视为保护中国经济自主权的战斗。电气设备是中国能源自主的关键，恽震竭尽全力防止中国电力部门受制于美国企业。

---

[1] 张承祜：《国营电力机器事业之成长与展望》，《资源委员会季刊》第5卷第2期，1945年，第216页。

[2] 恽震：《电器工业建设之展望》，《新中华》第2卷第8期，1994年，第41—42页。

标准化与捍卫经济独立

和美国电气设备制造商的合作存在一定风险，因为它潜在破坏了资源委员会在全面抗战期间力推的标准化。战时压力使得推广标准化变得更为紧迫。中央电工器材厂不仅是电气元件的主要供应商，还成为电力行业事实上的国家标准制定机构。当资源委员会力推采用统一电压标准时，中央电工器材厂只生产有限种类的、符合标准电压设定的产品，大大节省了成本。然而，美国工业界和专业协会以技术援助为由强迫资源委员会放弃已颁布的电压标准。美国工业界试图把自己的标准强加于中国，这一做法激起了资源委员会技术官僚的民族主义抵抗。资源委员会与西屋电气公司签订技术转让协议时被迫做了令人不安的妥协。美方同意遵守中国工业标准，但否认了中方相关发明、专利和技术改进等的价值。他们还与国民党政权的政治领导人私下达成协议，破坏了资源委员会的行政权威。1943年1月，美国人终于声明放弃与中国的不平等条款。恽震认为，与西屋电气公司的技术转让协议时刻提醒着国人：美国人从未平等对待中国。

战时短缺推动更多企业遵守国家电压标准。经济封锁最严重时期，技术官僚重新考察了当时全世界最广泛采用的四种标准——1930年美国国家电气制造协会（Naticnal Electrical Manufacturers Association，NEMA）标准、1939年英国标准（也即BS77）、1932年德国电气电子及信息技术协会（Verband der Eleckrotechnik，Elektronik and Informationstechnik，VDE）标准，以及国际电工委员会（International Electro-Technical Commission，IEC）标准。[①]王守泰的哥哥王守敬是资源委员会驻美办事

---

① 《电压标准之比较》（1941年10月），台北"国史馆"藏资源委员会档案，档号：003-020700-0118-0160a、003- 020700-0118-0186a、003-020700-0118-0209a。

处技术委员会主任委员。王守泰认为通行的四大电压标准都是权衡成本
与安全的结果：

> 　　德国是个缺乏原料的国家，所以在设计上关于节省材料一点，
> 看得比英美更重视。当然英美的设计也不是浪费材料，不过因为
> 原料比较宽裕，所以把出品的安全性看待格外重要而已。这两种
> 看法的不同，完全不是"是与非"的问题。[①]

王守泰发现德国的标准规范更适用于中国。国际电工委员会制定的电
压标准和德国电气电子及信息技术协会标准类似，与当时的电厂最契
合。采用国际电工委员会标准可以节省原材料，进而缓解中国战时财
政负担。

　　当美国供应商强迫中国采纳110伏/60赫兹的电压和频率时，资源委
员会提供的解释是：1931年颁布的电压标准最适合像中国这样资源不足
的国家。恽震特别强调，以220/380伏供应50赫兹三相交流电需要的铜
比用110伏少。铜短缺一直是恽震的心头大患，昆明炼铜厂无法满足电
工厂的原材料需求。恽震提醒同人：中国承担不起美国的自由放任策略。
他指出，为适应全美35种不同输电电压组合，西屋电气公司要生产600
种不同的电工机械，这就抬高了平均生产成本。[②]和西屋电气公司不同，
中央电工器材厂缺少资本去生产如此多的产品。恽震还希望中国避免日
本的情况：东部区域采用50赫兹输电频率，西部区域却采用60赫兹输电
频率。[③]大量抵制国家管制的小型私营发电厂在全面抗战期间倒闭了，全
国电力行业更加统一，与美国人的技术合作不能破坏已取得的进步。

　　尽管存在标准争议，资源委员会仍积极寻求与西屋电气公司合

---

① 　王守泰：《关于制定我国电气标准规范之管见》，《中国电工》第1卷第1期，
　　1943年7月。

② 　《电气工业标准》，第2页。

③ 　王守泰等口述，张柏春访问整理《民国时期机电技术》，第174—175页。

作，以获取发电机制造技术。抢救现有设备或许可以应付战争，但并非长久之计。西屋电气公司的大本营在宾夕法尼亚州匹兹堡，与重庆政府关系密切，是最理想的合作伙伴。早在1941年11月，西屋电气公司就向中央电工器材厂两位工程师褚应璜和林津提供了带薪实习机会。[①]西屋电气公司宣称自己是"最富经验、最先进的电气设备制造商"，准备转让发电机、变压器、开关及电表的配套生产技术。[②]

早在1942年，西屋电气公司就开始向资源委员会施压，要求其放弃先前颁布的标准，采用美国通用的110伏输电电压。彼时，恽震正全力推动中国初生的电工器材制造工业的发展，并收到了西屋电气公司推销110伏电压系统优势的信函。在1942年5月的信中，西屋技术合作部的法林斯基（S. V. Falinksy）列出了五大优势：

1. 安全——115接地伏不像220接地伏那么危险。

2. 因为需要的绝缘材料更多，220接地伏设备成本更高。有些国家规定电器必须连接地线；其他国家则规定要用一种特殊的金属护罩保护终端；等等。

3. 在那些使用低瓦数线圈更好的电器上（如渗滤器中50瓦的暖风机），电线尺寸即使对于115伏来说也非常小——由于金属丝极细，用在220伏电压中是不切实际的。

4. 如果115—230伏系统是可接受的，现有的220伏电器和其他设备可以通过跨接，在230伏线路上使用。

5. 少量的特殊电压电器订单不能得到充分的开发和检测。[③]

---

① 《西屋电器公来函》（1941年10月23日），台北"国史馆"藏资源委员会档案，档号：003-010310-0032-0009a。

② 西屋电气国际公司：《提交给中华民国的中国电工器材工业发展计划》（1944年3月），美国宾夕法尼亚州匹兹堡海因茨历史中心馆藏西屋公司文件第38箱第8叠。

③ 《法林斯基致恽震信》（1942年5月22日），台北"国史馆"藏资源委员会档案，档号：003-020700-0118-0145a。

其时，恽震刚刚将野战电话厂搬到清音山，正恳求美国人放行紧急运输的货物，就美方信函只给出了一个简短的答复。他重申了官方立场：中国继续采用220/380伏系统，仅因为这一设定应用最广泛，且耗铜最少。他进一步解释道，欧洲的国际电工委员会标准可以让中国保留大部分现有的输电网络。这一标准也为使用不同来源的电气设备提供了更多可能性。恽震提出，中国放弃了美国通用的6600伏中间电压，采用国际电工委员会标准的6000伏中间电压，是因为"现有使用6600伏电压的发电厂发电量相对较小"，"如果我们使用多分接头的变压器来适应新的6000伏系统，那么6600伏的发电厂仍可以运行。"[①]

美国标准协会（American Standards Association，ASA）和美国电气工程师协会（American Institute of Electrical Engineers，AIEE）也介入其中。美国标准协会认同资源委员会的观点，表示"低电压的高成本传输及中国已经广泛使用230伏电压的事实证明，中国采用国际电工委员会标准的230/400伏是合理之举"。这些专业协会组织告诫中国人不要仅因为国际电工委员会"在工程界具有国际影响力，就全盘采用欧洲标准。"[②]美国电气工程师协会电力分会主席蒙蒂思（A. C. Monteith）提出，20千伏安三相配电变压器，以及800安、1000安和1200安断路开关都不是美国标准。在中国标准列出的8种断路开关容量设定中，有5种在美国完全不使用。他还坦率地表示，如果中国坚持保留自己的电压标准，美国将不能为中国战时电气化和战后重建提供援助。[③]

资源委员会恳请美方考虑中国的现实情况。在一封写给美国标准协会秘书阿格纽（P. G. Agnew）的信中，陈良辅表达了他对美国标准协会"公正客观观点"的赞赏，并讲了一个故事："有一位鞋匠按照

---

① 《恽震致法林斯基信》（1942年9月24日），档号：003-020600-1968-0008a。
② 《美国标准协会关于中国电压标准致 J. W. McNair 信》（1943年1月14日），台北"国史馆"藏资源委员会档案，档号：003-020700-0118-0202a。
③ 《蒙蒂思致陈良辅信》（1943年12月8日），台北"国史馆"藏资源委员会档案，档号：003-020700-0118-0041a。

自己脚的大小做了很多双鞋子。当有顾客要求更大尺码的鞋时，鞋匠却说：'难道你不能削你的足适我的履吗？'"[1]为了阐明自己的观点，他举了3.3万伏发电机的例子，该型号发电机在美英并不流行，但"对中国来说非常便利"，"不用任何升压变压器就可以将电力传输到大城市及其郊区；长距离传输仅需要升压一次，工业或家庭用电只需降压一次"。[2]资源委员会主任委员翁文灏知道美国制造商为苏联供应符合国际电工委员会标准的发电机。那么美国人没有理由不为中国也这样做。[3]电压标准不仅是一个技术问题。它关乎中国经济主权。资源委员会坚持立场，选择了最符合中国需求的标准。它也成功捍卫了自己的决策。1954年，中华人民共和国正式批准的第一套电压标准就是以这些战时决策为基础的。

在迫使美国人根据中国的情况与中国打交道后，资源委员会开始与西屋电气公司商订技术转让合同。1944年3月，在提交给中国政府的协议中，西屋电气公司称，在"咨询中国政府的工程师后"制订了一个旨在"适应中国具体要求，精心设计的电气制造工业"的计划。[4]西屋电气公司还补充道："以往外国资本在远东地区国家设立外国人任董事的子公司，掠夺当地劳动力的收益和成果。和这些名声不佳的操作不同，西屋电气公司希望自己的产品能够由中国人自己所有和运营的工厂在中国生产。"[5]拟建的工厂将雇用工人3870名，生产1950辆货车的马达、发电机、变压器，开关、电表、电瓷、绝缘品等，销售

① 《陈良辅致阿格纽信》（1943年8月2日），台北"国史馆"藏资源委员会档案，档号：003-020700-0118-0125a。陈良辅在这里引用了《淮南子》中的寓言故事"削足适履"。

② 《陈良辅致西屋公司信》（1944年9月7日），台北"国史馆"藏资源委员会档案，档号：003-020600-2377-0352a。

③ 《翁文灏致陈良辅信》（1942年9月1日），台北"国史馆"藏资源委员会档案，档号：003-02000-0118-0207a。

④ Westinghouse International, "Plan," 3.

⑤ Westinghouse International, "Plan," I–A–3.

净额预计达1650万美元。西屋电气公司还承诺在合同签字生效的前五年内，在其东匹兹堡分厂培训221名管理人员。按照计划，这家工厂的营业利润将达247.5万美元，并随着更多工人的加入，最终实现2732万美元的销售净额。[①] 西屋电气公司在协议中没有说明许可证费用，这成为恽震在谈判中着力的难点。

西屋电气公司在华经销商威廉·亨特（William Hunt）向财政部长孔祥熙提交了技术转让合同草案，孔祥熙又将草案转交给了翁文灏。当时恽震刚结束在重庆"中央训练团"的受训，和翁文灏会面商量如何回复。[②]翁文灏对恽震说："你同厂里的有关专家加以研究，看看提供开发的产品是否适合需要，增减后你带往美国，当面同西屋公司谈判，讲论代价，再与其他公司如通用电气公司等加以比较，向我报告。"[③]1944年8月，恽震从昆明搭乘美军运输机到印度加尔各答，然后转乘火车到达卡拉奇，再换飞机飞往摩洛哥，最后完成跨洋之旅，抵达纽约。在挥别威斯康星大学23年后，恽震终于在1944年秋天重访美国。

恽震的办公室位于纽约百老汇路111号，在这里他完成了提交给西屋国际公司技术合作部经理麦克雷尼格尔（R. D. McManigal）的协议条款。他列出了按照技术转让合同生产的变压器规格，并强调其电压额定值是由"中国电力工业推荐的"。[④]即使这样，西屋电气公司的三位副总裁坚持要中国转用110伏/60赫兹系统。他们提出，60赫兹系统效率更高，发动机在一分钟内能旋转3600次，而不是3000次。在这一点上，恽震坚决不让步。他通过同时与阿里斯–查默斯公司

①　Westinghouse International, "Plan," I–A–3.

②　《恽震自传》(1944年2月19日），台湾新北市"国史馆"藏档案，档号：129–000000–087A。

③　王守泰等口述，张柏春访问整理《民国时期机电技术》，第195页。

④　《恽震致麦克雷尼格尔信》(1944年11月1日），台北"国史馆"藏资源委员会档案，档号：003–020600–2377–0328a。

（Allis Chalmers）和通用电气公司（General Electric）开展谈判来获得优势。与阿里斯－查默斯公司及通用电气公司达成的合同草案中都列入了这一条款：技术顾问必须"按照中央电工器材厂的要求"提供技术信息。[①]

　　知识产权的价值和归属成为谈判症结所在。恽震指责西屋电气公司收取的许可证费用过高，将使中国承受长期的财政负担。恽震设定的许可证费上限为300万美元，这笔费用将在工厂运行的头十年内支付。亨特绕过恽震，直接与财政部长孔祥熙达成协议。孔祥熙同意一次性付340万美元技术转让费。亨特带着孔祥熙信的复印件，出现在恽震在匹兹堡居住的旅馆。恽震别无选择，只能遵守上级的命令。1944年12月，恽震在给资源委员会美国贸易代理人的信中写道："孔祥熙博士已经同意该协议，如果能劳贵办公室与美国进出口银行为我们安排上述340万美元，我们将不胜感激。"[②] 恽震还对西屋电气公司计划从第十年开始征收固定的年销售额的3%为报酬金颇有微词。作为对这些抗议的回应，西屋电气公司做了轻微让步："从第十一年开始，产品销售收入的第一个1000万元，提成报酬金3%，第二个1000万元销售额，提成2.5%，超过2000万元销售额之数，提成减至2%。"它还同意资源委员会在支付45万美元后使用"包括现有专利"的所有资料。[③]

　　几十年后回望这段经历，恽震不仅不信任私人企业，还感觉被上司背叛了。与通用电气公司及阿里斯－查默斯公司的谈判均告失败，这两家公司认为在中国投资风险太大。到1945年1月，西屋电气公司

---

① 参见《中央电工器材厂与技术顾问的协议》（1944年11月27日），台北"国史馆"藏资源委员会档案，档号：003-020600-2377-0319a。

② 王守泰等口述，张柏春访问整理《民国时期机电技术》，第201—202页；《恽震致环球贸易公司信》（1944年12月20日），台北"国史馆"藏资源委员会档案，档号：003-020600-2377-0309a。

③ 《陈良辅致 F. Chang信》（1944年12月5日），台北"国史馆"藏资源委员会档案，档号：003-020600-2377-0310a。

成了与资源委员会合资办厂的唯一角逐者。[①] 对于西屋电气公司宣称
拥有中国合作伙伴的所有知识产权，恽震也非常愤怒。恽震回忆，麦
克雷尼格尔坚持西屋电气公司有权无偿使用中方关于合同产品的所有
改进、发明及专利，因为"中方是经验不足的学徒，不可能有许多发
明创造"。[②] 在接受《大公报》左倾记者徐盈的采访时，恽震提出：技
术合作的特质是互惠，彼此合作是合作，但中方的专利美方也应该付
费，"那怕给我们一块钱呢，也是我们的荣誉"。[③] 最终这份技术转让
合同并没有给中国的电力工业带来多少益处。在 1945 年 8 月日本投降
后，中央电工器材厂忙于接收日本在东三省和上海的电工器材厂，资
源委员会因而未能按计划派出 200 余名技师前往西屋电气公司接受培
训。随着 1949 年中国共产党接管政权，资源委员会与西屋电气公司在
大陆合资建厂的计划被中止。

　　八年战时动员打破了电力工业对外国数十年的依赖。中央电工器
材厂以昆明为总部开启了加速发展的动力。它的存在标志着国民政府
彻底放弃了南京时期及之前对电力事业采取的自由放任政策。张承祜
白手起家建起了电线厂，并接手研制电动机。他认为中央电工器材厂
体现了国家干预的成功。协调一致的生产规划使得有限的资源发挥了
最大效率，减少了浪费，还能按时交货。[④] 在日本 1945 年 8 月投降前，
恽震曾与支持工商界并从实业转向政坛的卢作孚、张嘉璈有过一场辩
论，恽震以国营中央电工器材厂取得的成就为国有化辩护。[⑤] 战时经验
表明，中国不能依赖私人企业投资扩建电力基础设施。恽震认为，追

---

① 王守泰等口述，张柏春访问整理《民国时期机电技术》，第 199 页。
② 王守泰等口述，张柏春访问整理《民国时期机电技术》，第 199 页。
③ 徐盈：《一个人谈电工事业　今天是他们分别独立成长的日子》，《大公报》
　 1948 年 7 月 1 日。
④ 张承祜：《国营电力机器事业之成长与展望》，《资源委员会季刊》第 5 卷第 2
　 期，1945 年。
⑤ 徐盈：《一个人谈电工事业　今天是他们分别独立成长的日子》，《大公报》
　 1948 年 7 月 1 日。

求利润最大化的资本家只关心短期利益，而国营企业致力于推行长期政策，会冒风险"在没有工业负荷的时候先设厂或添设机器，刚刚有了些盈余，又继续投资，增加预备容量"。[①]恽震的上述观点源于他对私人企业愤世嫉俗的看法，又被他与西屋电气公司代表们的不愉快的交锋所强化了。

加速发展总要付出代价。在物资短缺的条件下，资源委员会的电力系统建设者为了提高发电量不得不牺牲输电效率。这意味着发电机扇叶用的是劣质金属，电线和电缆用的是导电性很差的金属，或干脆使用那些有效期更短的替代性材料。这一切导致了以高传输功率损耗或经常性故障等形式存在的残留性低效，其后果将在第六章和第七章中详细阐述。

抗战期间及之后达成的技术转让协议，一方面把中国整合进全球市场，但另一方面，因国营工业企业怀疑外国合作伙伴牟取暴利而激起了民族主义的抵制。通过首批电线、真空管及野战电话三大技术转让协议，资源委员会获得了生产急需的电气设备的宝贵知识。但这些技术转让合作基本没有提供改造和因地制宜的空间，只是要求资源委员会不断根据交换条款规定的规格购买新的设备和物资。这些早前的经历促使恽震在和西屋电气公司谈判时预先采取措施，防止技术转让侵蚀国家的独立自主。尽管恽震殚精竭虑，资源委员会还是被迫接受了那些苛刻条款下的高额许可证费用。西屋电气公司与中国政府签署的协议的背后有"不公道，不对等"的批评。中美从未完全解决双方在知识产权所有权及技术知识使用程序方面存在的分歧。21世纪初期的中美贸易摩擦仍围绕着相同的问题打转。

通过向中国提供利用其巨大化石燃料储备的工具，战时电气设备工业启动了"大加速"，最终将中国带入"人类世"的第二阶段。随着电气化军事–工业复合体的建立，金属和煤炭资源被密集开采，从

---

① 恽震：《电力建设方针》，《经济建设季刊》创刊号，1942年。

而导致"人类与环境关系的急速而全面的转变"。威尔·斯蒂芬（Will Steffen）、保罗·J.克鲁岑（Paul J. Crutzen）及约翰·麦克尼尔（John McNeill）等人认为，这种人类与环境关系和人类世第一阶段相连。全面抗战期间，电工器材制造工业发展了"代表化石燃料新应用"的技术，而这些技术将为人类世第二阶段的高增长提供动力。[①]中国国内第一批电气设备工厂生产出来的产品最终在总体战时代的战场上释放了威力。随着战争的结束，战时动员开发的能源又将用于改造中国的自然环境。

龙溪河水力发电厂水轮机的改造掀开了战后混乱重建的大幕。部分参加该改造项目的工程师获得了去美国接受高级培训的机会。下一章将追随这些受训者的足迹，他们向那些为美国联邦政府工作的大坝建造专家们学习，魔术师般地设想了一个强大的中国将如何成功利用其巨大的水力资源的愿景。

---

① Steffen, Crutzen, and McNeill, "The Anthropocene," 618.

第五章
逆流而上

1944年11月，美国造坝专家约翰·吕西安·萨凡奇（John Lucian Savage）绘制了一个横跨长江的大型水电坝蓝图。规划的大坝高738英尺，比当时世界最高坝——大古力水电站还要高12英尺，而其装备的96组大型发电机发电量将是大古力水电大坝的5倍。[1]在建设的第一阶段，萨凡奇要求"挖掘和用混凝土砌好26个隧道和竖井系统"，这些隧道和竖井系统或是集中在长江的一侧，或是如图5-1所示分布于长江两岸。他还要求建起土石围堰，在围堰两边再建6个隧道（其中4个隧道为主系统服务，2个为水电站系统服务），并安装16个主动力单元。[2]有"十亿身价海狸"之称的萨凡奇甚至打趣道：长江大坝将使只有四条导流隧洞的胡佛大坝"看起来像个泥巴派"。[3]但萨凡奇并没有说明完成这个项目所需的时间。他预料这个项目将建设得很快；投入的回报也会很高。据他规划，20年的电力收益将很容易覆盖第一阶段所需的6.53亿美元投入。对他来说，重要的是长江大坝将成为"使中

① Fleming, "Damming the Yangtze Gorge," Accessed from box 4, John Lucian Savage Papers, AHC, Laramie, WY.

② J. L. Savage, "Excerpts from Preliminary Report on Yangtze Gorges Project, Chungking, China," November 9, 1944, RG 115, Yangtze Gorge Project (1943 - 1949), box 10, NARA (Denver), 2.

③ "Yangtze Dam Would Make Boulder Dam Look Like Mud Pie," March 13, 1945, RG 115, Yangtze Gorges Project (1943 - 1949), box 9, NARA (Denver).

国由弱变强"的"不朽经典"。①

　　萨凡奇不是独自做着这个加速发展的美梦。他设想的灵感来自两位年轻的中国工程师。第二次世界大战激战正酣之时，他们曾在田纳西河流域管理局接受培训。被派往美国接受这一高级培训的35位工程师中有未来的台湾"行政院长"孙运璿和未来的北京清华大学副校长以及三峡大坝的倡议者张光斗。他们跨越四大洲，长途跋涉了15504英里。在前往美国的途中，他们两位都在穿越撒哈拉以南非洲地区时身染疟疾，后在加纳阿克拉的美国陆军医院接受了治疗。②他们培训中最具成长性的几年是在田纳西河流域管理局度过的，而消灭疟疾恰好是后者的目标之一。③受美国联邦政府成就激励，张光斗和孙运璿向萨凡奇毛遂自荐，为这位美国的大坝建造者描述了中国水力发电的巨大潜力。

　　中国的工程师有选择性地借鉴了田纳西河流域管理局那些可以强化国家控制电力事业的管理实践。戴维·埃克布拉德（David Ekbladh）和克里斯托弗·斯内登（Christopher Sneddon）曾重点研究田纳西河流域管理局如何服务美国国家利益，与他们的研究不同，本章将重点讨论中国人如何将从美国人那里学到的经验教训加以调整，并应用于满足国家重建的迫切需求。用斯内登的话说，在20世纪中期，田纳西河流域管理局"积极将其影响力扩展至世界不发达地区"，其技术援助成为"美国国家机构内部的地缘政治工具"。④毋庸置疑，美国人亲切地欢迎前来实习的中国工程师，与他们在工地上并肩工作，从而赢得了中国工程师的心。中国工程师对"公私合营"并不太感兴趣。而按照埃克布拉德的说

---

① Savage, "Excerpts from Preliminary Report," 12. 参见 Byrnes, *Fixing Landscape*, 93。

② 程玉凤、程玉凰编著《资源委员会技术人员赴美实习史料》，台北"国史馆"，1988，第163页。这本书如实收录了赴美接受先进培训的工程师的报告及相关文件。

③ Ekbladh, *The Great American Mission*, 51.

④ Sneddon, *Concrete Revolution*, 28.

法，正是"公私合营"将田纳西河流域管理局与集权主义的纳粹德国、日本帝国主义以及苏联区分开来。[1]在其职业初期，这些工程师曾致力于强制私营业主遵从国家管理，但收效甚微。现在，他们希望从田纳西河流域管理局获得在中央政府主导下加速经济发展的技术路线图。

图5-1　约翰·吕西安·萨凡奇设计的宜昌长江大坝效果图

图片来源：John Lucian Savage Papers，box 4，American Heritage Center，University of Wyoming。

胜利的自豪感让中国工程师及其美国同行以为旧秩序已经瓦解，使得他们可以任意地在白纸上描绘全新的格局。张光斗和孙运璿等这些中国工程师因为身处美国而免受战争的颠沛流离，他们观察到

---

[1]　参见Ekbladh, *The Great American Mission*, 48。埃克布拉德指出，田纳西河流域管理局将自身视为自由主义发展的典范，向中国工程师也如此推销。埃克布拉德的研究主要参考了戴维·利连索尔（David Lilienthal）及其他田纳西河流域管理局官员的文件资料。

的是：美国联邦政府机构如何在不受私人企业的干涉下，通过流域综合开发提高了南方农业地区居民的生活水准。盟军的胜利强化了田纳西河流域管理局模式在中国也可行的信念。当第二次世界大战朝向有利盟军的方向发展时，他们设想了加速水力发电建设的计划。萨凡奇的长江三峡水闸规划就是这种心态的例证。这个宏大的计划没有考虑诸如地质、沉积等基本因素，最重要的是没有考虑到一个国家战后的财政压力。花在这个超大型水电站上的时间和精力耗费了大量宝贵资源，这些资源本可以花在那些能在更短时间内完成、有效缓解电力短缺的小型水电项目上。国民党政权在中国内战中的失败将击碎加速发展的梦想。

推进中美技术外交

　　罗斯福新政时期成立的田纳西河流域管理局为中国技术官僚提供了理想的训练场地。其推行的项目是资源委员会想效法的集中化基础设施建设和工业发展路径的典范。尽管已经具备了相当多"抢救"电力系统的经验，但资源委员会的技术官僚们仍缺少设计大型水力发电厂和管理长距离输电网络的技能。田纳西河流域管理局的培训使他们的思维从生存模式转向长期战略思考。实现防洪、肥料生产、垦荒及水力发电和输电等综合目标的流域综合开发激发了中国工程师为国家重建制订雄伟计划的灵感。他们甚至将田纳西河流域管理局在田纳西州、亚拉巴马州和佐治亚州的项目视作国家级大规模电力开发的缩影，类似的建设将使中国跻身工业化国家的行列。

　　田纳西河流域管理局和国民政府认识到，双方对于政府在工业发展中的角色持相同看法，这为前者和资源委员会的合作铺平了道路。罗斯福新政的反对者指责总统富兰克林·德拉诺·罗斯福（Franklin Delano Roosevelt）利用联邦政府资助的项目谋求绝对的政治权力。利连索尔了解到中国驻美大使胡适于1940年9月19日在宾夕法尼亚大学成立二百周年纪念大会上做过一个演讲。在演讲中，胡适提出，美国并不存在"独裁危机"，他引证的事实是美国总统"在其八年任期内都无法赢得老家达奇斯县的多数选票"，且"即使执政党控制了参众两院80%的选票，总统依然不能要求国会通过国会不赞成的法案"。①时任田纳西河流域管理局联合总顾问，后为首任主席的戴维·利连索尔感谢胡适为联邦政府辩护之情，并表示愿专门前往华盛顿拜访这位驻美大使。②1942年，在结束驻美大使任期前，胡适在纳什维尔讲了话，但并未在诺克斯维尔停留并向利连索尔告别。一年后，曾在康奈尔大学留学的电气工程师黄辉前往田纳西河流域管理局参观，送给利连索尔一把扇子，扇子的一面绘有金鱼，另一面是胡适的题字。题字出自军事战略家孙子关于自然的论述，恰当地概括了资源委员会与田纳西河流域管理局之间技术外交的目标："无为而治。"③

在重庆，资源委员会开始选派赴美接受高级培训的人员。战争期间，电力成为应用科学研究的重点，入选名单的1/3强（35位中的12位）来自发电及电气设备工业。资源委员会在其管辖的工业行业中谨慎地分配有限的培训机会。电工部门仅能选派6人。恽震已经为褚应璜和林津争取到去西屋公司学习发电机有关知识的机会。他把剩下的4个名额分配给优先领域的从业者，并为他们每一个人提供了令人信服的推荐理由。汤明奇是中央电工器材厂的一位29岁的副工程师，之前曾在上海西门子电机公司和华商开设的华成电器制造厂任电路设计师。在推荐汤明奇时，恽震强调变压器"为一切电路之枢纽，在电气

---

① "Hu Shih Discounts U.S. Dictator Fear," September 20, 1940, *New York Times*, 15. Clipping in box 94, David Lilienthal Papers, SGML, Princeton, NJ.

② Lilienthal to Hu Shi, October 1, 1940, box 94, David E. Lilienthal Papers, SGML, Princeton, NJ.

③ Huang Hui to Lilienthal, circa July 1943, box 103, David E. Lilienthal Papers, SGML, Princeton, NJ.

设备中占甚重要地位"。[1]除了为汤明奇的工作态度担保外，恽震还强调了学习最新式制造方法以克服中国现有不足的重要性。他承认，中央电工器材厂可以临时性地生产中小型变压器，但"其高电压及大型者，技术问题，颇称困难"。[2]

发电和电气设备工业以外的工程师则会突出自己的专业领域与电气工业的关联性。冶炼厂工程师吴道艮是一个极有说服力的例证。吴道艮在实习申请中罗列了八种不同类型的电炉冶炼钢，并提到："'炉'为合金冶炼所在，应注意：电流供给，电流装置，电热效率"以及其他一些事项。他指出，电极是熔炉的心脏，因为"转电力为热力始以熔化各物成为合金者"。[3]再多的人力也无法将铁矿石转化为电工钢。是电，使材料加工必需的重要化学反应成为可能。

成功入选的技术人员工作成绩都非常突出。在几乎没有后勤支援的情况下，孙运璿和张光斗用抢救出的发电设备在偏远地区白手起家建立了电力系统。1937年日本全面侵华战争爆发，毕业于加州大学伯克利分校和哈佛大学的张光斗火速回国。资源委员会要求张光斗修复位于战时首都重庆东北方向约96公里处的龙溪河水力发电厂。前一章已讨论其具体过程。曾在哈尔滨工业大学跟随苏联导师学习的孙运璿，在江苏连云港电厂工作两年后，于1936年加入资源委员会。他很快赢得了恽震的信任。正如第三章开头所述，孙运璿负责协调将连云港的发电设备迁往四川自流井。随后，孙运璿被派往人口稀少的青海省西宁市创建火电厂。因西宁的电气化未能促进当地工业的发展，资源委员会主任委员翁文灏把孙运璿改派至甘肃天水。[4]

孙运璿和张光斗将前往美国的行程推迟了好几个月。1942年6月，

---

①　程玉凤、程玉凰编《资源委员会技术人员赴美学习史料》，第61页。

②　程玉凤、程玉凰编《资源委员会技术人员赴美学习史料》，第59页。

③　程玉凤、程玉凰编《资源委员会技术人员赴美学习史料》，第56页。

④　恽震：《孙运璿先生在大陆期间》，丘季芷主编《我所认知的孙远璿——孙远璿八十大寿纪念专辑》，1993。

其他人分批从重庆和昆明启程。[①]珍珠港事件后，太平洋地区禁飞民用航班，这些中国工程师从昆明出发，飞跃喜马拉雅山到达加尔各答，等待数周后搭乘英国海外航空公司的短途飞机。飞机沿印度海岸线、阿拉伯海湾、底格里斯河等经停不同城市，最后将他们送抵开罗。之后再搭乘美国军用便机进入撒哈拉以南非洲地区，到达巴西贝伦，然后再坐船前往迈阿密。[②]这一趟旅程通常需要飞行约25000公里，转乘28次。晕机、恶劣天气、漫长的等待以及缺乏睡眠是这趟旅程的重要组成部分。即使没有一点耽搁，这趟中美之旅亦需耗时5周。[③]而不耽搁的时候很少。

孙运璿和张光斗的旅程和之前出发同事们的路线一样，在路上遭遇了无数阻碍。但艰难旅程中的所见所闻对他们来说意义非凡。孙运璿印象最为深刻的一幕发生在旅程的第十段，当时他正搭乘英国海外航空公司的飞船经过苏伊士运河上空。[④]这唤起了他在中国西北干旱地区辛勤工作的记忆。1943年3月27日，他在日记中写道：

> 浩浩乎平沙无垠，迥不见人，而公路通、机车行、油管连绵数百里，皆数百工程师不避艰苦、不顾牺牲，方有此贡献。我国国难日深，尤有青年有为之工程人士提及辄摇头不止者，对此真

---

① 中国学者已经认识到中国工程师在田纳西河流域管理局接受培训的重要性，并已发表大量记录该事件的文章。其中，林兰芳的论文《战后初期资源委员会对台电之接收（1945—1953）：以技术与人才为中心》（《"中央研究院"近代史研究所集刊》第79期，2013年3月）提供了最准确的概览。林兰芳认为，这一段工程培训经历是理解台湾国民党在光复台湾初期继续雇用日籍工程师的历史背景。

② 程玉凤、程玉凰编《资源委员会技术人员赴美学习史料》，第162—165页。

③ 程玉凤、程玉凰编《资源委员会技术人员赴美学习史料》，第163页。

④ 孙运璿：《从重庆到纽约的旅行报告》（1943年3月6日至31日），台北"国史馆"藏资源委员会档案，档号：003-020300-0791-0158，003-020300-0791-0159；程玉凤：《孙运璿实习日记》，收录于《我所认识的孙运璿——孙运璿八十大寿纪念专辑》，第68—76页。1980年代，程玉凤为"国史馆"一个项目对孙运璿进行了访谈。在其中一次访谈中，孙运璿夫人向程玉凤展示了丈夫的日记。程玉凤在一本祝贺孙运璿80大寿的纪念册中摘发了部分日记。

应惭愧至矣！[1]

沙漠里的运河和输油管道让他想起了处于甘肃西北部沙漠地带的玉门油田。作为玉门以东几百里外的天水电厂厂长，孙运璿非常了解年轻的工程师对于到艰苦的中国大西北工作并不情愿。

孙运璿和张光斗都患上了疟疾，行程被进一步耽误。他们正好碰到了北非战役，从埃及开始不能再往西飞了，转而搭乘美国军队便机向南飞往现在的苏丹、乍得、尼日利亚和利比亚。搭载美国军队便机可能是孙运璿和张光斗很快染上疟疾的原因之一。[2]1943年4月18日，张光斗在加纳阿克拉突然发高烧、打寒战且多汗。五天后，孙运璿出现了同样的症状。1943年4月26日至5月3日这段时间，孙运璿的日记一片空白，只有一句"在阿克拉美国军医院治疗疟疾"。[3]直到5月12日，他们才恢复健康，刚好可以赶上从阿克拉到巴西纳塔尔的下一趟航班。1943年5月20日，张光斗在为期10周的旅程中第一次与资源委员会驻美办事处取得联系，告知负责人陈良辅自己和孙运璿将搭乘火车从迈阿密前往华盛顿。[4]孙运璿和张光斗先到国会图书馆收集研究资料，然后于5月27日前往驻美办事处报到。[5]

在确信田纳西河流域管理局培训项目更具综合性后，孙运璿和张光斗放弃了原先的实习计划，转而前往田纳西州诺克斯维尔。孙运璿当时申请的是到西屋电气公司或者通用电气公司的输电与继电器部门进行为期21个月的实习，学习长距离电力传输；而曾主管万县水电开

①　程玉凤：《孙运璿实习日记》，《我所认识的孙运璿——孙运璿八十大寿纪念专辑》，第73页。

②　Mitchell, *Rule of Experts*, 19.蒂莫西·米切尔（Timothy Mitchell）发现疟蚊于1942年夏季前后进入埃及。

③　《孙运璿日记》，复印自台北孙运璿纪念馆，访问时间：2017年7月7日。

④　孙运璿：《旅行报告》，复印自台北孙运璿纪念馆，访问时间：2017年7月7日。

⑤　《张光斗致陈良辅信》（1943年5月20日），台北"国史馆"藏资源委员会档案，档号：003-020600-1076-0068。

发项目的张光斗当时正计划前往美国垦务局学习大坝建造。①陈良辅说服他们去田纳西河流域管理局接受更综合的培训。1943年6月23日，他们同时到达田纳西州诺克斯维尔。张光斗成为同批实习工程师中唯一接受大坝建造培训的人，当时同为水电工程师的蒋贵元一到美国就被诊断为肺结核，因而被隔离在疗养院里。

除为中国工程师提供项目管理实践经验外，田纳西河流域管理局还举办各种支持中国抗战的活动。35位赴美实习工程师中，有7位在田纳西河流域管理局接受了高级的培训。其他人则参加了在田纳西河流域管理局项目工地举行的地方会议。参加这些活动时，中国工程师总是西装革履，尽力展现职业面貌。他们还向媒体发表字斟句酌的讲话，表达对美国援助的感谢。这些会议的举办日期通常和重要的纪念日重合。1943年5月15—18日，第二次地方会议在亚拉巴马州佛罗伦萨威尔逊大坝召开，与田纳西河流域管理局成立十周年纪念会同时进行。1943年8月13日，第三次地方会议在查塔努加举行，正好安排在淞沪会战六周年纪念日的那一天。②田纳西河流域管理局工程师协会发表了支持中国合作伙伴的演说，并借机重申中美之间的友谊。

除外交活动外，在田纳西河流域管理局实习的中国工程师们的培训日程极为繁忙。这段培训经历为张光斗的大坝建造职业生涯奠定了基础。在交给资源委员会驻美办事处的第一份实习报告中，他对田纳西河流域管理局高度评价，举出诸多在这里实习的好处，如"水电发展的最新建造方法和实践，统一的发展计划及资源委员会与美国当局观念相似"等。③张光斗从设计和画图开始接受培训。然而在1943年8月的实习报告中，张光斗抱怨这种培训方法"效率低下"，"因为每一幅图都要耗时一个月，大部分时间都花在按照标准制作精美的草图上"。④张光斗的实行导

---

① 程玉凤、程玉凰编《资源委员会技术人员赴美学习史料》，第28页。
② 程玉凤、程玉凰编《资源委员会技术人员赴美学习史料》，第410页。
③ 程玉凤、程玉凰编《资源委员会技术人员赴美学习史料》，第725页。
④ 程玉凤、程玉凰编《资源委员会技术人员赴美学习史料》，第743页。

师同意他调到更高层级的培训（班），学习水电项目设计的特点与关键结构。张光斗因而获得了设计和建设水力发电厂所需的一手经验。

孙运璿则学到了发电及输电工程的技术。他没有偏离自己在申请实习时提出的"尤应注意运用之灵活，持续之保障及电压周率之如何达到"目标[①]。他学习了高性价比电力网络、应急电力部署系统、避雷机制以及互联区域电力系统等。他实习的每一阶段都涉及诸多领域。他在电力运营部门的时间可以分成几个阶段。首先，他在系统运行部门实习11周，学习发电量统计、负荷调度、配电所管理和继电器及各项自动控制，然后用6周时间学习了水力发电和火力发电，接着各花1周时间学习了电气设备校验、发电及配电设备检查及大修工作、配电所保养，以及输配电线路保养及检查等。[②]

除了总结主要所学内容，这些实习报告还为中国政府在协商有利的技术援助条款方面提供了重要情报。在田纳西河流域管理局实习的第一个月，孙运璿和张光斗了解了苏美在水电项目方面的合作情况。1943年7月18日，张光斗给陈良辅发去一份备忘录，告知对方：有5位苏联工程师来到诺克斯维尔，通过租借法案就水电大坝建设向田纳西河流域管理局寻求援助。[③]曾在哈尔滨工业大学跟随苏联导师学习的孙运璿与这些苏联工程师进行了交谈。[④]在田纳西河流域管理局设计部实习的第一个月，孙运璿还参与设计了18个苏联小型水电站中的11个。[⑤]在提交给资源委员会驻美办事处的一份实习报告中，孙运璿表

---

① 程玉凤、程玉凰编《资源委员会技术人员赴美学习史料》，第103页。

② 程玉凤、程玉凰编《资源委员会技术人员赴美学习史料》，第547页。

③ 张光斗：《给陈良辅的备忘录》（1943年7月18日），台北"国史馆"藏资源委员会档案，档号：003-020700- 00885-0072a。

④ 见俞恩瀛《我的几点记忆》，收录于《我所认识的孙运璿——孙运璿八十大寿纪念专辑》，第64页。俞恩瀛是孙运璿的大舅子。战后归国后，他把自己的妹妹介绍给了孙运璿。

⑤ 《孙运璿致陈中熙信》（1944年8月23日），台北"国史馆"藏资源委员会档案，档号：003- 010101-0907-0067a。

达了对这些水电站的赞叹："装备了监控与遥测设备，意味着可以从中控室自动控制这些水电站。"[1]这些小型水电站发电量在5000千瓦以下，直接并入长距离传输的高压输电线路。这和资源委员会制订的四川水电开发计划相似。张光斗敦促资源委员会提出与苏联相同的技术援助需求。接到孙运璿和张光斗的报告后，陈良辅立即写信给利连索尔，但被告知要向国务院、租借法案管理办公室或者对外经济局办公室取得授权。[2]

实习工程师还把田纳西河流域管理局视为技术民族主义的典范。1943年8月，张光斗在实习报告中表达了对田纳西河流域管理局的赞美："统一的发展规划……作为一个整体实现成本最小化、收益最大化。"[3]张光斗承认，仅靠政府资源建设电力系统会很缓慢，但他还是相信这样做利大于弊。[4]他认为，在适应市场需求方面，私人企业也许更有效率，因为它们会在采纳技术与授权使用前充分评估其"成本、可欲性、必要性及安全性"。[5]但公共事业发展的几大优势还是超过市场效率所带来的收益。政府引入的资本利率更低，为提高社会福祉会把电力引入欠发达地区，会考虑诸如国防、提高人民总体生活水平等长期收益。张光斗的结论是："经过十余年的争论，尽管速度缓慢，电力事业还是朝向公共控制发展。秉承进步主义思想的人们相信，为了公共福祉，电力事业应该由政府建设和管理。"[6]张光斗对田纳西河流域管理局的观察也为资源委员会提供了极具说服力的论据，证明国家对电力事业的垄断将为最大多数人带来最大好处。

---

① 程玉凤、程玉凰编《资源委员会技术人员赴美学习史料》，第513页。
② 《利连索尔致陈良辅信》（1943年10月13日），台北"国史馆"藏资源委员会档案，档号：003-020700-0885-0085a。
③ 程玉凤、程玉凰编《资源委员会技术人员赴美学习史料》，第732页。
④ 程玉凤、程玉凰编《资源委员会技术人员赴美学习史料》，第797页。
⑤ 程玉凤、程玉凰编《资源委员会技术人员赴美学习史料》，第746页。
⑥ 程玉凤、程玉凰编《资源委员会技术人员赴美学习史料》，第747页。

张光斗认为，滥用私人承包商是美国政府项目浪费的主要原因。1944年转到美国垦务局实习后，他将其运作与田纳西河流域管理局进行了对比。他观察到，田纳西河流域管理局倾向于独立完成项目，垦务局则主要雇用私人承包商。他承认，私人承包商可以将同一套设备使用在多个项目上，还可以根据工期快速调配人力，从而节约成本。但张光斗认为，这弊大于利。在垦务局，张光斗注意到，私人承包商偷工减料，牺牲工程质量，从而获得巨额利润。他的结论是，田纳西河流域管理局将承包商排除在外，从而保证了更高质量。尽管承认存在太多的繁文缛节和大量的人力物力浪费，张光斗断言，大多数田纳西河流域管理局的工作人员"相信这些浪费大大好过承包商体系下的低质量、高利润"。[①]1946年，张光斗接任全国水力发电工程总处总工程师，参照田纳西河流域管理局工作流程，集中规划中国的水电开发工程。张光斗认为这是最优安排，因为他认为中国的私营企业没有能力建造大型水坝。

田纳西河流域管理局的庞大电力网络激发了中国实习工程师对未来富余电力能够全国无缝输送的期待。田纳西河流域管理局通过一条贯通东西的154千伏高压输电线路在相距约200公里的东西部之间（如图5-2所示）传输剩余电力，从而保持全年70万千瓦的稳定负荷。在1944年2月的实习报告中，孙运璿对此大表赞叹：

> 春天雨水较丰，西部各下流水力发电所可发出较多电力，东部各支流水力发电所，则因开始蓄水，以备枯水时之调剂，故发出电力较少。在此期间西部剩余电力由高压线送至东部以补其不足。[②]

---

① 程玉凤、程玉凰编《资源委员会技术人员赴美学习史料》，第792—798页。
② 程玉凤、程玉凰编《资源委员会技术人员赴美学习史料》，第531页；又见林兰芳《战后初期资源委员会对台电之接收（1945—1953）：以技术与人才为中心》，《"中央研究院"近代史研究所集刊》第79期，2013年3月，第98页。

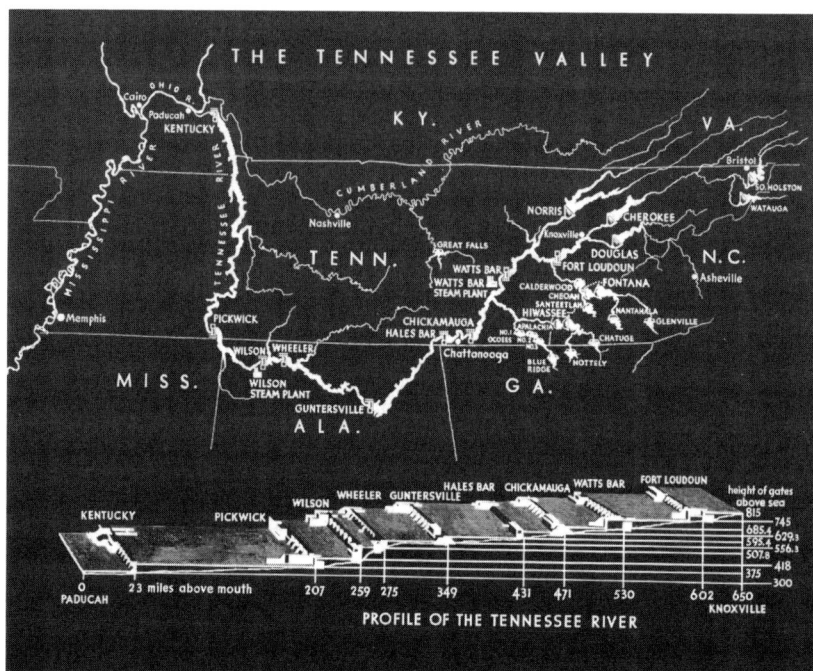

图 5-2　田纳西河概览图（1944年）

说明：这张地图出现在孙运璿提交给资源委员会驻美办事处的实习报告中。长江流域整体开发可谓田纳西河水电工程项目的放大版。

图片来源：RG82: Tennessee Department of Conservation Photographs, box 69, courtesy of Tennessee State Library and Archives。

在干燥的秋季，这个过程再反过来。本章后半部分将要讨论的长江三峡水闸工程可以看作孙运璿所描述的田纳西河电力网络的扩大版。这个试图在国家层面效法田纳西河流域管理局的工程最终被证明行不通，因为当时的技术不足以建设能把高压电流从长江上游运输至1000余公里外中下游工业中心的输电线路。

　　田纳西河流域管理局在建设成本方面的竞争力也引起了资源委员会高级官员的注意。创办昆明战时电力网络的刘晋钰参观了查塔努加电力办公室。他将私人运营的爱迪生联合电气公司的表现形容为"相当平庸"，这家公司收取的每度2.41美分的电费"在美国相当高"，而田纳西河流域管理局仅收取其成本的一小部分作为电费。[1]最重要的是，刘晋钰了解田纳西河流域管理局的电力政策后下结论道："尽可能广泛利用电力的公共利益远高于任何私人电力利益。"[2]

曾经坚决阻拦西屋电气公司将美国电压标准施诸中国的恽震和刘晋钰的想法一致。1944年12月3日至13日，恽震带领资源委员会技术考察团访问了田纳西河流域，参观了几个主要水电大坝和供电充足的重工业。这次旅程进一步加深了他对私营企业的不信任。田纳西河流域的重工业企业大多热烈欢迎资源委员会成员的到来，但美国铝业公司（Aluminum Company of America）却拒绝接待他们。[3]田纳西河流域管理局办公室热情欢迎恽震及其一行。总工程师办公室向考察团展示了详细的资料及田纳西河流域概览图，孙运璿之前的报告里也有这副地图（见图5-2）。[4]后来恽震引用这次考察的笔记及培训报告来推动电力部门的国有化。恽震写给利连索尔的感谢信与他写给那些接待他们的私营公司的感谢信截然不同，后者简短而客套。回到纽约后，恽震告诉利连索尔：

> 贵局已经及正在为人民提供的服务给予我们无上鼓励，让我们看到良好的政府运行事业致力于提高人民福祉。作为投身于中国能源发展事业的成员，我们发现田纳西河流域管理局既是启发，也是挑战。[5]

---

[1] 《刘晋钰致资源委员会技术办公室信》（1944年6月），台北"国史馆"藏资源委员会档案，档号：003-020100-0150-0038a。

[2] 《刘晋钰致资源委员会技术办公室信》（1944年8月），台北"国史馆"藏资源委员会档案，档号：003-020100-0150-0024a。

[3] 《阿瑟—戴维斯致陈良辅信》（1944年11月16日），台北"国史馆"藏资源委员会档案，档号：003-020400-0176-0076a。

[4] 《田纳西河流域地图》（1944年12月），台北"国史馆"藏资源委员会档案，档号：003-020400-0176-0022a。

[5] 《恽震致利连索尔函》（1944年12月21日），台北"国史馆"藏资源委员会档案，档号：003-020400-0176-0011a。

1944年至1947年，资源委员会在规划设计三峡大坝项目时尝试应用他们在田纳西河流域管理局学到的经验，并最终认识到其中的挑战。

打造中国版田纳西河流域管理局

田纳西河流域管理局受训工程师与美国大坝建造专家之间的私人交往为中美在流域综合开发方面的合作铺平了道路。1943年9月，张光斗给美国垦务局总设计工程师萨凡奇写了一封信，大大激发了后者的灵感。在从诺克斯维尔转到丹佛之前，张光斗向萨凡奇做了自我介绍。在张光斗写信几个月后，美国国务院给萨凡奇发来一封备忘录，期待萨凡奇的工作将"有利于战事开展"。[1]引用斯内登的话来说，张光斗在萨凡奇身上看到了"理想型技术专家的核心特征：技术知识精湛、创新能力强及对技术如何提高人类福祉具有形而上学的理解"。[2]张光斗把中国描述为大规模流域综合开发的希望之地，并附上了一份中国战后电气化计划报告，其中包括"战后五年内总计建设14个大型水力发电厂，总发电量达40万千瓦"。[3]

张光斗在信中介绍了国民党在西南地区的四川、云南、贵州及湖南等省份进行的水文调查，并明确表示中国工业发展与水电开发密切相关。例如，4万千瓦装机容量的资江水电站将设立在新化锑生产中心附近，而2万千瓦装机容量的贵州水电厂将支持新发现的铝土矿的

---

[1] G. H. Shaw, letter to John L. Savage, December 13, 1943, RG 115, Yangtze Gorge Project (1943 - 1949), box 3, NARA (Denver). 亦收录于 Sneddon, *Concrete Revolution*, 37。田纳西河流域管理局项目设计工程师戴维斯（C.V. Davis）也表达了对到中国工作的兴趣，参见 Xiangli Ding, "Transforming Waters," 68。

[2] Sneddon, *Concrete Revolution*, 36.

[3] 《战后计划》（1943年9月27日），台北"国史馆"藏资源委员会档案，档号：003-020700-0885-0085a。

提炼。[①]1943年10月初，萨凡奇热情地回了信，信中表示希望"驻华盛顿的中国代表团和美国国务院官员将达成把我派往中国的决定"。[②]萨凡奇告诉张光斗自己将前往印度，并提出双方可以通过外交信函继续交流。张光斗把回信及时转发给了其在纽约的上司。

建立直接交流的通道后，陈良辅和首席代表尹仲容着手确保萨凡奇进入中国的相关工作。他们请萨凡奇说明他前往印度"是受美国政府还是英国政府资助？这一安排经过了美国政府哪个部门的批准"。[③]1943年12月，资源委员会取得了萨凡奇前往中国的必要许可文件。孙运璿把萨凡奇引荐给了重庆电业管理局的同行。[④]在1944年3月写给陈良辅的备忘录中，张光斗请求他的上司加速处理相关事宜。他指出，丰塔纳大坝（Fontana Dam）和肯塔基大坝（Kentucky Dam）将在几个月内完成建造，届时田纳西河流域管理局将有余力援助中国。张光斗还补充道，田纳西河流域管理局拥有无与伦比的专业知识，包括水力开发、电网管理及农林保护。[⑤]在北卡罗来纳州，张光斗花了八个月的时间全程参与丰塔纳大坝项目建设，目睹了田纳西河流域管理局如何在两年的时间里完成了该项目。[⑥]全面抗战结束后，中国需要快速建造大坝，只有像垦务局和田纳西河流域管理局这样的美国联邦机

---

① 《战后计划》（1943年9月27日），台北"国史馆"藏资源委员会档案，档号：003-020700-0885-0085a。

② 《萨凡奇致张光斗信》（1943年10月5日），台北"国史馆"藏资源委员会档案，档号：003-020700-0885-0095a。

③ 《陈良辅致萨凡奇信》（1943年10月13日），台北"国史馆"藏资源委员会档案，档号：003-020700-0885-0092。

④ 程玉凤、程玉凰编《资源委员会技术人员赴美学习史料》，第230页。又见林兰芳《战后初期资源委员会对台电之接收（1945—1953）：以技术与人才为中心》，《"中央研究院"近代史研究所集刊》第79期，2013年3月，第97页。

⑤ 《张光斗致陈良辅备忘录》（1944年3月22日），台北"国史馆"藏资源委员会档案，档号：003-020600-1076-0157a。

⑥ 《C. E. Blee致张光斗函》（1944年10月6日），台北"国史馆"藏资源委员会档案，档号：003-020600-1076-0098a。

构才能助力如此加速的发展。

　　1944年6月，萨凡奇暂时放下了印度的工作，出发前往中国，因为他发现三峡工程更有前途。因担心水库蓄水会淹没掉当地的神庙，他在旁遮普邦巴克拉的萨特累季河（Sutlej River）的水闸项目遭到当地执政者的反对。当地人还要求萨凡奇缩小堤闸的范围。[①]长江三峡工程与旁遮普邦的项目完全不同。中国水电开发工程归资源委员会集中指挥。萨凡奇可以将精力集中于选址及成本—效益分析，由中方负责解决人口搬迁的政治问题。1944年6月，萨凡奇到达中国，当时日本通过名为"一号作战"的大规模进攻控制了国民党在湖南的重要防守城市长沙、衡阳等地。萨凡奇避开了军事冲突地区，从陪都重庆附近的四条长江支流（岷江、沱江、嘉陵江及乌江）开始考察。彼时，国民党第六战区军队正在约643公里外的下游宜昌进行为期三个月的抗日战役。宜昌正是规划中的长江三峡水闸所在地。1944年9月20日，萨凡奇来到湖北西部的西陵峡，战斗刚好结束。当时，萨凡奇离日军前线不到5公里，但他还是冒险进入了自己心目中的"工程师梦想工地"。[②]

　　在中国第六战区副司令长官兼江防军总司令吴奇伟及资源委员会水力发电工程总处处长黄育贤的陪同下，萨凡奇乘船到了石牌至平善坝之间一段长约4公里的水域。这块水域位于宜昌上游约24公里处（如图5-3所示）。在为期10天的考察中，萨凡奇缺少进行全面地质勘测的设备，因而主要在沿江两岸步行收集岩石标本。[③]当地的中国驻防部队向萨凡奇展示了从日本人手中缴获的一幅三峡地形图。根据这幅

---

①　曾照鉴：《记萨凡奇先生》，《新世界》第2期，1947年。

②　Fleming, "Damming the Yangtze Gorge," 101; "Who's Who in the News," *Current Events*, March 25 - 29, 1946. 取自 box 4, John Lucian Savage Papers, AHC, Laramie, WY。

③　闵江月：《萨凡奇考察长江三峡前后》，《湖北文史资料》1997年第2辑。1997年，中国政协出版了有关三峡历史的档案资料集，根据中国第二历史档案馆的资料，编辑整理了一份大事年表。

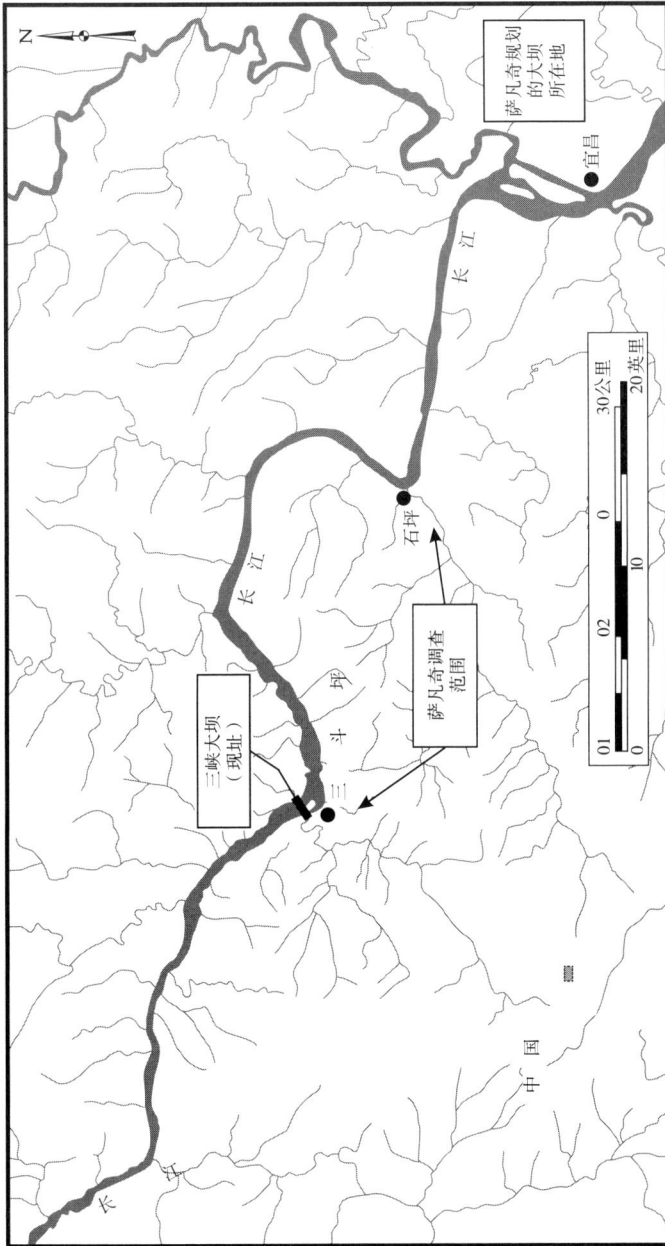

图 5-3 萨凡奇调查范围及规划大坝所在地。

说明：在首次中国之行中，萨凡奇没有实地参观宜昌附近的区域。
制图：麦克·贝克霍尔德（Mike Bechthold）

地形图，萨凡奇计算出了排水量。之后他回到长寿，经过40天努力，写成了《扬子江三峡计划初步报告》。[1]

萨凡奇提出了一个极其乐观的计划。他建议建造一个将低水位抬升160米的250米高的"混凝土重力坝"。水电站在"在江的一侧或者两岸设有20个联合引水发电隧洞"，稳定功率输出达780万千瓦，次级功率输出为270万千瓦。[2]这个多用途开发项目储存的水量可以灌溉6070万亩田地；通过运河船闸，万吨巨轮可沿长江向上直达重庆。萨凡奇估算整个项目成本为9.35亿美元，每年净收入1.54亿美元。[3]田纳西河流域管理局的马斯尔肖斯发电厂（Muscle Shoals Plant）为三峡水闸建设的筹款机制提供了灵感。1944年8月，美国对外经济局工程师帕斯卡尔（George Reed Paschal）提出了"以肥料换大坝"的方案。据帕斯卡尔计算，流过宜昌狭窄江峡的11.2立方米水每秒钟可发电1050万千瓦。其中500万千瓦用于肥料厂，其年产量可达500万吨，其余电量留给中国人使用。美国人再以市场价格的一半收购那些肥料，那么按4%利率计算，中国人将在15年内还清建设水闸的贷款。[4]

但萨凡奇的推断基于的是残缺和有瑕疵的数据。萨凡奇根据3个数据点——1896年、1905年和1931年洪水量，计算出了长江的洪水

---

[1] 恽震：《资源委员会与美国垦务局订约设计三峡水电工程》，《湖北文史资料》1997年第2辑。

[2] 参见 J. L. Savage, "Excerpts from Preliminary Report on Yangtze Gorges Project, Chungking, China," November 9, 1944, RG 115, Yangtze Gorge Project (1943–1949), box 10, NARA (Denver)；袁奉华、林宇梅《扬子江三峡计划初步报告（上）》，《民国档案》1990年第4期。编辑将第二历史档案馆存有的萨凡奇报告翻译并出版。

[3] 参见 J. L. Savage, "Preliminary Report," November 9, 1944, RG 115, box 10, NARA (Denver)。又见 Sneddon, *Concrete Revolution*, 40。

[4] 参见 John Reed Paschal, "The Building of Hydroelectric Power Plants in China under US Government Loan and a Suggested Mode of Repayment Therefor," August 28, 1944, 台北 "国史馆" 藏资源委员会档案. 档号：003-020100-0217-0004a。

量。① 在使用完资源委员会资料和自己的一手考察数据后，他转向参考在华外国人的旅行记录，如伍德海（H. G. W. Woodhead）《长江上游》及《经过三峡》。② 萨凡奇在报告中指出很多工作有待完成。他提出，在大坝开工建设前，必须完成对初步经济研究、水力模型试验、应力与稳定性研究、营造设计与规格的审查。像大古力水坝这样的大型项目光设计图样就需要绘制 15000 张以上。③ 在报告中，萨凡奇忽略了大坝规划所在地的地质勘查尚未完成这一事实。

　　萨凡奇为长江上游支流小型水电项目做的详细规划更为扎实。这些规划在他完成三峡报告后不久就提交了。1944 年 9 月至 11 月，他在四川完成了三地（大渡河和马边河；岷江上游和灌县；龙溪河）的水电项目设计绘图，在云南完成了一地（螳螂河）的水电项目设计绘图。④ 萨凡奇居住在长寿清渊硐水力发电所附近的客舍里。全面抗战期间，资源委员会修建了这座水电站，自 1942 年起向重庆供电。萨凡奇因此拥有进行现场观察的便利，并能参考资源委员会与美国顾问公司库柏公司（Hugh L. Cooper and Company）完成的最新工程报告。他对这些规模较小水电项目的成本估算要精确得多。大渡河 – 马边河水电项目规划装机容量 120 万千瓦，建设成本为 3.36 亿美元；岷江上游水电项目规划装机容量为 82 万千瓦，建设成本为 1.997 亿美元。萨凡奇认为，这两个水电项目不仅在"建设上可行"，也可谓"对中国具有

①　袁奉华、林宇梅：《扬子江三峡计划初步报告（下）》，《民国档案》1991 年第 1 期。

②　袁奉华、林宇梅：《扬子江三峡计划初步报告（下）》，《民国档案》1991 年第 1 期。

③　J. L. Savage, "Preliminary Report," November 9, 1944, RG 115, box 10, NARA (Denver).

④　Drawing for Preliminary Report on Ta-Tu-Ho and Ma-Pien-Ho Projects, Upper Ming-Kiang and Kwan-Hsien Projects, Lung-chi-ho Projects, Tang-Lang-Chuan Projects, September 10, 1945, John Lucian Savage Papers, 02852, box 6, American Heritage Center, Laramie, WY. 这些设计绘图完成于 1944 年 9 月至 11 月，并附有一封日期为 1945 年 9 月 10 日的传送信函。

巨大潜在价值的超级项目"。龙溪河项目及螳螂河项目是在已有水力发电所基础上的扩建，其规模只有前面两个项目的5%—10%。龙溪河项目计划围绕现有的、装机容量为3000千瓦的下清渊硐水力发电所再建设三座水电站，总装机容量达4.95万千瓦，建设成本为1120万美元。螳螂河项目引入滇池、安宁、富民的来水，需要成本1630万美元，可增加8万千瓦的装机容量。①

完成初步报告后，萨凡奇开始推动美国内务部和国务院批准三峡合作协议。1944年9月26日，他给垦务局局长发了一封电报，告知在他提交报告后中国当即对长江三峡项目产生了兴趣。局长对萨凡奇的各项行动都非常支持，于1944年10月18日通知内务部秘书处：垦务局打算提供援助。10天后，局长提醒萨凡奇"最终合作计划必须由国务院准备"，垦务局的国内工作优于中国政府需求，且垦务局对长江三峡项目不承担任何财务责任。②正如斯内登恰当指出的，萨凡奇和垦务局渴望"把精湛的技术才能用在一个一生只有一次的项目上"，而这恰与国务院的谨慎做派相矛盾，合作协议谈判因而搁置。③1945年3月10日，内务部第一援助秘书本杰明·斯特劳斯（Benjamin Strauss）在一次会议上对其中的保密条款提出了反对意见，因为垦务局一直以来奉行向全世界公开其工程技术和研究发现的政策。④1945年5月，美国国务院对长江三峡项目可行性的担心加剧，拒绝批准合作协议，并

---

① 《萨凡奇关于大渡河和马边河项目的初步报告》（1944年11月9日），台北"国史馆"藏资源委员会档案，档号：003-020200-0501。

② Memorandum for Assistant Secretary Strauss, "Chronology of Events Relating to the Proposed Agreement between the Bureau of Reclamation and the National Resources Commission of China for Preparation of the Yangtze Gorges and Tributary Reports," June 6, 1945, 1, RG 115, Yangtze Gorges Project (1943 - 1949), box 9, NARA (Denver).

③ Sneddon, *Concrete Revolution*, 41.

④ "Minutes of Conference at Bureau of Reclamation," March 10, 1945, RG 115, Yangtze Gorges Project (1943 - 1949), box 9, NARA (Denver).

表示"在可见的未来该项目产生的巨量动力似乎超出中国工业的运用能力"。斯特劳斯在回应中提到，田纳西河流域管理局的经验表明，便宜的水电和灌溉可以推动农业和工业的发展，援助中国符合美国的国家利益。[①]1945年5月9日，萨凡奇从垦务局退休，摆脱了官僚作风的束缚。[②]但没有正式的中美合作协议，萨凡奇做不成任何事。

　　萨凡奇将自己规划的中国项目委托给联邦动力委员会旧金山地方办公室前高级工程师柯登（John S. Cotton）。1944年12月9日，资源委员会任命柯登为"流域及电力调查总调查工程师"。[③] 1945年3月14日，柯登在丹佛与环球旅行回来的萨凡奇会面，此前柯登已在自己旧金山的家中制订了简要的长江流域全面调查计划。[④]1945年4月，柯登和张光斗一起前往中国，当时他还没来得及注射霍乱、斑疹伤寒、伤寒、天花及腺鼠疫等疫苗，随身携带的各种技术笔记资料让他的行李超重了35磅。[⑤]出发前，柯登甚至没有来得及向妻子告别。他只是通过资源委员会驻美办事处向她转交了一份报销与保险合同的复印件。[⑥]

　　在担任全国水力发电工程总处总工程师的初期，柯登采取了保守的做法，优先建设重庆周边的小型水电站，而非对长江三峡进行水文调查。1945年5月，柯登首先提交了关于长江三峡工程的经济与规划

[①]　"Memo from Strauss to Secretary Chapman," May 21, 1945, RG 115, Yangtze Gorges Project (1943 – 1949), box 9, NARA (Denver).

[②]　"Department of the Interior Advance Release," May 9, 1945, RG 115, Yangtze Gorges Project (1943 – 1949), box 9, NARA (Denver).

[③]　《王守敬致柯登，聘用合同》（1944年12月9日），台北"国史馆"藏资源委员会档案，档号：003–020100–0211–0140a。

[④]　《王守敬致柯登信》（1945年3月12日），台北"国史馆"藏资源委员会档案，档号：003–020400–0053–0116a。

[⑤]　《Victor Kwong 致 W. E Dwyer信》（1945年3月23日），台北"国史馆"藏资源委员会档案，档号：003–020100–0211– 0082a。

[⑥]　《王守敬致柯登信》（1945年4月10日），台北"国史馆"藏资源委员会档案，档号：003–020400–0053–0116a。

报告的初步提纲。①1945年8月，他又提交了一份报告，提议在宜昌附近建设低坝群，"快速实现150万千瓦稳定功率输出，为中国中部地区提供急需的大规模工业动力"。低坝群仅有萨凡奇规划大坝的一半高，储水区域面积更小；发电所装备20台7.5万千瓦发电机组，而非96台发电机组。因为缺乏可靠数据，柯登只得参考萨凡奇最初的计算结果，估算整个工程成本在1.97亿至3.13亿美元之间。②

　　柯登对宜昌附近地形地貌的理解也更为精准。当时，全国水力发电工程总处没有进行详细勘测的设备，只从准备撤出重庆的美国军队那里购置了指南针、滑尺、照相定影机（Photo-stat machines）及计算器等。③资源委员会自行进行了一次航测。1945年8月，它从航空委员会借用了一架F-5侦察机进行航空拍摄，用来绘制1：25000的地图。④1945年9月，柯登向田纳西河流域管理局寻求帮助，却被告知："按照田纳西河流域管理局法案，我们不能从事由外国政府直接提供的有偿工作。"⑤不过，田纳西河流域管理局答应帮忙根据航测照片制作地图。类似租借法案的援助渠道已随着战争结束而关闭。

　　在缺少准确的地形地貌数据和美国顾问指导的情况下，全国水力发电工程总处将长江三峡工程一直搁置至1945年10月1日中美达成合作协议。美国垦务局局长将长江三峡工程分配给了设计与建设部，但

① 《暂定计划》（1945年3月18日），台北"国史馆"藏资源委员会档案，档号：003-020100-0211-0056a。

② Memorandum Report on Power Development in the Vicinity of I-chang, August 20, 1945, ACC 6499, box 93, John S. Cotton Collection, AHC, Laramie, WY。

③ 《黄育贤致翁文灏、钱昌照信》（1945年6月27日），台北"国史馆"藏资源委员会档案，档号：003-010602-0164。

④ 《航空委员会致翁文灏函》（1945年8月22日），台北"国史馆"藏资源委员会档案，档号：003-020200-0682-0008a。

⑤ 《TVA致柯登信》（1945年10月22日），台北"国史馆"藏资源委员会档案，档号：003-020200-0682-0026a。

（后者）直到1946年6月3日才开始正式的研究。[①] 1946年3月前，萨凡奇在印度和巴克斯坦的工程项目中脱不开身。[②] 因长江三峡工程悬而未决，柯登将精力投入萨凡奇在1944年11月报告中规划的小型水电工程——龙溪河水电站。事实上，直到1946年2月柯登才第一次实地考察长江三峡工程选址处，当时萨凡奇正计划再访中国。[③]

　　龙溪河水电站的建成有望快速缓解重庆缺电的问题。根据柯登于1945年9月28日提出的计划报告，当时重庆只有4家发电厂，总发电容量仅1.2万千瓦，各工业企业自备发电机的发电总量为1.79万千瓦。柯登估算，重庆总共需要13.5万千瓦的发电量。按照这个推断，重庆将新增20万居民用电户，平均每户每年消费300度电。龙溪河位于重庆下游90公里处，属于长江支流。将龙溪河拦坝，可以形成2900平方公里的蓄水区，足以供应四座装机容量6.4万千瓦的发电站，满足重庆一半的电力需求。另一座火力发电厂还可以增加1.6万千瓦发电量。柯登态度谨慎，将上述发展计划分成两步走，并选择了最节省的建设方法。第一步，建设狮子滩大坝、装机容量1.5万千瓦的狮子滩水电站以及装机容量1万千瓦的上硐水电站。第二步，在回龙寨建设一座6000千瓦水电站，已建的下硐水电站装机容量增加3万千瓦。柯登估算其总成本为749.4万美元，低于萨凡奇之前的规划。上述建设计划需要淹没4.35万亩耕地、搬迁7229名居民，但柯登认为本地工业增加的工作机会将超过农业上的损失。[④]

---

① Status Report Yangtze Gorges and Tributary Projects, August 15, 1947, 1–2, ACC 6499, box 28, John S. Cotton Collection, AHC, Laramie, WY.

② Savage letter to Qian Changzhao, May 17, 1946, RG 115, Project Plans and Feasibility Reports Relating to Yangtze Gorge Project, box 2, NARA (Denver).

③ 闵江月：《萨凡奇考察长江三峡前后》，《湖北文史资料》1997年第2辑。

④ 《国家水利水电工程局关于龙溪河发电站及其一期工程狮子滩水电站、上硐水电站的规划报告》（1945年9月28日）台北"国史馆"藏资源委员会档案，档号：003-020200-015。重庆抗战时期水电开发情况参见Ding, "Transforming Waters," 57–82。

　　柯登似乎对重庆周边地区水电开发导致的民怨沸腾并不知情。建于1942年的龙溪河大坝增加了当地的洪灾风险。1945年9月30日，当地洪水暴发，进一步激化了针对水电站建设的不满，而此前两天柯登刚刚提交了他的龙溪河水电站计划报告。一场暴雨在冉师桥附近形成了洪水，桃花溪河水猛涨。当地村民报告称，洪水冲垮了一座面粉厂，影响了红薯收成。村民将洪水归咎于大坝有个水闸出了问题，没有完全打开泄洪。渡舟乡乡长周知禄要求龙溪河水力发电工程处赔偿上述损失。[①]时任龙溪河水力发电工程处处长，后又被提拔为全国水力发电工程总处处长的黄育贤坚称洪水和水闸毫无关系。他指出，1944年发生洪水后，当地居民每月都收到津贴以维持抗洪团队，是他们在1945年9月的洪水中玩忽职守，没有开闸放水。黄育贤认为渡舟乡的损失并不比周围村庄更大，质疑村民为什么不把食物和个人财物转移到高处，从而避开只有十几厘米深的洪水。[②]经过数月调查，资源委员会同意赔偿村民国币70万元，并同意提高每月的防洪津贴。这一赔偿金额仅约是村民在1946年5月索要赔偿的1/10。[③]

　　由于对当地反对意见一无所知，柯登在提交计划报告后不久即开始起草招标文本。为防止违约，全国水力发电工程总处对竞标的承包商规定了严格的工期。例如，承包商必须将狮子滩水电厂的两台9000千瓦水轮机和调速器、蝶阀一起运送到上海，一套在250天内送达，另一套在350天内送达。装机容量1万千瓦的上硐水电站必须在150天内完成交付。一旦签署合同，承包商必须缴纳"不少于预估合同总支付额的50%"作为履约保证金。如有零部件延迟交付，每天罚款20美

① 《周知碌陈情》（1945年10月3日），台北"国史馆"藏资源委员会档案，档号：003-010309-0370。

② 《黄育贤报告》（1945年12月22日），台北"国史馆"藏资源委员会档案，档号：003-010309-0370。

③ 《资源委员会关于洪灾的备忘录》（1946年5月10日）台北"国史馆"藏资源委员会档案，档号：003-010309-0370。

元。① 当时国内没有一家供应商能够完成这些订单，资源委员会驻美办事处因而在美国发起了招标。资源委员会只有 400 万美元的预算，低于上述设备的行价。为了不超预算，它甚至将水泥移出订购单，这一行为最终阻碍了狮子滩水电站的大坝建设。②

1946 年 3 月，萨凡奇再访中国，柯登不得不将精力放回长江三峡工程勘测，暂时搁置了龙溪河水电工程相关工作。一到重庆，萨凡奇便前往长寿与柯登及全国水力发电工程总处的同行会合。③ 他组建了一个一流的工程团队。退休的农垦局首席机械工程师比蒂（W. C. Beatty）负责监督和协调长江三峡调查的各项工作。34 岁的地质学家弗雷德·O. 琼斯（Fred O. Jones）曾在哥伦比亚河流域项目工作，负责指导宜昌附近区域石灰岩床的检测。琼斯发现自己的任务艰巨，因为这里的峡谷比"哥伦比亚河峡谷更深、更陡峭"。马立森公司（Morrison Kundsen）代表与萨凡奇在上海会面后派出一名高级钻井总监负责地质钻探。萨凡奇还促成费其文航测公司（Fairchild Aerial Survey）与中国政府签订了长江流域航测承包合同。④ 在离开前，萨凡奇留下了一份总体指导意见，以进一步勘测五个备选坝址及进行更详尽的地形地貌调查。对于龙溪河工程，他做了例行考察，但并没有多说什么，只是表示使用人力进行施工的设计和计划不错。⑤

萨凡奇努力推进长江三峡工程的消息令人振奋。长江三峡工程

---

① 《全国水力发电工程总处关于狮子滩水电站、上硐水电站的招标书、时间表、规格和图纸》（1945 年第 4 季度），台北"国史馆"藏资源委员会档案，档号：003–020200–0125。

② 《资源委员会备忘录》（1946 年 1 月 14 日），台北"国史馆"藏资源委员会档案，档号：003–010602–0078。

③ Savage letter to Qian Changzhao, May 17, 1946, RG 115, Project Plans and Feasibility Reports Relating to Yangtze Gorge Project, box 2, NARA (Denver).

④ Corfitzen, "It Works Both Ways".

⑤ Savage letter to Qian Changzhao, May 17, 1946, RG 115, Feasibility Reports, box 2, NARA (Denver).

代表着国家在强大中央政府领导下走向繁荣未来的希望。一位名叫孙丹忱的国民党官员甚至把萨凡奇比作秦朝政治家李冰。李冰建造的都江堰工程把四川变成了富庶之地，使秦朝的发展远超其余的六国。除了缓解川西洪灾和灌溉11郡县520万亩田地外，都江堰还为川南木材的运输打开了通道。[①]当时的报馆文章把全国水力发电工程总处称为"扬域安"（YVA）。文章作者认为，"扬域安"（YVA）比田纳西河流域管理局（TVA）潜力更大，因为前者管理的范围更广、发电工程更大。[②]戴维·埃克布拉德曾说过："田纳西河流域管理局的使命是把桀骜不驯的、捉摸不定的田纳西河变成服务区域发展的温顺仆人"，而"扬域安"（YVA）志在把长江变成国家发展的推动力量。[③]

　　1946年6月3日后进行的进一步可行性研究开始暴露出萨凡奇初步报告存在的问题。1946年5月30日前，美国垦务局的总设计工程师迟迟不为长江三峡工程委派工程师。[④]不到两周后，中国工程师潘仲鱼提醒萨凡奇注意其1944年初步报告参考的地形图并不准确。根据当时地形图等高线上标出的数字，萨凡奇团队确定地图等高线间隔为30米。而经精确翻译发现，地图一开始并没有标注海拔高度。此外，那幅地图是根据1940年7月的航测结果制作的，当时宜昌的水位线比正常情况高了50米。这几乎推翻了所有的初步估算结果。在缺乏更多其他信息的情况下，工程师们根据制图惯例推断这副地图的等高线间隔应该为10米，并计算出4号坝址的大坝比最初规划的要长约720米。[⑤]后面的报告也指出，海拔高度的误差可能在"180

① 孙丹忱：《萨凡奇与李冰父子》，《中央周刊》第8卷第20期，1946年。

② 《YVA计划的实践》，《一四七画报》第4卷第11期，1946年。

③ Ekbladh, *The Great American Mission*, 49.

④ Walker Young letter to W. H. Halder et al., April 2, 1946, RG 115, Project Plans and Feasibility Reports Relating to Yangtze Gorge Project, box 2, NARA (Denver).

⑤ C. Y. Pan to Savage, June 13, 1946, RG 115, Project Plans and Feasibility Reports Relating to Yangtze Gorge Project, box 2, NARA (Denver).

米—300米之间"。直到1947年1月28日，勘测团队才拿到了可靠的航测数据。[①]

随着更多使用电气设备调查的完成，长江三峡工程的规划规模在不加控制地扩大。萨凡奇1944年初步报告规划的是安装60台17.5万千瓦发电机组，总装机容量为1050万千瓦。在1945年3月的修改版计划中，萨凡奇的设想更为宏大。他计划建立20个直径9米的导流隧洞，并在大坝建成后再增加4个导流隧洞。这24个导流隧洞每个都将安装四台11万千瓦发电机组，总装机容量达到1056万千瓦。比蒂接手后，考虑到江水流速，进一步增加了规划安装发电机的功率和数量。1946年8月，比蒂的规划设想了不同数量的17.5万千瓦发电机组组合，包括96台、114台及126台等。[②]

但以当时的技术，如此巨量的发电及其长距离传输即使不是完全不可能，也是极为困难的。1947年1月，吕崇朴进一步研究了20万千瓦发电机的适用性，发现"与大古力水坝106.5米的水轮机水头相比，长江三峡工程水轮机最大水头将高达160.5米，给机壳、调速环、导叶和转轮等部件带来更大压力"。但吕崇朴补充认为，这些部件是用铸钢做成的，其强度应该可以适应长江的环境。[③]但是，在长江三峡水闸修建330千伏输电线的计划被证明不太可行。通用电缆公司指出，现有输电线的最高运行电压是230千伏。为了达到预期的电压，充油传输电缆的额定压力必须最少从250磅/平方英寸翻番至500磅/平方

① Status Report Yangtze Gorges and Tributary Projects, August 15, 1947, ii, ACC 6499, box 28, John S. Cotton Collection, AHC, Laramie, WY.

② W. C. Beatty to R. E. Krueger, "Yangtze Power Plant–Estimate of Number of Units," August 26, 1945, RG 115, Project Plans and Feasibility Reports Relating to Yangtze Gorge Project, box 1, NARA (Denver).

③ Yangtze Power Plant Turbine Study, January 3, 1947, RG 115, Project Plans and Feasibility Reports Relating to Yangtze Gorge Project, box 23, NARA (Denver).

英寸，而这已经超出了现有油压控制设备的工作范围。[①]

地质调查还对五个坝址中的四个的合适性提出了质疑。1946年10月至12月，侯德封和其余四位中央地质调查所的地质学家在宜昌进行了初步勘测。因为美国码头工人罢工耽误了钻机的运输，马立森公司的钻探团队直到1946年11月才抵达中国。中国地质学家在宜昌地区独立绘制了完整的地质柱状地图，覆盖的区域达1平方公里。1947年3月和7月，弗雷德·琼斯进行了进一步的勘查。结果令人大失所望。4号和5号选址的基岩是易渗漏的第三纪石门砾岩。1A号选址的基岩是不太适合建造大坝的碎石灰岩。1号选址是更加不适合建造水闸的易碎层页岩。只有2号和3号选址的基岩足够牢固。但是3号选址存在大量山洞，不适合建造水闸，因为水闸规划长达2000米。[②]

地质调查后期长达数月的仔细审查引发了对规划中的巨型水闸耐用性及其真正效益的关注。在长江三峡勘测结束前两个月，泥沙淤积问题的严重性才暴露出来。在一位中国工程师（W. Y. Yu）的协助下，美国工程师莱恩（E. W. Lane）利用不完整的历史数据以及从长江及其支流（嘉陵江和乌江）沿线9个测量站收集的样本计算出了泥沙淤积量。以这些数据为基础的估算并不精确，但已经足以引起关注。莱恩注意到，嘉陵江泥沙流量变化范围很大，每年在15万至60万英亩－英尺之间不等。他统计悬移质泥沙总量在35万至77.5万英亩－英尺之间，进而算出水闸的寿命在127年至207年之间。他在报告中还提出，在水闸建设期间，重庆周边的沉积会减少河水深度、限制前往重庆船

---

① General Cable Corporation to L. M. McClellan, December 3, 1946, RG 115, Project Plans and Feasibility Reports Relating to Yangtze Gorge Project, box 2, NARA (Denver).

② 侯德封等：《扬子江发电工程地质问题之检讨》，《地质评论》第13卷第1/2期，1948年。

只的吃水深度，从而影响长江通航。①

在进行这些详尽的调查后，三峡水闸的成本预算急剧上升。详尽的地形勘测提供了完整的流泄区统计，引水导流成本将从萨凡奇初步估算的1.54亿美元提高至3.92亿美元。② 因为规划者希望通过提高发电量降低电的平均成本，所以他们不仅主张安装更大型、更昂贵的水轮机，还增加了要建的导流隧洞的数量。1947年5月，三峡水闸工程经济报告发布，其中光发电设备的成本就在16.83亿至18.165亿美元之间，几乎是萨凡奇原先估算的两倍。原先的低预算源于在上游施工完成后推迟部分结构工程的建设。③ 每千瓦发电量的平均建设成本为为67.76美元，是二战期间日本在台湾进行的大甲溪综合开发工程的1/3。④ 三峡水闸工程经济报告发布三天后，国民政府便实施经济紧急措施，长江三峡工程暂告停顿。两个月前，国民政府已开始从湖北撤离人员，并削减了项目资金。尽管柯登呼吁"保留现有工作人员，小规模运行已签订的合同"，行政院还是终止了马立森公司的地质钻探服务。⑤ 在恽震的请求下，美国垦务局提交了一份关于1947年8月5日前完成的所有工作的状态报告，并保存了相关的研究报告和工作文件。对于三峡勘测工作的结束，比蒂深表遗憾，认为"很难适当保存

---

① E. W. Lane, Preliminary estimate of sediment load in Yangtze River, July 3, 1947, RG 115, Project Plans and Feasibility Reports Relating to Yangtze Gorge Project, box 5, NARA (Denver).

② Cost Estimate from W. G. Beatty to J. J. Hammond, May 6, 1947, RG 115, Project Plans and Feasibility Reports Relating to Yangtze Gorge Project, box 4, NARA (Denver).

③ Financial Study of the Power Production Plant Yangtze Gorges Project by WanShih Feng, May 12 1947, RG 115, Project Plans and Feasibility Reports Relating to Yangtze Gorge Project, box 2, NARA (Denver).

④ 1941年规划的大甲溪工程每千瓦成本为1940年的875元（相当于206.85美元）。

⑤ 《柯登致钱昌照电》（1947年3月13日），台北"国史馆"藏资源委员会档案，档号：003-020200-0683-0052a。

已开展的工作，以便将来接续"。①

尽管麻烦不断，萨凡奇和柯登依然对重启长江三峡水闸工程抱有希望。1948年，在一次访谈中，萨凡奇表示自己相信三峡水闸工程还"活着"，因为他认为这个工程"犹如一个伟大而强壮的心脏，将为中国的复兴泵入新电力、新工业与新农业等生命之血"。②柯登的期待更为低调。原先规划的在8—10年内完成长江三峡水闸建设被证明并不现实。在面向中国同行的一次演讲中，柯登提到，三峡大坝是当时最大的水电站大古力大坝的5倍大，而大古力大坝耗时34年才完成。③然而所有的工作并非白费。1948年4月12日，在丹佛参加美国垦务局设计工作的中国代表将两大箱资料寄回南京，其中包括美国军方提供的193幅华南地区地形图、38幅宜昌至重庆段的长江航行图及几份气候数据的复印件。④这些资料为长江未来的水电开发奠定了基础。

面对如此挫折，柯登将注意力重新集中在四川龙溪河水电工程上。从1946年3月开始，全国水力发电工程总处的注意力便转向了长江三峡勘测工作，龙溪河的开挖和筑坝几乎没有引起任何注意。彼时，全国水力发电工程总处305名工作人员中有一半忙于长江三峡项目，剩下的则被派往西北地区、川西和钱塘江地区进行勘测。⑤早在1946年7月，柯登就曾提醒黄育贤注意龙溪河工程的物资短缺："上硐完好的建造设备只有一台压缩机、一台钻车和四个手提钻。"资源委

---

① Status Report Yangtze Gorges and Tributary Projects, August 15, 1947, 1 – 2, ACC 6499, box 28, John S. Cotton Collection, AHC, Laramie, WY.

② Billion Dollar Engineer, March 28, 1948, *Rocky Mountain Empire Magazine*, 8.

③ 约翰·S. 柯登：《扬子江三峡水力发电计划（附图）》，张光斗、朱淑琳译，载《台湾工程界》第1卷第1期。

④ 《徐怀云致张光斗信》（1948年4月26日），台北"国史馆"藏资源委员会档案，档号：003-020200-0689-0015a。

⑤ 《水电办公室人员统计》（1947年8月25日），台北"国史馆"藏资源委员会档案，档号：003-020200-0682-0026a。

员会提供的四辆卡车只有一辆能使用。[①] 到1946年9月，只有设计工作已经完成，购置发电机的款项却一直没有到位。因为之前的招标没有收到投标，柯登只能转而使用1941年通过租借法案购买的那批器材。1946年11月，为下硐发电厂定制的四台1000马力水轮机的数百个部件终于运抵上海。此前，它们已滞留印度多年。后来，龙溪河工程处于停滞状态，这些部件又散落于上海四个仓库的数百个板条箱里。[②]

　　建设物资不足导致大坝建设慢慢陷入停滞。1947年9月，柯登提交了一份混凝土检测报告，指出附近采石场供应的砂岩如此易碎，以致"用随身小折刀就可以划破"，且"比普通沉积岩更多孔"。所有级配的砂石都出现了渗漏，水直接渗至表面。混凝土的耐久性和强度也存在问题。此外，由于实验室条件极差，工程师们无法完成渗透性测试。[③] 张光斗规划上硐水电站在1948年中投入使用。但这一规划并未实现。人手不足进一步拖延了工期。1948年7月，在上硐的工程师报告称，尽管没有拿到工资，工人们还是继续留在工程上干活。一个月后，建造工作停止了，因为工人们都回家参加夏收去了。[④] 志在成为中国"田纳西河流域管理局"的全国水力发电工程总处甚至无力完成其工程版图中那个最小型的水电站。

　　长江三峡水闸工程和龙溪河水电工程的挫折并没有吓退像萨凡奇和柯登这样有远见的人。就在进一步的勘测工作暴露了萨凡奇1944年为宜昌长江三峡水闸制订的雄伟规划存在重大缺陷之时，柯登又为中国其他地区的流域综合开发制订了类似的计划。在为广东、福建、云

---

① 《柯登致黄育贤信》（1946年9月27日），台北"国史馆"藏资源委员会档案，档号：003-010201-0087。

② 《关于安装四台水轮机的备忘录》（1946年11月11日），台北"国史馆"藏资源委员会档案，档号：003-010602-0078。

③ 《混凝土测试报告》（1947年9月），台北"国史馆"藏资源委员会档案，档号：003-010201-0087。

④ 《国家水电工程处工作报告》（1948年7月），台北"国史馆"藏资源委员会档案，档号：003-010301-0538-0081。

南和湖南等地制订的计划中，柯登依然秉承着萨凡奇的极度乐观。在
1948年4月的报告中，柯登设想用潓江水电工程规划发电量的20%建
立一座每小时能生产240吨硫酸铵的大型合成氨肥厂。[①]复刻马斯尔肖
尔斯肥料厂的尝试从长江上游转移到了珠江三角洲。

现有研究往往把萨凡奇塑造为超前于时代的幻想家。与此不同的
是，本章聚焦他对综合流域开发工程带动加速发展背后的代价的忽
视。中国效法田纳西河流域管理局的尝试也暴露了这种发展模式的局
限性。这些工程师们预设的前提是，战争清理了所有过往，并为中国
电力工业的发展铺平道路，他们可以轻装上阵，重新开始。长江三峡
开发计划承诺的是推动经济指数型增长，却掩盖了诸如耕地流失、人
口安置等负面影响。即使只是进行小型水电工程的建设，全国水力发
电工程总处也需要应对当地民众的抵制，并时时处于资金和设备短缺
之中。

萨凡奇规划的巨型高坝还会造成自然环境的剧烈变化。这种变化
不仅影响当地的生态系统，也会带来地球系统地圈层和生物圈跳跃式
的格式塔转换。尽管在萨凡奇所处的时代，人类世这个词还不存在，
大坝建造者们认为自己所建设的工程意在克服深度时间形成的地质和
水文限制。大坝规划的生命周期一般以几十年计，意味着原本需要上
千年形成的地形和水文变化在短时间内加速完成。为了延长大坝的使
用周期，需要人类充当地质媒介进行干预。将新发的电力用于为哈
伯-博施工艺提供动力，也会加速氮循环，刺激人口爆炸式增长。长
距离输送巨量高压电要求重新设计动力传输系统。萨凡奇早期的开发
设计描绘了这样一个未来：人类将为了经济持续发展而不断改变地层
的结构与功能。

萨凡奇的计划不应只是被视作海峡两岸水电开发的一个小插曲。

孙运璿后来到了台湾，并在台湾电力公司获得晋升，负责监管美国援助下的台湾主要水电工程建设。[①]在流域综合开发的宏伟计划受挫后，中国在1950年代迎来了小型水电站开发的高峰。曾与萨凡奇、柯登并肩工作的张光斗，继续这两位梦想家的未竟事业，在1970年代和1980年代一直为三峡大坝工程的建设奔走呼吁。1994年，三峡大坝开工建设，并于2003年投入使用。从萨凡奇擘画长江三峡大坝起就秉持的人定胜天信念，在今天依然鲜活有力。2020年夏天，长江出现大洪水，官方媒体承认三峡大坝因阻挡暴雨出现轻微位移，但认为大坝结构不稳定的说法是不科学的。

国民政府全国水力发电工程总处曾试图利用与田纳西河流域管理局的合作改变中国国运。但它在小型水电工程建设和长江三峡勘测之间疲于奔命，最终使自己的力量过于分散。在担任全国水力发电工程总处总工程师期间，柯登忧虑不断。东北地区松花江上的丰满大坝年久失修。不久后，中国共产党利用电力短缺等因素造成的社会动荡，在东北地区建立了根据地。他们很快学会了将电用作城市战争的武器，使内战朝向有利自己的方向发展。

---

① 萨凡奇是桃园石门水力发电所、台北附近的小粗坑发电厂、花莲铜门水力发电所及台中大甲溪发电厂等水电工程的工程顾问。参见 box 6, John Lucien Savage Papers, AHC, Laramie, WY。

第六章
争电夺力

　　1946年8月，美国中央情报局人员卡尔顿·B.斯威夫特（Carleton B. Swift）晃进了中国东北地区的一处工业废墟。在一份由盟国赔偿委员会美国代表埃德温·鲍莱（Edwin Pauley）提交给总统哈里·杜鲁门的报告中，斯威夫特估算苏联人搬走了178.6万千瓦装机容量设备的56%，使得高峰负荷下降了71%。[①]鲍莱一行调查了东北地区14家最大电厂中的8家，其余则或因距离太远或地处共产党控制区域而未能调查。苏联人拆掉了东北地区发电厂的蒸汽锅炉和发电机，空余一片瓦砾（如图6-1所示）。从变压器上剪断的高压电缆在输电塔上晃荡。东北地区的工业曾因日本在电力领域的大规模投入而迅速崛起，之后随着日本战败而崩塌。1934年成立于长春的满洲电业公司启动资本9000万日元，随着工业扩张而不断壮大。到1940年并入水电建设局时，它的已缴资本高达6.4亿日元。[②]第二次世界大战中获胜的各方势力将为抢夺这些资产而角力。

　　斯威夫特及其在鲍莱委员会的同事见证了争夺中国电力工业之战的第一个阶段，这场争战在力量的天平从蒋介石领导的国民党向毛泽东领导的共产党倾斜的过程中发挥了重要作用。通过接收电力基础设施，共产党控制了城市区域的经济、社会和技术资本，这为共产党的

[①]　参见Pauley, *Report on Japanese Assets*, 54 – 71。

[②]　参见Pauley, *Report on Japanese Assets*, 54 – 55。

图6-1 苏联接管后的抚顺发电厂

说明：大约1945年，苏联搬走了其中一台2.5万千瓦发电机及其蒸汽涡轮。发电厂到处丢弃蒸汽管道的隔热材料。

图片来源：Pauley Commission Report on Japanese Assets in Manchuria, July 1946。

建国事业铺平了道路。将电置于国共内战中心的叙述挑战了中国共产党仅通过农村包围城市就打败了国民党的传统叙事。[①]政权不仅是从枪杆子里产生的，还通过掌握数百万中国最富有城市居民的电力生命线而不断壮大。

---

① 原文如此，此说并不准确。农村包围城市、武装夺取政权道路的思想，是对1927年大革命失败后中国共产党领导的红军和根据地斗争经验的概括。与此同时，中共并未放弃城市工作，在城市布置有城市工作部等组织，1949年3月召开的中共七届二中全会指出："用乡村包围城市，然后取得城市。采取这样一种工作方式的时期现在已经完结。从现在起，开始了由城市到乡村并由城市领导乡村的时期。"参见中共中央党史和文献研究院《中国共产党的一百年 新民主主义革命时期》，中共党史出版社，2022，第116、332页。——编注

　　中国内战时期的电力战可以分为三个阶段。第一阶段始于1945年8月日本投降后的争夺战争赔偿。在国民党到场前，苏联人就宣布占有大量的发电设备和机器。共产党利用工业经济崩塌等因素产生的权力真空在东北地区建立了根据地。[1]国民政府接收了日本人留在华北地区的京津唐电网，结果亏损不断扩大，同时他们还把资产雄厚的上海电力公司交还给美商。国民政府唯一成功接管的是日本在台湾的电力资产。

　　第二阶段直接在战场上展开。国共双方的军事力量都通过反复试验，破坏对方的电力基础设施。接管城市后，交战双方都把电力恢复视为重建市政和经济秩序的关键步骤。第三阶段发生在争夺维护电力网络所需的技术人才的过程中。共产党成功让那些原本为国民党政权服务的技术官僚和电气工人倒戈。处于内战中的技术官僚决心与共产党共命运，因为他们认为与工人和士兵联盟才最有可能实现其电力事业国有化的长期愿景。除了配合共产党实施电力封锁，他们还保护了国民党政府国营工业的核心资产，使得共产党在经历了内战的血雨腥风后依然能够基本完好地接收电力基础设施。

　　陈云曾提出"解放军打到哪里，电灯就亮到哪里"的口号，这证明共产党已经认识到电在城市治理和随后的全国统一中的中心地位。[2]陈云是在1948年于哈尔滨召开的第六次全国劳动大会上提出该口号的，之后中国人民解放军从国民党手中攻下一座又一座城市，逐步兑现了这一承诺。痛心于诸多资深工程师的投诚，国民党力保台湾的电力工业不被共产党渗透。全面抗战期间，刘晋钰在昆明主持修建了诸多电厂，且于1945—1950年负责修复台湾电网，却成为争夺中国电力

---

[1]　原文如此，此说亦不准确。东北根据地的建立有赖多种条件，"权力真空"只是其中之一，且"权力真空"也不主要是由"工业经济崩塌"引起的。——编注

[2]　《燃料工业部：第一次全国电业会议决议》，中国社会科学院、中央档案馆编《中华人民共和国经济档案资料选编（1949—1952）工业卷》，中国物资出版社，1996，第209页。

工业之战的牺牲品。基于非常间接的证据，他被控"通共"。1950年7月，这位国民党政权中最资深的电力系统建造者被执行死刑。[①]

争夺赔偿

国民党、共产党及国外势力对日本工业资产的争夺最后陷入僵局。苏联抢在国民党之前占有了满洲电业公司的电气设备，日本人在华北地区留下的电网则成为拖垮国民党政权的累赘。在长江下游地区，国民党推动了电力工业的归还，把从日军手中取得的资产归还给了原本的所有者。[②]在几个最大的电力市场上，私营业主们惨淡经营，和国营电厂一样经受着严重亏损。国民党政权在恢复中国电力工业中的挣扎与无力预告了它1949年的倒台。

田纳西河流域管理局培训的工程师孙运璿后来成为台湾"行政院长"，他的职业生涯与国民党政权在大陆的溃败及在台湾的成功息息相关。1945年10月，结束在俄勒冈州波特兰市邦那维尔电力管理局（Bonneville Power Authority）培训的孙运璿被任命为经济部接收东北地区工业资产的负责人。在哈尔滨工业大学，孙运璿曾在苏联导师指导下学习，熟悉俄语，能与驻扎东北地区的苏联人交流。但孙运璿并没有完成这一目标。1945年8月9日，苏联军队进入伪满地区，开始掏空东北地区的工业，声称将其作为日本赔偿苏联的实物。直到1946年8月，美国情报部门才得以评估苏联占领军造成的影响。他们发现，苏联人不仅搬走了满洲电业公司的电力设备和水轮机，还攫取了煤

---

① 余德培编《台湾电源开发史》（台湾历史研究院，1997），第3—70页。在1996年8月12日于马里兰州贝塞斯达完成的口述史采访中，黄辉确认刘晋钰是清白的。他不同意陈诚的看法，否认刘晋钰和共产党有关系。后来他声称自己因为健康问题而不能任台电总经理一职，但最后还是勉强接受了任命。黄辉特意在采访中提及刘晋钰事件，证明台电领导层知道刘晋钰的处决是误判。

② 徐盈：《当代中国实业人物志》，文海出版社，1948，第191页。

矿、水泥厂和钢铁厂的发电机，大大削弱了当地的工业生产能力。①

　　孙运璿其实并没有真正去东北，而是一直在重庆大后方协助美国工程师团队。孙运璿也没有机会运用自己在田纳西河流域管理局学到的本领。日本留在伪满洲国的电力系统也与田纳西河流域管理局掌管的高度集成式电网大相径庭。它由几个不相连的中心辐射型电网拼凑而成，只有从发电厂各自接出的三四条中压输电线路。日本人在东北地区遇到的问题与国民党在西南地区遇到的问题相同。旱季水量太少，不足以发电，日本人必须依赖火力发电厂弥补电力缺口。孙运璿评论道："故日人虽以水主火从为开发东北电力之口号，而在第一个产业计划内，仍偏重火电发电之建设。"②

　　孙运璿后来去了台湾，在国民党接收日建台湾电力公司时做出重要贡献。为接管这个拥有6400名员工的大型电力集团，资源委员会派出了由23名工程师组成的骨干团队。正如林兰芳注意到的，因近3000名日籍员工被遣返，台湾电力部门人力严重不足。南京政府又从重庆、昆明的国营电厂加派了26名工程师前往台湾。③1945年10月，在战时昆明电力基础设施发展中冲锋陷阵的刘晋钰率先到达台湾。1945年12月，孙运璿作为第二组工程师团队成员前往台湾，支援接收工作。孙运璿选择到台湾赴任是出于工作和家庭的双重原因。孙运璿大部分职业时光是在田纳西河流域管理局、太平洋煤气电力公司（Pacific Power and Light）、邦那维尔电力管理局的电力计划部门度过的，因而也是协调资源委员会光复台湾行动的理想人选。④台湾电网以位于南投县的日月潭水力发电工程为中心，与田纳西河流域管理局的主水力发电工程类似。孙母在共

---

① Manchuria (including Jehol) Principal Electric Power Facilities as of July 1945, March 1946, box 4, John Lucian Savage Papers, AHC, Laramie, WY. 又见 Pepper, *Civil War in China*, 213 - 216。

② 乐山市档案馆编《孙运璿撰日伪开发东北电力计划概述》。

③ 林兰芳：《战后初期资源委员会对台电之接收（1945—1953）：以技术与人才为中心》，《"中央研究院"近代史研究所集刊》第79期，2013年3月。

④ 孙运璿个人档案，新北"国史馆"，档号：128-0000595-0006。

产党攻占其家乡山东蓬莱后，也到了台湾。[1]

刘晋钰也把台湾视为复制田纳西河流域管理局通过联邦政府建立综合水电工程管理之模式的绝佳之地。在写给资源委员会电业管理处处长陈中熙的信中，刘晋钰表达了希望"把台湾变成电力富裕的区域，成立类似田纳西河流域管理局推广部的组织，鼓励用电，以最低价供电"。[2]台湾尽管面积不大，却拥有350万千瓦未开发水力发电资源，单位土地面积的发电容量与瑞士相当。[3]此外，日本人留下的输电系统集成度较好。台湾的34家发电厂分别接入了西部输电系统或者东部输电系统。一条长达370公里的高压输电线将北部的松山与南部的高雄连接在一起，并接入中部的日月潭电站。其60周波的输电频率与美国一样。[4]

1946年5月1日，台湾电力公司（以下简称"台电"）正式成立。台湾电力事业的国营化出于机缘巧合。因台湾没有任何私人企业拥有买下日本银行及企业所持股份的资本，台电的所有资产和负债"自动移交给中国政府，由资源委员会和台湾省政府支配"。[5]

修复工作进展顺利。在一份提交给台电的报告中，美国工程顾问公司怀特公司提出："电力设备没有受到无差别轰炸，仅一些关键位置受到攻击"，因此"发电厂基本完好，只有变电设备被完全摧

---

[1]　见《孙运璿为其母撰写悼词》（1964年），新北"国史馆"，档号：128-000595-0002。

[2]　参见《刘晋钰致陈中熙信》（1946年1月6日），中国第二历史档案馆、海峡两岸出版交流中心编《馆藏民国台湾档案汇编》，九州出版社，2007。

[3]　黄辉、裘燮钧、孙运璿：《台湾之电力》（1947年），台北"国史馆"藏资源委员会档案，档号：003-020200-0374-0038a。

[4]　《台湾的电力工业》（1946年10月），台北"国史馆"藏资源委员会档案，档号：003-020200-0374-0004a。在这些文件中，工程师依然使用日本地名。台北松山机场附近的松山被称作"Matsuyama"，高雄被称作"Takao"，日月潭被称作"Jitsugetsudan"。

[5]　Activities of the Taiwan Power Company in the Past, Present and Future, May 1946, 林炳炎所藏文档，台北"中研院"档案馆藏。

毁。"①怀特公司推荐台电将岛内其他变电所的完好变压器和断路器调配到日月潭发电所。经此调配，其发电容量从4万千瓦提高到了10万千瓦。②蒋介石对日月潭发电所的快速恢复非常满意。1946年10月23日视察日月潭时，他个人向一位台湾工程师及一位日本工程师提出嘉勉，并拨发10万台币作为奖金。③在美国工程顾问公司报告覆盖的一年半内，台电修复了因1944年台风和1944年、1945年两轮轰炸造成的损坏。④1947年二二八事件后的动乱也没有干扰修复行动。混乱中，抗议民众包围了公司总部，高地的世居部落威胁要劫持主要水力发电设施的负责人。在社会动荡中，台电员工坚持工作。1945年7月15日，台电协理黄辉用普通话和台语发表了广播讲话，他向公众申明二二八暴动之后无停电事故。台电日常供电量为165万度，维持在冲突前发电量的83%至90%。⑤

　　台湾电力事业的顺利接收与东北地区、长江下游地区及华北地区的混乱情况截然不同。基于1946年5月至7月在东北地区的现场考察，鲍莱在修复任务报告中写道："在总共1786253千瓦的发电容量中，苏联人搬走了1008300千瓦发电容量的设备，再加上处于安装过

---

① J. G. White Engineering Corporation, 1946, "Survey of the Facilities of the Taiwan Electric Company, Ltd. Formosa: Report to National Resources Commission of China," 207, Lin Pin-yen Collection, Academia Sinica, Taipei, Taiwan.变电所设在户外，没有保护性房屋，很容易成为空袭的目标。

② 《台湾之电力》（1946年10月），台北"国史馆"藏资源委员会档案，档号：003-020200-0374- 0010a及Activities of the Taiwan Power Company in the Past, Present and Future, May 1946, 25。

③ 《关于蒋介石视察日月潭的报告》（1946年10月25日），台北"国史馆"藏资源委员会档案，档号：003-010700-0076。

④ 《台湾之电力》（1946年10月），台北"国史馆"藏资源委员会档案，档号：003-020200-0374-0026a。

⑤ 林炳炎：《台湾经验的开端：台湾电力株式会社发展史》自印本，1977，第177—187页。

程中的385000千瓦发电容量的设备，总价值2亿—3亿美元。"[1]苏联人的目标还包括尚未完工的松花江水电工程。他们搬走了四台发电机组以及现场的建设设备。当时该工程已完工89%，但混乱中建成的大坝上留有大量混凝土，以防止大坝裂开，洪水袭击百万人口居住的区域。[2]

胡素珊（Suzanne Pepper）指出，当时媒体批评国共双方都没有站出来反对苏联。[3]后来任水利部副部长的李锐的妻子范元甄在1946年3月16日写的一封信中透露了混乱背后的战略目的。范元甄写信给当时在东北地区担任陈云秘书的丈夫，把苏联的抢掠形容为必要之恶："防止美国经济势力插手东北极为重要……这将保证美国人不会利用重建日本工业把东北地区变成反苏基地。"[4]通过扼制美国人，共产党势力渗透至东北地区的重要城市。1946年4月，人民解放军占领了现属黑龙江省的哈尔滨市。直至1948年中，哈尔滨一直是共产党控制的最大城市。

除了东北地区的部分区域被共产党占领外，国民党政权还将地处上海的中国最大电力市场交还给了外国资本家。1946年至1948年间，《大公报》记者徐盈走遍中国，采访了很多重要的实业家并将其编成

① 参见Manchuria (including Jehol) Principal Electric Power Facilities as of July 1945, March 1946, box 4, John Lucian Savage Papers, AHC, Laramie, WY。按照1946年3月的补遗，鲍莱团队没有直接看到苏联人搬走的所有东西。团队涉及的范围亦有限，在最初的计算中忽略了大量水电站，这些水电站的装机容量共有40.4万千瓦。苏联人搬走设备的最终情况并不清晰。罗伯特·卡林1964年的报告低估了战前的发电水平，认为苏联人搬走的东西导致东北地区发电量下降了26.7%。参见Carin, *Power Industry in Communist China*, 15。

② 参见National Resources Commission Report on the Sungari (Ta–Fung–Man) Multiple Purpose Project, November 1946, ACC 6499, box 95, John S. Cotton Collection, AHC, Laramie, WY。

③ 参见Pepper, *Civil War in China*, 215。

④ 李南央编《父母昨日书》（上），香港：香港时代出版社，2005，第433页。

传记。[1]在总结他对重要电气工程师的访谈时，徐盈批评资源委员会把时间和精力浪费在了归还外资电力资产上。归还给美商的上海电力公司供应了约99%的上海电力。1937年11月，日本人占领上海后，掏空了华商发电厂，使其不得不转售杨树浦路发电厂的电力。资源委员会也将苏州、杭州、嘉兴及镇江的发电厂发还原主，在首都南京的电力工业中亦仅占少量股份。[2]在这个过程中，资源委员会在财务和政治两个方面都无任何收获。

日本人留在华北地区的电力资产最终成为负累。国营冀北电力公司经理郭克悌、张家祉、鲍国宝在接受徐盈的采访时都详细指出了日本遗留电力系统的缺陷。纸面上，冀北电力公司前身华北电业雇用了4000名员工，运营着约3000公里[3]长的输电干线，向北平、天津和唐山的用户供应10万千瓦最大瞬时功率。但实际上，它的峰值输出大约只有8.6万千瓦。资源委员会主任委员翁文灏承认，电力公司"通过减少动力和照明用电，才把电力需求控制在可满足范围内"。[4]那些曾在田纳西河流域管理局接受培训的工程师们认识到，华北电网和他们在美国看到的集成式电网相去甚远。徐盈写道："平津唐电力联络仅靠着长而且孤的一条干线，称之为网，实属夸大。毋宁叫做电力蛇来得恰当，说起蛇，目前已然吃了他的亏，被砍掉一根电杆，或是打碎一个瓷瓶，这条蛇便闹得首尾不能相顾。"[5]

从普渡大学电气工程系毕业后，郭克悌加入了战时昆明电厂建设

---

① 徐盈：《当代中国实业人物志》，中华书局（原文为文海出版社，误，"文海版"出版于1978年。——译注），1948，第191—202页。这些实业家的传记发表在《大公报》及中华书局出版的半月刊《新中华》上，流传甚广。李锐和徐盈交往甚密。1948年，《大公报》放弃中立立场，公开支持共产党。

② 徐盈：《当代中国实业人物志》，第198页。

③ 原文为2000 miles，查阅资料，疑原文有误，应为300公里长。——译注

④ 《翁文灏致W. S. Finley信》（1947年11月26日），台北"国史馆"藏资源委员会档案，档号：003-020400-0321-0014a。

⑤ 徐盈：《当代中国实业人物志》，第191页。

的工程师团队，如今他为清理日本人留下的烂摊子而头疼。1945年11月，当他踏进北平西郊的石景山发电所时，2.5万千瓦发电机的安装任务仅完成了77%。这台最大的发电机由三菱公司和日立公司联合制造，其设计并不适合燃烧附近门头沟煤矿现成的高等级无烟煤，反而需要使用从百里外的唐山开滦煤矿运来的低等级煤粉。这是日本通过开滦煤矿单一渠道集中分配煤炭资源政策的恶果。此外，这台日本产发电机模仿的是瑞士产品，没有现成的更换部件。[①]北平工业需求更多的电力，中国工程师除了接过日本人留下的摊子干下去外别无选择，已经来不及拆掉所有设备从头再建了。

华北地区时局的不稳定使得欺诈与牟利横行。1946年3月，资源委员会发现一起由被指控为"汉奸"的王葆华实施的诈骗，王葆华假扮成电力公司的副经理，虚假指控用户用电不当，借机收取罚金。据说王葆华在被军事警察逮捕前，已有数十万罚金入账。[②]因为偷煤行为在冬季尤为猖獗，华北电网经常面临燃料不足的问题。从10月至次年2月的寒冷月份，电力公司雇用了15名保安武装保护唐山至天津及北平的铁路运煤车队。尽管加强了护卫，电力公司还是不能获得维持运行所需的1.8万吨煤炭。公司记录显示，煤总是神秘地从破烂不堪的车厢裂缝里漏走。北京南郊的丰台火车站和石景山发电所还发生了抢煤事件。[③]

在国民党接收后的几个月内，冀北电力公司亏损惊人。1946年3月1日至10月31日，公司收入仅有国币1089.1万元，但成本高达国币

---

① 徐盈：《当代中国实业人物志》，第193—194页。
② 《华北电力公司记录》（1946年5—7月），台北"中研院"档案馆藏经济部档案，档号：18-31-02-066-02。
③ 《公司记录》（1946年12月），北京市档案馆藏华北电力公司档案，档号：J006-001-00326。

39.19亿元（按照1945年11月天津的汇率折合560万美元）。[1]为平衡收支，公司提高了电费，将许多付费用户逼至倒闭边缘。作为北平最大的电力用户之一，水厂首当其冲。1946年8月，北平市长熊斌恳求资源委员会降低水厂的电费。他写道：

> 贵会所属冀北电力公司电力费一项屡有增加。截至现在每月应付费款数额约占水费收入三分之一以上，加以员工开支及增高成本入不敷出。长此以往，给水事业影响至巨。[2]

供电情况时好时坏，国营工厂生产延迟，更加不能按时交付电费。资源委员会在华北地区工业枢纽天津的工厂欠缴4.13亿元电费。全额支付这些欠费将导致地方财政赤字上升13%。[3]

为稳定局势，电力公司开始实行轮流停电。天津发电所一号发电机转子损坏后，电力公司把天津的工业用户分成六组，从1946年11月15日起每天给其中的一组停电。[4]用电限制进一步阻碍了国营工厂的生产与运营。据中央机器厂总经理杜殿英记录，该厂不得不重新安排工人的休息日，以便他们在规定好的停电期休息。1946年12月5日、11日出现了35分钟至7小时时长不等的突发停电，造成了更大的混

① 《1946年3月1日—10月31日资产负债表》（1947年2月19日），台北"国史馆"藏资源委员会档案，档号：003-010101-0748-0016x。该资产负债表附在张家祉在鲍国宝接手冀北电力公司时转交给鲍的相关文件中。其中，收入为10891810.71元，支出为3919293108.22元，成本分摊后的亏损为3194988760.05元。当时重庆一家报纸刊登了国币700元兑换1美元的汇率。转引自Pepper, *Civil War in China*, 34。
② 《熊斌致资源委员会函》（1946年8月1日），台北"国史馆"藏资源委员会档案，档号：003-010303-0508-0043x。
③ 参见《资源委员会所属天津各工厂》（1946年12月3日），台北"国史馆"藏资源委员会档案，档号：003-010303-0508-0022x。
④ 《轮流停电》（1946年11月15日），台北"国史馆"藏资源委员会档案，档号：003-010303-0508-0240x。

乱。[①]机器因停电而突然停止运转，损坏了不少精密部件。当局要蒙受电厂和国营工厂的双重损失。及时修复发电机后，电力公司恢复正常供电。1947年，天津的发电量比前一年提高了5.76%。[②]随着工业活动复苏，欠费的企业开始支付电费。如中央机器厂在1947年2月付清了8553万元欠款的54%。[③]

恶性通货膨胀带来的经济不稳定使私营电厂的情况还不如国营电厂。法币的快速贬值使上海电力公司很难确定合理的公共事业费率。进口石油费用占去其燃料成本的4/5。为减轻恶性通货膨胀的影响，中国政府为购买石油单独制定了1美元兑1.21万元国币的固定汇率，而当时公开市场汇率是1美元兑5.01万元国币。1947年10月，补贴汇率不再执行，电力公司只好把成本上涨转嫁给用户。1947年7月至10月，按照1美元兑5.01万元国币汇率，上海电力公司的名义营业费用上升至565.37亿元。等到会计报告完成，公开市场汇率又冲上了1美元兑5.6万元国币。尽管因为恶性通货膨胀成本翻了二三倍，上海当时电价为每度电6.82美分，依然世界最低，是美国主要城市电费的2/3。[④]但低电价并不意味着更好的可负担性。一位薪资20万元的基层政府工作人员连房租和食物都负担不起，更不要说3800余元每度电的电灯照明费了。[⑤]

上海电力公司的美商提议的解决方案是把上海所有电力公司合并成上海联合电力公司。这个方案复制了1938年之后一度实行的模式：全上海的电几乎都由上海电力公司生产，再由其出售给经营权范围内

---

① 《天津中央电器厂致资源委员会函》（1946年12月），台北"国史馆"藏资源委员会档案，档号：003-010303-0508-0215x。

② 《冀北电力公司平津唐察各地销电量》，《天津统计经济日报》第28期，1948年。

③ 《资源委员会中央机器有限公司结欠冀北电力公司电力费明细表》（1947年2月），台北"国史馆"藏资源委员会档案，档号：003-010303-0508-0032x。

④ 《上海电力公司关于电费的报告》（1947年10月14日），上海市档案馆藏，档号：Q5-3-4662。

⑤ 薪资数据转引自Pepper, *Civil War in China*, 128。

的其他小型电力公司。新公司的营运模式则将反映市场的实际运作。上海市政府反对这一提议，指责美国人利用电力危机垄断上海电力市场。[1]

当国民党政权和外国资本家挣扎于恢复主要城市电力行业秩序时，共产党开始在自己控制的区域运营小型发电厂。1945 年至 1946 年，共产党收复张家口市，使其成为"第二延安"，同时接收了一家日本人建立的、原隶属于蒙疆电业公司的当地发电厂。[2]他们任命国立北平大学工科毕业生任一宇为负责人。任一宇曾在革命根据地担任公共卫生学校的教员和部队的机械师。据说，他是根据地建立临时硫酸厂的团队成员之一。[3]因为工科毕业生缺乏必要的实践经验，发电厂的日常运行主要由接受过一年或两年职业培训的电工负责。1946 年 9 月，张家口战役失利，共产党控制下的最大发电厂落入国民党手中。任一宇随部队撤退至晋察冀根据地的小城市，继续管理当地的小型发电厂。

国民党方面报告称，共产党对发电设备和输电设备造成了轻微破坏，但没有造成灾难性的损坏。1947 年 2 月，共产党游击队进入天安门广场以东约 24 公里的通县，他们放火烧毁了输电线路、变压器、铁路车站的电表、县政府办公室、警察局、医院，但因其"太远"，没有攻击发电厂。[4]这次袭击后，共产党并没有控制通县，但足以严重影响当地政府的日常运行。

在动员电力工人的过程中，共产党遭遇重大挫折。1945 年 10 月，

---

① 《吴国桢致上海电力公司函》（1947 年 9 月 23 日），上海市档案馆藏，档号：Q109-1-499-35。

② 胡素珊将张家口形容为中国共产党治理城市的试验地。

③ 张家口电工局编《张家口电业志》，张家口供电局，1994。该书涉及的时期为1917 年至 1988 年。这本工业志没有提到被称为"张家口试验"的那两年间的电力工业的表现。

④ 《通县损毁事情报告》（1947 年 2 月），北京市档案馆藏华北电力公司档，档号：J006-003-00285。

上海电力公司的地下党员成立了民主工会。民主工会组织了一系列罢工，迫使外国资本家部分接受了工人改善工作条件的要求。国民党特务盯上了这些动员罢工的人。1948年4月，国民党破坏了上海电力公司内的地下党网络。上海电力公司地下党领导王孝和与其他14位同事被指控把铁屑扔进发电机，导致上海大面积停电。国民党逮捕并处死了王孝和及多位共产党员，沉重打击了上海电力工业内的共产党基层组织。[①]经此破坏，上海电力公司4000名员工中仅存48名共产党员。[②]

　　到1948年4月，国民党、外国资本家和共产党都未能完全控制电力工业。华北地区和长江下游地区的电力工业深陷债务和通货膨胀的危机，挣扎于破产的边缘。共产党的地位相对更弱势。到1948年中，共产党控制了586个城镇，人口均未过百万。[③]他们不仅缺少管理主要城市大型电力系统的经验，也尚未在关键城市中心的电力行业建立动员体系。

　　利用接收混乱中出现的电力基础设施薄弱环节，共产党最终在城市战争中取得了决定性的胜利。在1967年的一部纪录片中，美国记者白修德（Theodore White）提及毛泽东说过："日本人和国民党有电、飞机和坦克，而我们一无所有。"在同一次谈话中，毛泽东认为自己是力克强敌的当代乔治·华盛顿，他说："但在那时……英国人也拥有一切，乔治·华盛顿连电都没有，但还是他赢了。"[④]在接受白修德的采访中，毛泽东对电的重要性轻描淡写，但他的部将们在进入城市之前就在谋划接收电力工业的宏伟计划。

---

① 李代耕：《中国电力工业发展史料：解放前的七十年》，第163页。

② 《名录》（1949年8月），上海市档案馆藏中共上海市政委员会档，档号：A59-1-227。名录上列出了102人，但在1948年8月前，其中只有48人为共产党员。1949年1月淮海战役国民党战败后，共产党员人数翻倍。

③ 参见 Pepper, *Civil War in China*, 332。

④ *China: The Roots of Madness, 1967*, directed by Mel Stuart, screenplay by Theodore H. White (National Archives and Records Service, 2012).

扼住城市命脉

1948年10月，共产党控制电力工业的战术发生重大转变。之前，共产党和国民党军队都想方设法防止电力资产落入对方手中。撤退的一方多炸掉发电厂，使城市经济瘫痪。城市停电后往往变成死亡陷阱，破坏电力基础设施的后果非常严重，共产党因而认识到，在挺进城市过程中从敌人枪口下硬夺电力基础设施的做法并不明智。他们指示地下党员小组在电力工业内部悄悄争取工人和工程师的支持。这些地下党员成功说服了为国民党政权服务的技术官僚把电力资产转交给共产党。

已经发展为国民党最大国营电厂的冀北电力公司成为争夺电力工业之战的主战场。1948年12月至1949年1月，人民解放军在北平成功实施了第一次电力封锁，重创国民党傅作义的部队。在得到发电厂工程师精英阶层的支持后，共产党在1948年12月包围旧都之前确保了发电厂能继续向北平市大部分地区供电。1948年10月前效果并不理想的"电力封锁"现在则变成了精准打击的武器。（在实施电力封锁的过程中，）人民解放军可以时不时恢复几小时的供电，以缓解北平市民的不便。1949年1月，在部队、工人及工程师精英阶层的联合之下，共产党利用包括电力封锁在内的诸多手段实现了北平的和平解放。他们在其他城市使用相同策略，因而能在内战的血雨腥风中完好接收电力基础设施。

共产党本身也是电力封锁的头批受害者。1946年5月，共产党在哈尔滨建立了第一个人民政府，当年秋天国民党发动反攻，占领了毗邻的吉林省小丰满水电站，切断了城市的供电。[①]共产党发动普

---

① 　冠西：《哈尔滨发电厂》，《人民日报》1948年5月1日，《人民日报》数据库。这篇报道还提到发电厂经理是一名普通工人，因而将哈尔滨发电厂树立为工人当家作主的典型。更多关于修复行动中英勇事迹的详细讨论参见Tan，"Repairing China's Power Grid"。

通工人努力恢复哈尔滨供电。据新华社和《人民日报》报道，发电厂工人抢修了一批废旧发电机，将其投入使用。[1] 共产党宣传部门对一位名叫萧朝贵的老电工大加赞扬，当问到他在旧社会为什么只是一名普通工人时，萧朝贵回答道："谁还在意旧社会啊？你看现在工厂属于我们工人了！"[2] 报道遵循着一套固定的叙事模式：出身贫寒、自学成才的工人受革命精神鼓舞，实现技术突破，拯救人民。在1950年代和"文化大革命"的群众动员中，"工人创新"的叙事将重新出现。[3]

哈尔滨停电事件使共产党认识到电在城市战争中的重要性。在山东和山西的军事行动中，共产党发现国民党在撤退前炸掉了发电厂。在哈尔滨恢复供电一个月后，人民解放军攻进山西朔县，发现军阀阎锡山下令破坏了县城的发电厂。据新华社报道，修复发电厂耗时27天，之后"一万五千五百个电灯重现光明"。[4] 1946年7月，共产党攻下山西南部的新绛县和河北南部的沧县，同样的事情再次发生。这些电站的装机容量为80千瓦，共产党在一周内就将其成功修复。

为了打消人们对其管理城市能力的疑虑，共产党大力宣传其电气化项目的成功。1947年11月，新华社宣布，牡丹江解放区的配电线路长度较一年前增加两倍多，距哈尔滨市中心十里左右的郊区已全部送电。共产党还宣布延吉智新区农民合作社集资修成了一座小型发电所，供本区之榨油、碾米等轻工业，该农村地区基本实现了电气化。[5] 除了宣传列出的成功案例外，共产党还能管理小型电力系统。这些电

---

① Tan, "Repairing China's Power Grid".

② Tan, "Repairing China's Power Grid".

③ Volti, "Worker Innovation".

④ 《和平秩序迅速恢复　泰安朔县欢庆解放》，《人民日报》1946年7月14日，取自《人民日报》数据库。

⑤ 参见《东北生产建设简讯　延吉农民用电碾米　松江省使用拖拉机》，《人民日报》1947年11月11日。经查《人民日报》数据库，该文刊发时间为1947年11月14日，原文有误。——译注

力系统往往只有一座发电厂，运行的是装机容量低的发电机，通过几条中压线路输电。

缺乏管理复杂电力网络的能力拖延了人民解放军向大城市进军的步伐。其中一个例子是山西临汾电网恢复之战。临汾是山西、河南及陕西三省间的战略交通枢纽。1948年3月，国共两党在临汾开战。临汾电灯厂紧挨着北城墙和东城墙。为了守城，国民党军队在电灯厂周围设置了三道外壕、两道铁丝网及一道电网，并派了一个团的兵力驻守。经过五天密集轰炸和持续攻打，共产党攻破了国民党的防守，但发电厂的发电机和管道已被完全摧毁。①清理完尸体和弹片，技术员费力地将从仓库里翻出的电线头接在一起，抢修日本人留下的陈旧发电设备。这座装机容量约800千瓦的中型发电厂的规模是小县城电力系统的10倍，其修复大约耗时5个月。在当人民解放军向其他大城市进军时，必须避免再出现临汾这样的破坏。

共产党努力取得工人和工程师的合作，这样就可以让他们在进入城市前保障电力基础设施的安全。辽东军区政委陈云领导了东北地区主要城市中心的经济重建，他意识到电的重要性。1948年6月，陈云被选举为全国劳动大会主席，号召工人们加入革命斗争，宣告"解放军打到哪里，电灯就亮到哪里！"在有关接收沈阳的文章中，陈云最为清晰地表达了他对电力重要性的理解。

在总结1948年11月共产党接收沈阳的五大经验时，陈云写道：

> 首先要恢复电力供应。没有电，电灯不亮，电话不通，自来水没有，电车和火车也无法开动，变成一座死城，秩序就无法控制。沈阳靠外面送电，抚顺解放后即送电来，群众称道。但要把这项工作做好，有一先决条件，即必须有相当数量的技工。这次哈尔滨各系统共带来新的技术干部数百名，他们忠勇而熟练……

---

① 《争夺电灯厂攻克临汾战斗通讯》，《人民日报》1948年5月27日。

使本地人员惊异，无"共产党土包子不懂技术"之感。[1]

沈阳的命运与东北地区的另一个城市截然不同。1948年5月至10月，共产党围攻吉林省府长春。长春久攻不下，直到1948年10月17日共产党切断电力的第二天国民党守军才最终投降。[2]

陈云的文章透露了共产党在人民解放军向南挺进人口密集的城市时避免重蹈长春悲剧的愿望。在运营哈尔滨电网过程中，共产党积累了一定的经验，使得接收沈阳电力基础设施相对顺利。陈云还意识到，仅靠普通电厂工人的支持是不够的。共产党需要取得技术官僚的投诚，后者在电力基础设施建设和电力事业国营化的过程中起着重要作用。

进驻城市的共产党从巩固与工人的联盟入手。在解放北平之前，后来任北京市长和市委书记的彭真就于1948年7月敦促工人掌握重要工业企业经理们的政治态度，还号召在发电厂内成立党支部。[3]这些党支部对外称为"护厂委员会"或"纠察队"。出于保护生计的目的，工人们加入了这些委员会。石景山发电厂地下党员温延宽告诉工人，如果发电设备被摧毁了，他们将失去饭碗，从而说服工人们进行秘密巡逻，防止破坏机器。[4]这些委员会规模很小，可以很好地躲避监控。例如，上海中央电工器材厂的护厂委员会仅有15名活跃成员。他们每隔几周会面一次，协商巡逻和紧急救济工人等事宜。参与巡逻的工人

[1] 陈云：《接收沈阳之经验》，《陈云选集》第一册，人民出版社，2015，第375页。

[2] 《长春停在"六点半钟"》，《人民日报》1948年10月25日，《人民日报》数据库。感谢詹姆士·高在2016年5月耶鲁大学举行的内战工作坊提交的文章中提到了这一资料线索。

[3] 彭真：《做好城市工作，迎接解放高潮》，北京市档案馆编《北京和平解放前后》，北京出版社，1988，第14—15页。

[4] 王宏超、李忠志主编《北京市电力工业志（1888—1900）》，当代中国出版社，1995，第457页。

能获得一笔小额津贴以及食堂的一顿稀粥加餐。[①]

护厂委员会成员成为共产党部队与工程师之间的联络员。电厂工人通过体力劳动保持发电机的运转，但通晓电网发电、输电和用电模式的是工程师。但与国民党工程师精英阶层接触是一种冒险行为。技术官僚中的许多人是国民党党员，他们中有些人真心拥护蒋介石政权，但也有人只是出于晋升需要被迫加入国民党。[②]

一些口述史资料提供了中共地下党员的工作情况。在2008年中国电机工程学会的一次访谈中，石景山发电厂首席工程师蔡昌年的孩子讲述了中共地下党员秘密来访的情景。据蔡昌年三女儿蔡湘芬回忆，1948年12月前几个月，她的父亲结识了共产党员吴祖光，后来又被介绍认识另一位地下党员蒋弘彬。这两位"特殊的客人"拜访了他们戒备森严的住所。蔡昌年派自己的司机去接他们。他们坐在汽车后排，拉着黑纱窗帘，躲过宪兵。然后蔡昌年在锁上门的卧室和他们会面。蔡昌年还安排自己的孩子到门口的天井里一边踢毽子，一边放哨。孩子们被要求坐在客厅的沙发上，在有其他客人拜访蔡宅时不要动。多年后，蔡昌年的女儿才明白父亲在沙发垫下面的秘密夹层里藏了地下党的标语、传单等印刷资料。确认得到其支持后，共产党员请蔡昌年把他们介绍给冀北电力公司总经理鲍国宝。[③]宋子文正准备任命鲍国宝

[①] 《上海中央电工器材厂护厂委员会会议纪要》，上海市档案馆藏中央电工器材厂档案，档号：Q452-1-19。

[②] 抗战期间，恽震、鲍国宝等高级工程师在被派往美国前参加了国民党"中央训练团"。这些高级工程师的文章和政治评估文件与国民党军事委员会侍从室的文件归档在一起。他们由蒋介石的侍从官们负责审查，意味着国民党一直努力影响他们的政治立场。那些留在中国大陆的工程师的档案文件上盖有"投匪"的印戳。台湾"国家安全局"也曾收集这些投诚工程师的信息，但最终只收集到了一些新闻剪报和名人录的词条。

[③] 刘雁斌、周文、查仁柏：《我国杰出的电力系统专家——蔡昌年先生》，《动力与电气工程师》2009年第11期。

为广东省建设厅厅长。但地下党说服鲍国宝拒绝了这一任命。[①] 在共产党攻打北平时，鲍国宝一直留在城内，与石景山发电厂的同事保持联系，当时发电厂已经被共产党控制。

确认已获得工程师的支持及电厂骨干工人的拥护后，人民解放军下令夺取石景山发电厂。1948年12月11日，中共中央和中央军委命令部队对华北地区的敌对力量围而不打。[②] 人民解放军攻下了郊区以及接入故都的输电线路。两天后，中共中央华北局向北平和天津的地下党组织转发了准备接收两城的命令。该命令特别要求北平临县的党委保护石景山发电厂、石景山钢铁厂、门头沟煤矿及通县发电厂的资产。[③]

1948年12月15日，人民解放军突袭石景山发电厂。1949年1月12日，《人民日报》报道了发生在1948年12月23日的战场情况。一个八人机枪小分队趁国民党驻军交接时潜入了石景山发电厂。在地下党员的援助下，他们占领了发电厂制高点煤粉炉。共产党小分队与一营试图夺回发电厂的敌兵交战，电厂地下党员在煤粉炉爬上爬下，为他们送去干粮、水和擦枪布等。第二天，增援力量到达，共产党部队击退了国民党部队。[④] 意识到这一幕的重要性后，党史著作和官方媒体不断讲述夺取石景山发电厂的英雄壮举。[⑤]

北平坠入黑暗长达十二天之久。为中国实业家集中撰写传记的

---

①　北京供电局党史局志办公室：《解放前夕北平电力公司的护厂斗争》，《北京党史研究》1989年第6期。

②　北京供电局党史局志办公室：《解放前夕北平电力公司的护厂斗争》，《北京党史研究》1989年第6期。

③　参见《中共中央华北局对平津地下党在接管城市中应做的工作指示》，中共北京市委党史研究室、北京市档案馆编《北平的和平接管》，北京出版社，1993，第7页。

④　英人：《接收北平石景山发电厂》，《人民日报》1949年1月12日。

⑤　江岩：《北平工人迎接解放的斗争》，《工会博览》2002年第1期；李代耕：《中国电力工业发展史料》，第165页。

《大公报》记者徐盈在日记中按时间顺序记录了随之而来的混乱。^①主要的电力来源被切断后，旧都居民的冬天特别难熬。有轨电车停摆了。2000余名电车司机失了业。向1/3北平居民供水的电泵停止运转。居民们跑遍全城从井里打水。数日内，食品价格不断飙升。^②

刚停电时，冀北电力公司总经理鲍国宝处于失联状态。停电几天后，徐盈联系到了鲍国宝，后者当时正和国民党军队一起困于北平城内。根据徐盈1948年12月19日的日记，鲍国宝表示公司修复了一台500千瓦的库存旧发电机，启动备用电力。他还授权从通县输电，保证部分电车的运行。在告诉徐盈除此外束手无策后，鲍国宝离开办公室，去北海公园滑冰。停电期间为了治安，北平居民在门外挂起了红色的油灯笼，但冬日寒风常常在天亮前吹熄灯火。当时北平城内流传着歌谣："家家挂红灯，迎接毛泽东。"^③共产党接收北平迫在眉睫。

北平从不缺军事冲突，但停电造成的困难前所未有。1948年圣诞节，一场小雪降临北平，掩盖了1700吨未被清运的垃圾。北平依然停电。徐盈在回顾过去两周发生的事情时写道：

> 有人说从街头的点点无电红灯说明了北平落后30年，其实北平人的衣、食、住、行在这两周中无一不起了变化。"七·七"以后，那时北平的笼城局面不能与此相比，庚子时候的八国联军对旧都的破坏，也不同这次的性质。^④

---

① 徐盈：《当代中国实业人物志》，第191—202页；徐盈：《北平围城两月记》，北京出版社，1993。

② 徐盈：《北平围城两月记》，第23页。1948年12月19日的日记记录了停电是从1948年12月15日上午10点开始的。

③ 《家家挂红灯，迎接毛泽东 北平人民热盼解放军》，《人民日报》1949年1月19日。

④ 徐盈：《北平围城两月记》，第38页。

当时，拥有120万人口的北平市内驻守着20万士兵。荷枪的哨兵在每座高楼和路口站岗。没有电灯和动力，傅作义的部队和外界失去了联系。

北平居民开始抱怨停电带来的不便，这促使共产党调整策略。共产党下令部分恢复北平供电。北平的工程师们不得不重新连通石景山和北平之间的33千伏输电线路。北平电力分公司的秘书利用私人关系说服傅作义接受共产党的供电条件。秘书能这么做的原因是，其父是傅作义在保定陆军军官学校时的老师，也是傅作义参谋长的义父。在傅作义的默许下，曾在田纳西河流域管理局接受培训的工程师王平洋和两位同事带着一套无线电设备冒险来到北平城墙外，和石景山的同行取得了联系。石景山发电厂的军代表任一宇曾任张家口发电厂总经理。他转达了彭真的命令：石景山发电厂将向北平市120万居民供电，但不会向国民党部队供电。为达到这一目的，石景山发电厂发电2万千瓦，刚好够自来水用电和路灯用电。1948年12月27日，北平才恢复了某种正常状态。①

徐盈的记录与一位当时正在燕京大学任教的外国传教士记录吻合。赖朴吾（Ralph Lapwood）在全面抗战期间曾和路易·艾黎（Rewi Alley）在中国工业合作社密切合作。他也详细记录了这次停电，并对共产党如此迅速恢复供电表示惊叹。燕京大学的停电从12月19日持续至21日。据赖朴吾记录，中国人民解放军的一位政委向燕京大学的学生做了讲话。除了展望美好未来，强调民主、生产、教育及提高人民生活水平外，这位政委向师生允诺，共产党会在几天内恢复供电。当电灯如期亮起，赖朴吾评论道："习惯了国民党官员的拖延和推诿，我们惊奇于这次诺言很快被兑现。随着时间的推移，我们发现出乎意

---

① 北京供电局党史局志办公室：《解放前夕北平电力公司的护厂斗争》，《北京党史研究》1989年第6期。

料的高效率是新政权的常态。"①

当发现傅作义违背了将电限于民用的承诺时，共产党停止了供电。在1949年1月5日给叶剑英的信②中，彭真写道：

> 自去年十二月开始向北平市内送电以来，迄未中断过。然而敌人为防止民众收听新华广播，将电截留，只供其部队使用。市民除自来水外，得不到好处。我们拟改变送电办法，即上下午各送电两个小时，为供给市民取得自来水之用，夜间停止送电以打击敌人。③

控制了城市的生命线，共产党从傅作义手中正式接管北平只是时间问题。电力短缺带来的士气低落、战斗力不足迫使傅作义部队于1949年1月22日同意停火。④ 精心安排的停电和间歇性的供电使人民解放军以很小的伤亡代价拿下了北平，电力基础设施也免遭破坏。⑤ 受陈云"解放军打到哪里，电灯就亮到哪里"口号激发的这一策略帮助共产党攻下了主要城市，并在接管后快速稳定社会秩序。

受前期反间谍行动影响，南方的国民党军队没有注意到共产党正在为权力交接而保护电力资产。1949年1月27日，上海工务局收到警示，渗透到共产国际远东情报局的美国特工宣称，上海电力公司内部

---

① Lapwood and Lapwood, *Through the Chinese Revolution*, 46‑47.
② 原文如此，误，应为与叶剑英一起致电中共中央，见《彭真传》编写组编《彭真年谱第二卷（一九四九——一九五四）》（中央文献出版社，2002），第4页。——编注
③ 《彭真传》编写组编《彭真年谱第二卷（一九四九——一九五四）》，第4页。
④ 徐盈：《北平围城两月记》，第120页。
⑤ 原文如此，事实上，北平和平解放是各方努力的结果，电力因素只是诸多因素中的一个。——编注

的共产党员正与爆破小组策划炸毁上海主要发电厂。^①这份报告似乎和之前关于游击行动的记录一致——共产党支持的力量通过破坏发电和输电设施制造骚乱。1948年4月，因破坏发、输电设备而被行刑的共产党员、电力工人王孝和对上海工务局的成员来说记忆犹新。国民党对类似的计划始终高度警惕。

中共地下党员与国营工业内技术官僚的接触让国民党猝不及防。1948年4月，主要策划者张国宝被捕，国民党以为已经摧毁了首都电厂的地下党网络。陈慎言接替张国宝成为南京地下党领导。陈慎言通过已是共产党员的经理侄女与首都电厂经理取得了接触。经理同意成立秘密巡逻队，防止国民党政权拆除发电设备。1949年4月23日，人民解放军围攻南京，首都电厂运行如常。工人们锁上大门，不让军事警察进入工厂。^②类似的"护厂运动"在全国广泛展开。

在进入上海前，人民解放军确保了资源委员会主管电工器材厂的工程师恽震的投诚。1945年8月日本投降后，恽震转到上海监管西屋电气公司技术转让合同的执行。中共地下党员利用劳资纠纷赢得了基层工人的支持。资源委员会中央电工器材厂上海分厂厂长葛和林同时是共产党"护厂委员会"的主席，他成为解放军与在上海的国民党技术精英之间的中间人。葛和林和恽震私交甚好。1930年代，上海交通大学校长因其参与左翼劳工组织而开除了葛和林。恽震请葛和林担任自己的私人助手，还安排葛去南京大学^③完成学业。1948年，因葛和林在解决劳资纠纷方面经验老到，恽震任命他为资源委员会中央电工器材厂上海分厂的厂长。

---

① 《上海工务局的国际文件》（1949年2月3日），上海市档案馆藏上海警备司令部档案，档号：Q127-7-15。1955年8月，中共上海市委员会在整理上海电力公司资料时发现了这份文件。

② 南京地方志编纂委员会、南京电力工业志编纂委员会编《南京电力工业志》，方志出版社，1997，第554—555页。

③ 原文如此，误，应为金陵大学，见沈根才主编《中国电力人物志》，水利电力出版社，1992，第460页。——编注

据恽震回忆，第三野战军司令、未来的上海市长陈毅，在解放军进攻上海前和他取得了联系。陈毅要求恽震提供在沪电气设备仓库的地址、负责人姓名和电话号码。陈毅通过另一位地下共产党员让葛和林向恽震传达了这一信息。[1]1949年5月26日，解放军根据恽震提供的信息，向电工器材厂调遣部队。两天后，军代表进入，从护厂委员会手中接管这些工厂。[2]

争夺电力资源之战体现了共产党如何通过密切关注实际经济问题确保最终的胜利。共产党通过将不同社会阶层的利益与党的战略目标结合，实现了对电力精英的动员。为电力事业国营化殚精竭虑的工程师们相信共产党能够通过国家驱动的工业化实现强国梦想。和美国工程师萨凡奇一起勘测三峡大坝的黄育贤最后投奔了共产党。根据其1944年在中央训练团撰写的个人简介，黄育贤毕业于清华大学和康奈尔大学，在美国工作了近6年。1931年9月，听闻日本占领了东北，黄育贤放弃了月薪300美元的工作回国，进入国防设计委员会工作，发誓今后当与（国民）党发生密切的联系，"以增强工作"。[3]黄育贤对国民党的幻想日渐破灭，转而认为共产党才是重建国家的力量。黄育贤一直对蒋介石政权持批判态度。在香港《大公报》1963年5月的一篇报道中，黄育贤指责宋子文从水电大坝建设中中饱私囊。在共产党领导下，狮子滩水电站很快完成建设，与他在国民党政权下服务10余年间总是处于资金和人手不足的情况有天壤之别。[4]

饱受战乱之苦的国民党技术官僚被共产党承诺的稳定与效率打动。这些自1937年全面抗战爆发后就一直处于劳碌奔波中的工程师

---

[1] 王守泰等口述，张柏春访问整理《民国时期机电技术》，第224页。

[2] 《备忘录》（1949年5月28日），上海市档案馆藏中央电工器材厂档案，档号：Q452-1-19。

[3] 《黄育贤传记》（1944年1月6日），台北"国史馆"藏国民党军事委员会侍从室档案，档号：129-00000-0089A。

[4] 《国家安全委员会致蒋介石办公室函》（1963年5月28日），台北"国史馆"藏国民党军事委员会侍从室档案，档号：129-00000-0089A。

舍不得抛下自己含辛茹苦重建的电力基础设施，拒绝随国民党撤往台湾。1938年，鲍国宝曾受命在日本攻占前炸掉广州电厂。10年后，作为冀北电力公司最高决策者的他选择与共产党合作，促成和平交接冀北电力公司。恽震也留在了大陆，而不是把电力设备搬去台湾。陈毅承诺向电厂工人发放食物和工资，稳定上海经济，这足以说服恽震与共产党方面合作。①

与白色恐怖作斗争

争夺电力资源之战甚至在国民党撤到台湾后依然激烈进行。1950年初，国民党情报人员宣称揭露了一起颠覆台湾电力系统的阴谋。曾打造昆明战时电力工业，并在1946年担任台电总经理的刘晋钰，被指控要把台湾电力系统的心脏——日月潭水力发电所交给共产党。失去大陆电力基础设施的经历让国民党在匆忙调查和草率审判后处决了自己最资深的工程师。②

吸取在大陆失败的教训，台湾保密局通过"白色恐怖"行动压制台湾左翼社会运动。原先戴笠麾下的情报人员开始搜捕各行各业同情左派的人士。刘晋钰被怀疑，不仅是因为大陆的前同事联系了他，还因为他的儿子已逃往大陆。军事法庭的控告显示，1949年春，因卷入左翼校园运动，刘晋钰五个儿子中的三个从台湾逃至上海。长子刘登峰"要求保全电厂"，然后在共产党解放台湾后"交给共产党"。刘登峰还通知父亲一位叫王雁秋的潜伏人员会和他联系。保密局还说，台

---

① 王守泰等口述，张柏春访问整理《民国时期机电技术》，第233页。
② 刘晋钰的被处死让人想起了格拉哈姆（Graham）著作《被处决工程师的幽灵》中的彼得·帕尔金斯基(Peter Palchinsky)。和帕尔金斯基被处决一样，刘晋钰的被处决是："一则关于忽视社会和人类问题之工程技术命运的警世录"。格拉哈姆还注意到，帕尔金斯基的被处决导致苏联工程师偏离经济和社会问题，继续聚焦狭隘的技术任务。2018年2月，台湾"监察院"以"修复性司法"重启刘晋钰案调查，承认刘晋钰是白色恐怖的受害者。

电采购部部长严惠先是 1949 年 7 月从上海经香港到达台湾的，他向刘晋钰捎去了陈中熙的信息。陈中熙曾任资源委员会电气处处长，后来投奔了共产党。陈中熙提出的要求和刘登峰一致。刘晋钰和王雁秋的会面据称发生在 1949 年 11 月。①

　　针对刘晋钰的调查一开始就很随意。主要负责调查的人员谷正文在 1935 年就读北京大学时就加入了情报组织。在 1995 年发表的口述访谈中，谷正文声称保密局当时已经调查了"国防部"参谋次长吴石，并确定吴"通共"。根据吴石的交代，秘密特工拘留了据称是台湾共产主义运动领导人的蔡孝乾。②在审讯中，蔡孝乾提到刘晋钰逃往大陆的两个儿子给自己的父亲送了一封信。儿子们告诉父亲共产党正准备攻打台湾，要刘晋钰说服资源委员会的同事支持共产党。③毛人凤怀疑谷正文调查的真实性，要求有具体的证据。谷正文回复说没有证据，但他会"想办法让他承认"。④

　　谷正文的回忆前后矛盾。他声称 1950 年 1 月他去和平东路的台电总部见了刘晋钰。当时刘晋钰要谷正文带一笔钱给"郑祥辉"先生。而"郑祥辉"正好是蔡孝乾的化名。谷正文坚持要情报部门在三天后才拘留刘晋钰。⑤但这些事件即使是真实的，也只可能发生在 1950 年 4 月以后。刘晋钰最后一次公开讲话发生在 1950 年 3 月 19 日，当时他参观了凤山训练营，为志愿参加政治培训的 36 名台电员工打气。⑥1950

① 《法庭记录》（1950 年 7 月 7 日），台湾档案局藏"国防部军法署档"，档号：B3 750347701/0039/3132018/18/1/001。

② 原文如此，误，应为蔡孝乾被捕叛变，导致吴石被捕，并非因吴石"交代"，蔡孝乾被捕。参见马福龙编《沙文汉陈修良年谱》，上海社会科学院出版社，2007，第 42 页。——编注

③ 许俊荣、黄志明整理《白色恐怖秘密档案》，独家出版社，1995，第 101—113 页。

④ 许俊荣、黄志明整理《白色恐怖秘密档案》，第 102 页。

⑤ 许俊荣、黄志明整理《白色恐怖秘密档案》，第 103—104 页。

⑥ 台湾电力公司：《瞰凤山慰问本公司入营员工》，《台电励进月刊》第 39 期，1950 年 4 月。

年5月以后的台电简报没有再提及刘晋钰，意味着他的逮捕发生在4月末，而非1月。

　　1950年5月3日，刘晋钰的副手黄辉被任命为执行总经理，当时刘晋钰被逮捕的消息尚未公开。台电高层只是被告知刘晋钰延长休假。①因批评蒋介石而被拘的报纸编辑龚德柏和刘晋钰被关押在同一个牢房。1950年5月2日晚上9点至次日凌晨4点，审讯人员一直把刘晋钰绑在"老虎凳"上，迫使他在膝盖固定、脚跟垫高几块砖头的情况下坐直。②拷打刘晋钰两天后，资源委员会通知台电刘晋钰被调查，在没有提供更多细节的情况下撤销了刘的职务。1950年5月15日，被赞扬"高瞻远瞩，勤勉奉公"的孙运璿接替黄辉任台电总工程师。③国民党开始仔细审查电力公司领导层的每一位工程师。

　　审讯人员从刘晋钰口中没有问出任何共产党潜伏台湾人员的线索。在讯问中，刘晋钰提到财政厅的一位陈股长。保密局最后逮捕错了人。谷正文自己也承认对刘晋钰的调查极为仓促。但是保密局还是通过胁迫刘晋钰获得了一份手写认罪书。台湾省政府主席吴国桢认为刘晋钰是被冤枉的，蒋介石则向吴出示了刘晋钰的认罪书。不久后，吴国桢辞职，在美国度过余生。④

　　5月中旬，刘晋钰被逮捕之事一公开，台湾的官方媒体就开始抹黑刘晋钰。刘晋钰称自己并无"通共"行为，但无济于事。刘晋钰被处决后，《新生报》的报道称，刘晋钰坚持说自己是对政治不感兴趣的科学家。他提到自己和南京大主教、后来被教皇保罗六世擢升为红

---

①　《资源委员会给台电的备忘录》（1950年5月3日），台北"中研院"档案馆藏台电档案，档号：24-11-10-003-01-03。

②　胡平：《海角旗影：台湾五十年代的红色革命与白色恐怖》，二十一世纪出版社，1996。胡书转引自龚德柏的回忆录。

③　《黄辉就孙运璿任命致资源委员会函》（1950年5月15日），台北"中研院"档案馆藏台电档案，档号：24-11-10-003-01-17。

④　许俊荣、黄志明整理《白色恐怖秘密档案》，第110页。

衣主教的余斌的交情，力图向审讯人员证明自己是坚定的反共产主义者。刘晋钰在争辩中表示自己是美国援助的主要协调人，如果是共产党间谍，他连话都不会和美国人讲。①但媒体报道对他的无罪申明置若罔闻。《钮司》周刊一位化名为"诸葛明"的评论员骂刘晋钰是胆小而疯狂的忘恩负义之人，"谋判祸国"，并做出"出卖灵魂的卑劣勾当"。他还批评刘晋钰生活奢靡。按照这位评论作者的说法，刘晋钰去哪里都坐着豪华别克轿车，下车前一定要把皮鞋擦得铮亮。②《新生报》的记者则取笑刘晋钰说过的话——"为贫土惜身，为国惜才"。这位记者讥诮道，"不知刘如何可称为贫土，而如此之'才'，又如何值得一'惜'。"③全面抗战时期为昆明国防工业建造电力系统的英雄工程师却被丑化为自以为是的叛徒。

军事法庭修改了指控以加强其力度。在6月21日的原判决中，台湾省保安司令部审理人王有梁判刘晋钰和严惠先为共产党间谍。"总统府"参谋长周至柔提出，改判刘晋钰听从他人煽惑、不守纪律更为合适，而这两项罪名均可判死刑。周至柔曾为严惠先申请减刑，但蒋介石拒绝让步，下令将两人都枪决。

诸葛明详尽记录了刘晋钰的最后时刻。1950年7月17日凌晨4时，刘晋钰和他所谓的同谋被拖到灯火通明的台北军事审判庭。法官下令军警解开了他们的绳索，好让他们写下遗言。刘晋钰抗议道："我没有罪，为什么要判死刑？"法官反驳说刘晋钰犯下了不可饶恕的罪行。刘晋钰低下了头，哽咽着写完了临终遗言。④刘晋钰举起颤抖的手，请求法庭为他安排一位天主教牧师做最后的祈祷。法官拒绝了这一请求，说行刑

---

① 参见《甘做匪谍为虎作伥 前台电公司总经理今晨枪决》，《新生报》1950年7月17日。这则剪报与其他投共工程师的传记材料存档于台北"国史馆"藏国民党军事委员会侍从室条目下。
② 诸葛明：《刘晋钰伏法记详》，《钮司》1950年7月23日，第78期。化名指代的是公元3世纪的著名战略家诸葛孔明。
③ 《新生报》1950年7月17日。
④ 诸葛明：《刘晋钰伏法记详》，《钮司》1950年7月23日，第78期。

不能再耽搁了。写完遗言后，刘晋钰从大衣口袋里摸出了一把梳子，请求转交给他的家人。押解人员把两位将不久于人世的男人五花大绑，然后强迫刘晋钰吃下一条温面包，咽下低劣的红露酒。和其他政治囚犯一样，刘晋钰和严惠先的处决也是由马场町行刑队执行。行刑后不久，军事新闻通讯社就发布了一则宣布"欲以国家重要资源，作其个人保全地位，升官发财的资本"的叛徒被枪决的消息。①

刘晋钰真的犯了这些罪吗？有一件事是确定的：刘晋钰的儿子的确从台湾逃到了大陆。另一个事实也得到确认：从上海经由香港逃到台湾的严惠先携带了一封刘晋钰原来的上司陈中熙写给刘的信。但卷宗中的矛盾之处表明案件还是存在错判。

谷正文后来的回忆很少提及严惠先。法庭判决也没有提到刘晋钰和吴石、朱枫等中共地下党员有接触，这使得谷正文调查的可信度令人怀疑。国民党的安全部门仅凭怀疑刘晋钰已同意将台湾岛的电力工业交给共产党就采取了行动，且极有可能存在刑讯逼供。在狂热的生存战中，为了保护在争取战争赔偿的过程中唯一成功接收的电力网络，台湾的国民党政权无所不用其极。

控制中国电力工业之战影响了中国内战时局的走向。战争赔偿争夺战体现了压缩型经济发展的危险。1945年日本投降后，东北地区工业的急速崩塌产生了权力真空，共产党迅速填补了这个真空。国民政府承担了将私人电力公司重新变为合法所有者的巨大成本，并管理着日本人留下的存在许多固有缺陷的电力扩张网络。这些资产很快成为国民党的负累，从1948年7月开始，国共双方强弱地位逆转，这也表明强势地位掩盖了弱的实力，反之亦然。共产党一开始控制的电力资源并不多，因而也不受数十年无序发展形成的电力系统的拖累。共产党从修复小型电力工程起步，并从战术错误中快速学习，逐步适应了物资匮乏的条件，制定出了颠覆电力工业的策略。

---

① 参见《新生报》1950年7月17日，第1版。

在残酷的内战中，国民党和共产党都面临无形的威胁，但双方都不愿放弃对电网的控制。解放军执行的停电行动证明，失去电力就会失去政治权力。国民党始终没有完全明白，为什么那些受过美国培训和"党国栽培"的工程师精英阶层会投向共产党。彼时，大陆的气氛也并非不紧张。由工程师精英层、部队和党的干部联合管理的集中化电力网络将把中国的劳动力转变为一支军事化的工业部队。对大规模电力损失的隐忧继续影响着海峡两岸的能源安全观。

第七章
以电治国

　　国共双方的争斗延续至1949年10月中华人民共和国成立后。1950年2月6日，17架国民党空军轰炸机向上海投射了大约70枚炸弹。上海市的四座主要发电厂——杨树浦发电厂、闸北水电公司、华商电气公司和法商水电公司，是首要目标。自1949年6月至1950年5月，上海遭遇了71次空袭，导致4500人次伤亡。[①]共产党非常清楚，假如国民党要反攻，将从使用武力或经济破坏夺回上海入手。"二六轰炸"直击陈云承诺的"解放军打到哪里，电灯就亮到哪里"的要害。

　　从"二六轰炸"之后的能源危机复原后，共产党建立了技术官僚型能源制度。在该能源制度下，工程师精英层、驻场党政领导之间达成共识，最终促成了国家权力的集中化。本章将参考米格尔·森特诺（Miguel Centeno）对专家治国的定义——"精英层及其相关机构主导着整个社会的行政和政治事务，强力推行简单、排外、以工具理性技术应用为基础的政策范式"。[②]简而言之，上海的发展不是由工程师单方面推动的，而是红色政权和技术专家发挥各自优势

[①]　徐锋华：《一九五〇年上海"二·六轰炸"及应对》，《历史研究》2014年第4期，第103页。

[②]　Centeno, "The New Leviathan".

的结果。[1]政工干部将日常运营工作交给电气工程师，自身则掌握整个工业领域的用电协调权。工程师们心照不宣地支持群众运动，因为他们相信长期存在的电力短缺只能通过政治途径解决。在内战中形成联盟的工程师、军队和基层党员团结在两个共同目标之下：巩固电厂安全及实现发电量的最大化。为实现这两个目标，他们努力维持电力工业以最大负荷运行，全天候安排工业生产，以充分利用增长的电能。

出于保护上海电力的需要，士兵被混编入劳动大军，工人则被改造成工业－军事体的新兵。[2]1950年12月，朝鲜战争爆发不久，政府接收了美国资产。但在此之前，军代表就已进入发电厂维持秩序，充当电厂技术人员与市政府之间的调解人。1951年9月，共产党政权通过节约用铜运动和协调用电需求的"高峰负荷管理"措施，在没有电力设备重大投入的情况下提高了电力供应。有军方资历的政工干部控制了上海电业管理局，运用其组织才能管理着450家上海最大型工厂的电力使用，上海工人被迫遵守严格的工作日程。电力配给制不仅给许多工人带去不便，也导致了市民生活的军事化。上海电业管理局和华东电业管理局通过公私合营控制了由华商成立的私营电力公司所有的长距离输电线路。外商控制的电力企业集团（如美商上海电力公司）和华商所有的发电厂（如华商电气公司、浦东电气公司、闸北水电公司）被整合为一个统一的区域电力网络。

全国的区域性电网都采用了上海在"二六轰炸"后引入的措施。华北地区的电力系统也开始通过压平电力消费曲线优化电力能源使用。中国共产党不只是效仿列宁提出的"共产主义就是苏维埃政权加全国电气化"理念，他们还把电变成了动员群众的技术，帮助新政权

---

[1]　更多关于红色政权和技术专家的详细讨论请参见 Andreas, *Rise of the Red Engineers*。

[2]　参见 Kasza, *The Conscription Society*, 72。卡萨将"群众战争"视为"20世纪政治的主要特征"。

管理城市人口，并从1950年代中期起加速经济发展。通过维持战时状态，中国的电力工业推动了速度经济的产生，集中化电力系统的扩张拓展了国家权力的边界。

市民生活的军事化

内战临近尾声，解放军保护了电气基础设施的安全，毛泽东要求部队承担起治理城市的新职能。1949年2月，毛泽东在为中共中央军事委员会起草的复第二野战军和第三野战军的电报中写道："军队不但是一个战斗队，而且主要地是一个工作队。军队干部应当全体学会接收城市和管理城市，懂得在城市中善于对付帝国主义和国民党反动派，善于对付资产阶级……"这要求军队"解决粮食、煤炭和其他必需品的问题，善于处理金融和财政问题"。①军队人员很快成为中国电力工业劳动大军的一部分。1949年1月底，随着内战三大主要战役的结束，解放军四大野战部队的210万士兵随5.3万名政工干部被安置至华南九省。

毛泽东正确地提醒解放军，不要忘记自己的首要身份是战士。受1949年5月上海战败的刺激，国民党空军于1950年2月6日轰炸长江下游地区的大型发电厂，实施报复。美商上海电力公司杨树浦发电厂也是轰炸目标。一份提交给中共上海市委的内部报告表达了惊异之情："在被炸前，一般以为上电是美帝产业不致被炸，固之几次匪机来杨树浦并未引起群众警惕。"②这次轰炸再次证明了共产党早已洞悉的一点：未经一战国民党不会拱手让出电力资产，共产党还远没有实现对电力工业的完全控制。

---

① 毛泽东：《把军队变为工作队》，《毛泽东选集》（第四卷），人民出版社，1994，第1405—1406页。

② "上海电力公司二六反轰炸总结"，1950年3月15日，上海市档案馆藏"中共上海公用事业管理局党委文件"，档号：A59-1-23。

空袭导致上海短暂停电。上海市委报告称，轰炸约43小时后，也即1950年2月8日早上7点50分，上海电力公司恢复运行。一开始瞬时输出功率仅有2022千瓦，在当天结束前提高到了1.6618万千瓦。这次危机成为团结工人共同面对威胁的契机。16天后，瞬时输出功率上升至7.4万千瓦，是轰炸前的1.5倍。1950年2月8日，上海市委成立了由防空部、宣传部、组织部、监管部及总务部等五个分部组成的指挥中心。上海电力公司成为一座堡垒。防空部在锅炉房周围安装了12座混凝土塔筒。工人们手持防空炮，随时准备击落敌机。政工干部要求工人和志愿者在电力公司的开阔处堆放沙袋并挖防空洞。[①]

电力企业内部的深层矛盾不断对修复行动造成威胁。如果工人们能更快地搬走一个受损发电机的34吨重部件，上海电力公司输出功率原本可以恢复到空袭前水平。轰炸发生4天后，上海电力公司的股东们才同意军代表拆除受损发电机，但又说拆除任务艰巨。政工干部指责股东派出的是年龄大的工人，耽误了拆除进程。在做了大量说服工作后，这些年龄大的工人同意合作，想办法在7天内把沉重的部件运出门、搬上卡车。考虑到安装这个部件曾耗时两个月，这是相当大的成就。[②]这个小矛盾预示了未来更多冲突的到来。

共产党认识到竭力争取普通工人合作的紧迫性。宣传干部楼锡琛发现，普通工人要么对共产党知之甚少，要么缺少组织其他工人的勇气和决心。[③]干部们开始从模范工人中挑选入党积极分子。他们公开表扬党员张骏升在轰炸中坚守三号锅炉房的行为。他们引用张骏升的话说："我是一个共产党员，今天是给我一个考验，在空袭时继续发电

---

① 《市委工作组在空袭后关于工会工作的报告》（1950年3月15日），上海市档案馆藏中共上海公用事业管理局党委文件，档号：A59-1-23。

② 《市委工作组在空袭后关于工会工作的报告》（1950年3月15日），上海市档案馆藏中共上海公用事业管理局党委文件，档号：A59-1-23。

③ 《楼锡琛报告》（1950年2月17日），《市委工作组在空袭后关于工会工作的报告》（1950年3月15日），上海市档案馆藏中共上海公用事业管理局党委文件，档号：A59-1-23。

是为了上海六百万人民，即使被炸死，牺牲了，也是值得的。"①宣传人员还通过大喇叭将蒋介石让工人们受苦受难的信息传送到工人家庭中。上海电力公司总结报告还提到因空袭而死亡的张来发，在死前让同样是电气工人的儿子替自己报仇。老张对儿子说："你要认清我是美帝蒋匪杀死的，你要把我所有的折实单位全部购买公债打台湾。"②这预示着几年后将出现号召电厂工人捐款的大规模动员行动。

　　在革命和爱国激情之下，也出现了政工干部、军代表和普通工人之间互不买账的情况。政工干部报告称，"因军代表对发电厂情况及技术上问题不甚了解，和群众互不相识，乃由总支书带领视察全厂，了解了损害情形，共同订定修理计划，和恢复发电计划，经由陈（毅）市长批准后，下午即带到上电执行"。③在共产党接收后就进驻上海工业的军代表似乎只是维持秩序和护送苏联专家调查发电厂损失。空袭威胁解除后，工人们拒绝为空防出更多的力。留下来装沙包、堆沙包的是学生和发电厂以外的工人。党员也逃避责任。当无人响应防空演习警报时，军代表大发雷霆。指挥中心的值班党员离岗喝酒去了。空袭发生一个月后，市委不得不承认防空指挥系统只是一个空壳。④共产党将未能在危机发生时召集工人的原因归之于"脱离群众"。没有迫在眉睫的安全威胁，党委开始减少预防空袭的措施。

　　中国参加朝鲜战争使得保护上海电力网络再次变得紧迫。上海公用事业管理局党委评估认为，上海输电网络极为脆弱，在1950年10

---

① 《上海电力公司二·六反轰炸报告》（1950年3月15日），上海市档案馆藏中共上海公用事业党委文件，档号：A59-1-23。

② 《上海电力公司二·六反轰炸报告》（1950年3月15日），上海市档案馆藏中共上海公用事业党委文件，档号：A59-1-23。

③ 《上海电力公司二·六反轰炸报告》（1950年3月15日），上海市档案馆藏中共上海公用事业党委文件，档号：A59-1-23。

④ 《市委工作组在空袭后关于工会工作的报告》（1950年3月15日），上海市档案馆藏中共上海公用事业管理局党委文件，档号：A59-1-23。

月 28 日的一份报告中提出，"上海电力公司及沪西电力公司共设有输
电站三百余所，其中首级输电站（primary substation）共十一所"，这
些位置偏僻的变电站在日本占领时期和内战时期均有哨兵守卫，现在
却毫无防护。[①]一个月内，上海公用事业党委成立了一支专门的护卫
队，保护公营和私营发电厂。[②]

　　随后，共产党政权利用政府应急权从美国股东那里夺回了上海
电力公司。1950 年 12 月 18 日，周恩来总理下令征用所有在华美商资
产。[③]两周内，上级党组织派上海电力公司分党委元老程万里担任上
海电力公司的军代表。军代表不再只是光鲜亮丽的保卫者，而是电力
公司的实际管理者。除上海电力公司外，军代表控制了上海 115 家美
国公司，其中包括德士古公司（Texaco）和标准石油公司（Standard
Oil）。[④]政工干部还发动 3000 名电厂工人参加战争集会及节约物资运
动。他们报告称上海工人捐助 2.5 亿元人民币（旧币）为志愿军购买
子弹及救助北朝鲜难民。考虑到上海的富裕程度以及上海电力公司工
人的规模，这笔捐款微不足道。[⑤]但在 1950 年 2 月大轰炸后，情况有了
很大的改善。加入共产党的人数大增。1949 年以前，上海电力公司南
京路办公大楼里只有一百来位员工参加过罢工和游行。1951 年 3 月 4

---

① 《公用事业管理局党委对立即派驻各首级输电站警卫的意见》（1950 年 10 月 28
日），上海市档案馆藏中共上海公用事业管理局党委文件，档号：A59-1-40-17。

② 《中共上海公用事业党委报告》（1950 年 11 月 22 日），上海市档案馆藏中共上
海公用事业管理局党委文件，档号：A59-1-32。

③ 《政务院关于管制美国在华财产冻结美国在华存款的命令》（1950 年 12 月 18
日），转引自中国人民解放军政治学院党史教研室编《中共党史参考资料》第
7 册，人民出版社，1980，第 178 页。

④ Kajima Jun, "Shanhai denryoku," 102‑103.

⑤ 1955 年 3 月，中华人民共和国以 10000∶1 的比例调整了人民币币值。工人捐
助的旧币"2.5 亿元"相当于新币 2.5 万元。这是很小的一笔钱。回到 1951 年，
一度电的成本是 55 元（旧币），发电厂每天发电 240 万度（数据引自上海市电
力工业局史志编纂委员会《上海市电力工业志》，第 44 页）。这笔捐款大致相
当于上海电力公司两天的收入。

日，该办公大楼400余位员工参加了抗议美国计划重新武装日本的集会。80名一直远离政治运动的上海电力公司的卡车司机也参加了关于朝鲜战争的政治座谈会，并捐献了180万元（旧币）。①

为应对朝鲜战争动员带来的物资匮乏，上海电力行业开展了节约运动。全上海的电力公司争相减少浪费、提高产能，其中上海电力公司、闸北水电公司及浦东电气公司表现最突出。浦东电气公司报告称，在不影响发电量的情况下减少了10%的耗煤量，为支援前线节约了1亿元（旧币）。②

1951年9月，上海市工商业联合会发起的节约用铜运动是系列节缩措施之一。全面抗战期间负责发展中国电工器材生产的恽震非常支持寻找铜代用品，把高等级铜用在生产电气设备上。当时，恽震担任华东工业部电器工业处处长。每生产1公里长的胶皮线，就得使用22.2千克的铜料；制造一部3000千瓦的发电机，就得使用2.5吨的铜料。③因为国内已知的铜矿消耗殆尽和国际封锁，中国电力工业在全国搜集废铜以扩大生产。因为无法准确估算人民手中到底有多少铜，收集流通中的铜币成了保证急需原材料供应的首要手段。私营企业生产手电筒不再使用铜，而用硬纸板代替。④但这些措施每月仅节约用铜21000余千克。⑤

因为铜短缺，不得不使用其他导电性能差的金属生产输电线。这一问题并不只是出现在中国。恽震指出，为了克服铜短缺，德国使用铝作为电线材料。因为铝的导电性能低，为保证电力传输安全，电线

---

① 《关于抗美援朝宣传运动的总结报告》（1951年），上海市档案馆藏中共上海公用事业管理局党委文件，档号：A59-1-13。
② 《关于抗美援朝宣传运动的总结报告》（1951年），上海市档案馆藏中共上海公用事业管理局党委文件，档号：A59-1-13。
③ 《搜集废铜节约用铜》，《人民日报》1957年2月12日，第2版。
④ 《恽震在节铜运动中的讲话》（1951年9月27日），上海市档案馆藏上海工商联档案，档号：C48-2-2412。
⑤ 《上海工厂开展节约用铜运动》，《人民日报》1951年11月20日，第2版。

不得不大大加粗。中国铝储量不足，这一做法并不可行。最后，工程师们提高了传输电缆的钢铜比。钢的电阻是铜的五倍，但价格更低、更易获得。[1]面对物资短缺，为了降低成本，这些电力系统的建设者不得不牺牲效率。

除了节约铜，上海工业还必须在提高生产率的同时降低能源消耗。从属于燃料工业部的上海电业管理局必须执行中央政府命令"尽量利用旧有机器"，并耐心等待购买新发电设备的财政预算通过。[2]即使电力短缺，上海工厂也必须完成不断提高的生产任务，纸的产量必须提高20%，火柴产量提高50%，香烟产量提高20%，纺织厂的产量要提高一倍或双倍。类似面粉厂、榨油厂等新型食品加工厂也在与原有的工业竞争有限的电力供应。

上海电业管理局的军方管理人员对这些增产目标并不满意。程万里引用苏联专家的数据指出，在不增加新发电机的情况下，通过提高劳动效率仅能增加10%—13%的发电量。程万里还注意到，上海电力工业的发电能力接近列宁格勒1926年的发电能力。苏联耗费几十年时间实现的发电率增长中国却必须在5年内完成。[3]在1951年9月的一次会议上，程万里承认，上海市的最大瞬时功率只能维持在16.2万千瓦，约为装机容量的77%。[4]程万里的保守激怒了共产党干部。

---

[1] 李凤梧、李斌：《利用裸钢线代替裸铜线》，《电世界》1958年第12期。

[2] 《中共上海市委财政经济委员会关于物资运输情况报告和交通运输、电力供应问题会议记录》（1951年9月7日），上海市档案馆藏上海财政经济委员会档案，档号：B28-2-45。

[3] 《中共上海市委财政经济委员会关于物资运输情况报告和交通运输、电力供应问题会议记录》（1951年9月7日），上海市档案馆藏上海财政经济委员会档案，档号：B28-2-45。

[4] 《中共上海市委财政经济委员会关于物资运输情况报告和交通运输、电力供应问题会议记录》（1951年9月7日），上海市档案馆藏上海财政经济委员会档案，档号：B28-2-45。

不满于程万里的不积极以及普通工人的不支持，中共上海电力公司党委计划撤掉程万里。1952年，上海电力公司的工作报告将该厂业绩不佳归因于程万里的不作为。报告称，1951年下半年，公司发生了"六六次少送电五五零万度，甚至发生了人身死亡事故四次，重大停电事故竟有八次之多，影响出力最高到四四零零零千瓦，最长时间到三五三分钟。在检修方面一般锅炉、气机的检修时间均超过中燃部规定的标准一倍以上……使整个大工业落后于全国先进工业"。①除了业绩不佳，政工干部指责程万里没有赢得普通工人的支持。尽管尽了最大努力，上海电力公司党支部只增加了110名新党员，这个数字仅占电力公司员工总数的3%，远低于10%的目标。共产党抱怨上海电力公司"政治环境复杂，集中了许多旧中国社会的渣滓"。他们对675名员工进行了背景调查，发现"很多高级技师依然与美帝国主义保持联系，同时这些人占据着领导岗位，控制着最重要的生产环节"。例如，控制室主任林某曾任汪伪少将。②1952年1月，中共党委开始在上海电力公司开展大规模清查行动，以管理不善和腐败为由解雇了程万里。程万里的同事接连被指犯了官僚主义和个人主义错误，被迫离职。曾呼吁工业局明确电力使用标准的经济学家顾准被打为反革命，撤掉了职务。③一位有军方背景的政工干部代替程万里传达了这些决定。

新任的军代表李代耕拥有军事指挥、组织工人运动和进行意识形态教育的经验。李代耕祖籍河南，1938年2月加入中国共产党，1938年10月被分到新四军，接着被派往苏北地区，为抗日游击队在农村筹集经费，并发动农民开展减租运动。1942年8月，李代耕接手扬州

---

① 《中共上海电力公司党委1952、1953年基本工作》，上海市档案馆藏上海中共工业生产委员会档，档号：A38-2-417。

② 《中共上海电力公司党委1952、1953年基本工作》，上海市档案馆藏上海中共工业生产委员会档，档号：A38-2-417。

③ 中共上海财经委员会副主任及电力委员会主任顾准指出，上海副市长潘汉年迫于毛泽东要求在"三反运动"中找出腐败分子的压力，仓促检举程万里。1951年9月会议的诸多与会者，如许涤新、顾准，后来被打为右派。

地下党员组织工作，保障中共特工人员安全出入上海和南京。全面抗战后期，李代耕被任命为杭州工会主席和浙江工会副主席。1951年12月，他担任上海电力公司军管专员。①因负责协调数百家工厂用电，他在部队后勤保障方面的经验很快派上了用场。

"三反运动"旨在清除腐败、浪费和官僚主义。与对开展这一运动不热心的前任不同，李代耕全力以赴"打虎"。1952年2月至5月，3000名工人几乎全员投入反腐败运动。李代耕报告称，"共打出大小老虎七二只，一百万以上的贪污份子二四零人，工人中有偷窃揩油自觉交代者一九七二人"。私人承包商的非法收入高达10.1亿元（旧币）。总之，政工干部清查了118人，其中48人被开除，11人被逮捕，35人被送往公安局劳教，11人被送到华东人民革命大学改造。政工干部在线路维修队中打掉了一个赌博和卖淫团伙，54人的维修队伍中约有40人牵涉其中。还有百名工人被指控向同事放高利贷。②在反腐败运动后，电厂工人开始认真对待共产党为"工人权益捍卫者"的说法。李代耕通过任命忠诚的党员重组了党委。担任领导职务的26位男性和1位女性均在1945年前加入中国共产党，和党一起熬过了艰难时期。③作为一名军方管理人员，李代耕运用其集中指挥和培养忠诚党员及部属的经验，把上海的工人变成了新型工业部队的战士。强化纪律的做法从发电厂推广至成百上千家上海工厂。为了克服上海的电力短缺，工人们按照电管局和工业局集中协调的生产日程过着一种军事化的生活。

---

① 上海市电力工业局史志编纂委员会：《上海市电力工业志》，第372页。军方也促进了铁路的加速发展。关于解放军铁道兵在铁路线路建设中的作用参见 Köll, *Railroads*, 240-246。

② 《中共上海电力公司党委1952、1953年基本工作》，上海市档案馆藏上海中共工业生产委员会档，档号：A38-2-417。

③ 《李代耕致中共上海公用事业党委信》（1952年6月24日），上海市档案馆藏中共上海公用事业管理局党委文件，档号：A59-1-147。

平峰行动

1953年朝鲜战争结束后，上海电力工业依然处于备战状态。预测上海会是国民党"反攻大陆"的首要目标，共产党政权不准备提高上海的装机容量。[①]甚至在1955年2月蒋介石的军队在大陈岛战败后，曾是民兵领袖、后来当选上海电力公司董事长的苏阳依然呼吁限制上海工业发展。[②]为了完成生产任务，上海电业管理局采取了两步走的"计划用电"策略。首先，实行巅峰管理，要求上海工厂在白天用电高峰时段减少生产，将更多生产班次安排在晚上，充分利用非高峰时段的电力。在李代耕的领导下，上海电业管理局精细管理着全上海工业用电，要求工人根据上海用电的波峰与波谷重新安排自己的生活。其次，发起一系列提高能源效率、改进生产流程的行动。以前服务于国民党政权的工程师将电力分配权交给了行政人员。没有工程技术背景的行政人员利用科学理性与效率等理念，将自身改造为技术官僚。

巅峰管理解决了白天与晚上电力使用不均衡的问题，在没有安装新发电机的情况下提高了总发电量。为了解决电力短缺，苏联人在二战时期发明了巅峰管理策略。为了精准预测每小时用电需求，电力管理部门需要每天绘制电力负荷图表，每季度整合这些数据以得出每个季节的平均电力日负荷。1951年8月，燃料工业部邀请来的苏联专家在一系列讲座中正式介绍了"巅峰管理"这一概念。[③]但上海实施的计划用电管理偏离了苏联专家推荐的做法。上海电业管理局没有时间研

---

① 高明：《1945—1965上海电力工业研究》，博士学位论文，上海交通大学，2014年，第106页。高明提出，1957年后上海才开始提高装机容量，当时上海市着力发展化工和金属加工工业。

② 《公私合营南市电力公司董事会第五次会议》（1955年7月2日），上海市档案馆藏招商局电力公司档，档号：Q578-2-1594。

③ 中央人民政府燃料工业部计划司编《电业计划讲习班讲义》，燃料工业部，1952，第70—80页。

究电力使用模式及以度为单位安排用电。受装机容量限制，上海的发电厂一直让发电机近乎满负荷运转，没有遵照苏联专家的建议，间歇性安排发电机离线检修。

到1951年6月，上海电业管理局已经实施分散电力需求的措施。为减小用电负荷，燃料工业部在各工业领域推行强制休息日。钢铁厂、有色金属厂和化工厂周一停产，纺织厂、建筑材料厂及燃料加工厂则周四停工。[①]到1951年9月，上海电业管理局基本实现了电力供需平衡。占用电总量44%的纺织工厂每周生产3个白天和5个晚上，晚上的用电量高于白天。但即使有了这些调整措施，上海晚上的用电量还是比白天少4万千瓦。[②]这一差距意味着晚上的"超额电力"必须被消耗掉。管理者视夜晚为有待填补的空档。

到1952年第四季度，上海电业管理局更加激进地推行错峰用电管理。在1953年2月提交给党委的一份报告中，李代耕提出：1952年10月上海电网的最大瞬时功率为23.5万千瓦，11月为24.6万千瓦，12月为24.8万千瓦，均超过22.6万千瓦的最大电力荷载。李代耕必须在燃料工业部规定的范围内工作，只能选择"发挥现有设备的潜在能力"。尽管电力损耗率降到了8%，但节约用电措施对减少电网压力帮助甚微。李代耕进而总结，"根据经济证明，调移负荷，收效最快，能解决问题，我们初步估计，进一步调整负荷减低最高实荷一〇〇〇〇千瓦是完全可能的"。[③]

精准调配劳动力考验着新生的计划经济的协调能力。上海电业管理局瞄准棉纺厂，不仅是因为后者是最大的用电户，还因为纺织厂可以最灵活地安排生产日程。上海电业管理局与华东纺织管理局一起为上海所

---

① 《为调整本市工业用户用电时间报请备案》（1951年6月27日），上海市档案馆藏上海市人民政府档，档号：B1-2-1465。

② 《上海市财政经济委员会关于电力供应问题会议记录》（1951年9月7日），上海市档案馆藏上海财政经济委员会档案，档号：B28-2-45。

③ 《中共上海市委办公厅转发上海市电业管理局关于调整符合合理节约用电的报告》（1953年2月22日），上海市档案馆藏上海市政委员会档，档号：B8-2-37-12。

有纺织工厂制定了总生产进度表。1953年8月，上海电业管理局要求所有私营纺织厂实行5个白班和7个夜班工作制。公营纺织厂实行三班倒，工人们执行5个白天、6个下午和7个晚上轮班制。[①]纺织厂按照设定的休息日分成7组。为了不造成电网超载，每组纺织厂的开始工作时间间隔5分钟。在每家工厂内部，工人们分成三班，每班轮流吃饭。错开开工和休息时间，可以让用电需求平缓，避免了用电不足或用电猛增。这种日程安排对工人们来说极不方便。棉纺厂凌晨开始白班，晚上结束中班，将更多生产转移到非高峰用电时段。每21个班次中，10个班次开始或结束于晚上10点至凌晨5点之间，这个时段公共汽车和大多数电车已停止运营。白班开始于凌晨5点45分，此时首班公共汽车和电车刚运行45分钟。上凌晨2点零5分中班的工人下班前5分钟，最后一班公交已经收班。他们的餐饮时间也不规律。休息日每月一轮换，轮班每周一换，一个上早班的工人可能在上午9点35分或者11点25分吃午餐。[②]

通过计划用电，上海电业管理局在没有安装新发电设备的情况下供应了更多电力。上海发电量在1953年和1954年分别提高了15.01%、12.79%（见表7–1）。这两年正是上海电业管理局强力推进错峰计划用电管理的时期。直到1955年，上海市装机容量一直维持在30.314万千瓦。为了保证工业运转，上海电业管理局不得不让电力系统达到84.2%的荷载系数。这一数字远远高于全国电力系统的平均荷载系数。附近的南京和无锡的电力系统荷载系数在70%至77.79%之间，山东省还要低4—10个百分点。[③]

计划用电引起诸多不满。上海市委曾提醒上海电业管理局，这些

---

① 《中共上海市委办公厅转发上海市电业管理局党委关于调整符合于合理节约用电的报告》（1953年8月），上海市档案馆藏上海城市管理委员会档，档号：B8–2–37–12。

② 上海电业管理局：《上海地区电力系统调整负荷的经验》，《人民电业》1955年第22期。

③ 《1954年季度工作计划与综合报告》（1954年4月30日），上海市档案馆藏上海市人民政府工业生产委员会档，档号：B41–2–25。

严苛的用电措施可能降低生产效率。执行几个月后，工人们抱怨频繁的调班影响了他们的健康。上海电业管理局还惩罚那些白天用电过多的工厂，要求它们把更多生产时间调整至晚上。上海最大的面粉厂就被罚把所有生产转至晚上进行。面粉厂原本设计为不间断生产，白天停止运营降低了其产量。军工厂则找机会退出了全市计划用电。[①]

表7-1　上海1949—1956年电力输出数据

年份	装机容量		发电量		用电时间	
	万千瓦	增长百分比	百万度	增长百分比	小时	增长百分比
1949	25.96		1009		3886	
1950	23.56	−9.24	881	−12.69	3699	−4.81
1951	26.59	12.86	1192	35.30	4662	26.03
1952	29.79	12.03	1319	10.65	4707	0.97
1953	30.11	1.07	1517	15.01	5266	11.88
1954	30.16	0.17	1711	12.79	5643	7.16
1955	31.17	3.35	1526	−10.81	5054	−10.44
1956	34.44	10.49	1891	23.92	5779	14.35

注：灰色区域为装机容量几乎没有增长但发电量大幅提高的年份。

资料来源：《上海市电力工业志》，第44页。

不仅工人疲惫不堪，机器也因为过度使用而更频繁地出现故障。1954年第一季度，华东纺织管理局过于追求产量的提高，用坏很多电动机器。私营的广勤纺织公司情况类似，机器维修一直被推迟，光1954年就烧坏了49台马达。[②]面对一直在增长的生产任务，上海电业

---

① 《上海市电业管理局关于调整负荷合理节约用电的报告》（1953年9月16日），上海市档案馆藏上海市城市管理委员会档案，档号：B8-2-37-12。

② 《上海市电力局关于1954年节能报告》（时间未标明），上海市档案馆藏上海物资局档，档号：B109-5-120-209。

管理局别无选择，只能把电网的荷载功率从84.2%进一步提高至89%。上海市电力供应主要依靠一台2.5万千瓦的发电机，李代耕认识到，"若这些主力机发生故障，电系处理即将呈不足"。[1]

1953年9月，上海电业管理局尝试了不同的方法，同时实施计划用电和节约用电。电力工业率先开展"增产节约"运动。李代耕明确表示，"合理节约用电，是在安全用电的基础上结合改进生产，提高品质来进行的，而不是消极的限制用电"。[2]1953年1月，上海电业管理局在450家大工厂启动了试点项目，计划将上海主要工业（纺织、印染、石油化工、造纸、机械、面粉及橡胶工业）的电力浪费减少8%。[3]为了缩减用电量，上海电业管理局要求工厂安装低功率机器，拆除多余的变压器。工厂被要求在休息日切断变压器。上海电业管理局还和工厂一起调整生产流程，提高电力使用效率。试点项目减少了5.55%的用电，并没有达到预定目标。即便如此，节约下来的475万度电足以为6家5万枚纱锭纺织厂供电。这增强了管理层的信心，从而将一座新发电厂的建设时间推迟了3年。

1954年，上海工业生产委员会更加强力推进节约用电。上海电管局对工厂开展了多达千次的检查。1954年6月，它组织召开了一场为期五天的会议，500位来自上海纺织工业和电力工业的代表交流了节约用电的经验。国家管理部门着力推广1953年开始的节约用电运动。东方钢铁厂（宝钢前身）将钢辊上的铜轴承换成了树脂部件，据称用电量减少了21%，产量同时提高了40%。[4]该厂1954年的报告

---

[1] 《一九五四年高峰负荷措施计划》（1954年12月），上海市档案馆藏上海市人民政府档，档号：B41-2-26-16。相关数据也转引自 Kajima, "Shanhai denryoku," 107。

[2] 《上海市电业管理局关于调整负荷合理节约用电的报告》（1953年9月16日），上海市档案馆藏上海市城市管理委员会档案，档号：B8-2-37-12。

[3] 《上海电业管理局关于合理节约用电报告》，上海市档案馆藏上海物资局档，档号：B109-5-120-209。

[4] 《上海电业管理局关于合理节约用电报告》，上海市档案馆藏上海物资局档，档号：B109-5-120-209。

重申了这一方法的有效性，还补充报告了轧钢厂从苏联引进了一种非氧化工艺，减少了熔炼时间。面粉厂也争相减少用电。1953年，某面粉厂报告称，该厂日产量从1.5万袋提高到1.7万袋，同时节约了8%的用电。1954年，另一面粉厂报告称，其单位产品耗电量减少了26%。纺织厂声称，其单位产品耗电量1953年下降了17%，1954年下降了25%。在1954年的报告中，上海电业管理局进一步说明，节约用电行动相当于建了一座1万千瓦的发电厂，为国家节省了100亿元（旧币）。[①]

在节约运动中期，作为控制上海输电线路策略的一部分，上海电业管理局开始推动小型私营发电厂公私合营。尽管这些电力公司只占上海发电量的很小比例，但他们分段拥有的33千伏输电线路是华东区域电网的基石。为获得国家的资本注入，1952年12月，闸北水电公司自愿加入与上海电业管理局的公私合营。[②]李代耕担任新成立的公私合营公司的董事长。闸北水电公司实际上变成了上海电业管理局的子公司。1953年12月，浦东电气公司采取了同样的做法。[③]闸北水电公司及浦东电气公司的股东们继续持有公司股份、获得分红，但政府和党的干部在董事会占据多数席位，实际控制着这两家公司的运营。在11人董事会中，政府任命了7位"公方董事"，私营业主仅保留了4个董事席位。

1953年12月左右，上海电业管理局谋划收购华商电气公司，率先在公司董事会内挑起派系斗争。青帮头目杜月笙的徒弟孙志飞反对把公司所有权交给政府。其对头黄炳权却认为（政府）资本注入将帮助

---

① 《上海电业管理局关于合理节约用电报告》，上海市档案馆藏上海物资局档，档号：B109-5-120-209。

② 《闸北水电公司公私合营协议书》（1952年12月25日），上海市档案馆藏上海市人民政府档，档号：B1-2-1463。

③ 《浦东电气公司公私合营方案》（1953年12月16日），上海市档案馆藏中共上海市工业生产委员会档，档号：A38-2-277。同时参见高明《1945—1965上海电力工业研究》，博士学位论文，上海交通大学，2014年，第32—49页。

公司支付分红，维系股东们的支持。[①]黄炳权的主张占了上风，1954年8月，华商电气公司进行了公私合营重组，更名为南市电力公司。曾经的民兵领袖苏阳被任命为公方董事长。为安抚股东，苏阳向他们保证政府会尊重私有产权。[②]三个月后，新组成的公司开始进行股份登记，1977名股东认领了17.65亿元股份。大约2.27亿元的无人认领股份转为公股，进一步提高了政府的股权比例。[③]

之后，共产党利用"五反运动"进一步削弱了私有资本对新成立南市电力公司的控制。支持公私合营的黄炳权翻查了公司账本，确定华商电气公司从国家拿走了超过310亿元（旧币）的财富。黄炳权在一个会议上报告称华商电气公司大肆窃取国家财富，其中包括90亿元敌方赔偿、89亿元国民党政府贷款、购置4000千瓦发电机而取得的汇兑收益23亿元、96亿元国民党政府补贴以及10亿元未缴纳税款。[④]共产党将其债务和税款转成公股，保证政府占有大多数股权。

到1955年，中共完全控制了上海的发电和输电。在同一年，蒋介石撤出大陈岛，国民党"反攻大陆"的可能性几乎为零了。新中国成立前6年中发生的各种灾难暴露了华东地区电力工业的脆弱性。上海电业管理局认识到，为了降低灾难时期出现停电的可能性，必须整合长江下游地区的发电厂，并把附近城市的多余发电量引入上海。上海电业管理局与控制环上海35千伏输电线的私营电力公司实现了公私合营。电力工业的集中化发生在1955年1月1日。随着华东电业管理局

---

①　高明：《1945—1965上海电力工业研究》，博士学位论文，上海交通大学，2014年，第38—39页。

②　《南市电厂（改组）和临时管理委员会联席会议纪要》（1954年8月23日），上海市档案馆藏招商局电厂档，档号：Q578-2-1595。

③　《第四次董事会议纪要》（1955年4月7日），上海市档案馆藏招商局电厂档，档号：Q578-2-1594。

④　《公私合营南市电力公司申请书》（约1954年11月），上海市档案馆藏招商局电厂档，档号：Q578-2-1595。

的撤销，上海电力工业被置于中央政府的直接管控之下。①

　　1955年发生的两大事件减少了上海计划用电的必要性。首先，1955年2月，华东地区因发洪水棉花收成不好，上海纺织厂的电力需求因而陡降。1955年，上海的总耗电量比前一年下降了10.81%。②其次，中国开始自行生产首个发动机系统，并将其装备在新成立的发电厂。在1953年1月1日调往北京前，恽震合并了美商慎昌洋行（Anderson Meyers & Co. Ltd.）的旧锅炉修理厂及原国民政府资源委员会旗下的汽轮厂，在上海西南部的闵行区成立了上海锅炉厂。③回到1953年，时任第一机械工业部副部长的汪道涵与捷克斯洛伐克达成了技术合作合同，上海电机厂从斯柯达公司购买了6000千瓦汽轮发电机组的制造专有技术。1956年，安徽省田家庵发电厂安装了第一台6000千瓦发电机。④后来，上海电机厂又从斯柯达公司购买了2.2万千瓦发电机的制造专有技术。1958年完工的苏州望亭发电厂安装了4台2.2万千瓦发电机。⑤

　　1955年也是全国电力工业发展的转折点。重建后的燃料工业部分拆成了电力工业部、煤炭工业部、石油工业部。刘澜波被任命为电力工业部部长，其职业发展轨迹与李代耕相似。他在东北地区加入了抗日活动，曾任中共东北骑兵二师工委组织部长，后来被提拔为安东省省委书记和安东军区政委。

　　刘澜波在规划电力工业未来发展道路前先总结了过去6年的发展成就。1955年9月，第一届全国电力工业劳动模范大会召开，刘澜波在讲话中提到了全国生产率的提高。他提出，除1952年外，电力行业

---

① 华东电力工业志编纂委员会：《华东电力工业志》，中国电力出版社，1996，第287页。

② 《华东电力工业志》，第132页。

③ 恽震：《电力电工专家恽震自述（三）》，《中国科技史料》第22卷第4期，2001年，《自述（三）》记录了恽震1953年至1980年的职业经历。

④ 恽震：《电力电工专家恽震自述（三）》，《中国科技史料》第22卷第4期，2001年，第172页。

⑤ 《华东电力工业志》，第21页。

均完成或超额完成生产目标及发展计划。1949年至1954年，发电消耗燃料率从每度电0.89公斤降低为每度电0.614公斤；输电线路损耗从22.33%降低至10.36%；发电厂发电期间的能源消耗从8.28%降低至5.28%。1953年，节约行动减少了1.81亿度电力消耗，1954年节约了2.18亿度电。[①]燃料工业部一直致力于通过技术改造和平衡用电需求挖掘现有发电设备的全部潜力，因而推迟了电力基础设施的扩建。接手的电力工业部必须在第一个五年计划的最后两年承担起电力基础设施建设的重任。刘澜波提到，56%的基础设施建设工作需要在1956年和1957年完成。1955年，燃料工业部努力开工了40个项目。如要如期建成计划中的46家新发电厂，就必须减少15%—20%的施工时间。追求速度就不得不牺牲质量。安装失误造成的故障频频发生。刘澜波举了阜新发电厂的例子，该厂2号发电机刚安装完就出现了基座沉降的问题。[②]压缩型发展带来的效率低下蔓延于国家电力工业之中。

规划集中化的国家电网

借鉴上海节约用电和计划用电经验的管理措施在全国铺开。1950—1955年，上海实施的各种计划推广至全国其他地区。原本作为特例独立发展的上海电力工业开始整合到全国经济发展之中。中华人民共和国成立后，电力工业遵循工业用电优于居民用电的组织逻辑。彼时大多数苏联专家仅提供指导意见，重要决策均由中国共产党任命的管理干部做出。中华人民共和国成立初期的电力工业因而逐渐偏离列宁制定的"俄罗斯国家电气化委员会"模式，普通工人和政工干部加强了对电厂生产方式的控制。临近第一个五年计划结束，早年擘画

---

① 刘澜波：《依靠群众，提高技术，改进领导：为实现第一个五年计划而努力》，《人民电业》第20期，1955年10月。

② 刘澜波：《依靠群众，提高技术，改进领导：为实现第一个五年计划而努力》，《人民电业》第20期，1955年10月。

电力工业发展的技术官僚们逐渐被排挤在外。

在中华人民共和国成立初期，苏联人在中国电力工业中起的作用有限。1949年10月后，苏联专家很快来到中国，主要提供各种规范性意见。1949年11月，苏联铁道部副部长伊万·科瓦洛夫（Ivan Kovalyov）视察了东北地区的抚顺发电厂和丰满发电厂，以及石景山发电厂。苏联代表团发现这些发电设施存在八大共同问题。他们建议共产党迅速任命工程师负责重要发电厂的运行，改正发电设备存在的瑕疵以减少损耗，提高工人保护发电资产的意识，并吸纳工程师加入共产党。[①]苏联专家详细提出了八个基本原则：第一条是所有国家电气化计划必须根据发展国家生产力的统一的国民经济计划来制定，并顾及电力及热力用户的位置、水源、燃料、铁路、水路及就地现有的建筑材料等来综合解决选择修建电厂地点的问题。[②]其实那些投奔共产党的技术官僚之前提出的意见与苏联专家上述建议类似。

1950—1955年，中国电力工业的发展显著偏离苏联发展模式。列宁提出的"共产主义就是苏维埃政权加全国电气化"中文译文首次出现在1952年第22期《人民电业》的内封上，当期杂志为纪念中苏合作3周年的特刊。编委会在编者按语中表达了对苏联顾问的感激之情，但仅列出了一项实质合作成就。因遵循苏联顾问的建议，中国电力部门在没有安装新设备的情况下增加了15%发电量。[③]

但接受苏联专家意见也暗藏着风险。天津电业管理局发电量的提升也源于苏联专家认定原本被认为有问题的设备可以正常运行。1946年、1947年两台发电机出故障后，天津电业管理局缩减了发电量，以

---

① 科瓦洛夫：《改善和提高东北和华北各发电厂之经营和工作效率底简要措施》（1949年11月），中国社会科学院、中央档案馆编《中华人民共和国经济档案资料选编·工业卷》，中国物资出版社，1996，第762—764页。

② 《苏联电业专家报告·第二辑》，燃料工业出版社，1952，第8—9页。

③ 《三年里苏联专家给我们的帮助和今后我们如何更好地向苏联学习》，《人民电业》1952年第22期。

避免进一步磨损发电机。苏联顾问检查了这些发电机的涡轮外环和定子，认为它们并无损坏，建议操作人员逐步提高发电量。[1]

东北及华北地区电力事业复制了上海的发展模式。1950年2月6日上海大轰炸发生后，第二次全国电业会议于1950年3月在北京举行。参会的代表们再次强调了"安全"的重要性，不仅要求消除各种事故，还要求"建立群众防卫组织，防止反革命破坏"。"尽力挖掘现有设备潜力"的调整措施也促使东北地区电力工业释放全部发电能力。天津电业管理局报告称，1950年6月，在三次维修操作后，瞬时功率提升了3500千瓦，荷载系数高达100%。[2]1950年，华北电网供电比前一年增长了18.06%。[3]

和上海一样，华北电业管理局也试图提前预测用电需求，但并不成功。京津唐电网没有采用计划用电，而是执行"经济调度"措施，要求发电厂根据规划用电需求动态调整发电量。华北电业管理局在用电低谷时期关闭一些发电机以节约燃料，仅在预期用电需求增长的情况下增加供电。例如，大年初一，城市居民会在凌晨5点至7点开灯迎接财神，这将导致瞬时荷载从4点半的2.9万千瓦在6点半提高到3.7万千瓦。华北电业管理局增加运行两台发电机，以应对用电需求的增高。但预测工业用电需求更为困难。一些工厂没有生产计划，有些厂则为了保密拒绝提供用电数据。[4]

与此同时，城市居民减少个人照明用电，让电于工厂。1950年至1955年，北京工业用电约占总用电量的55%。剩余45%被归入"生活

---

[1]　张天柱、任景业：《天津电业局第一发电厂怎样把发电设备出力从73.3%提高到100%》，《人民电业》1950年第6期。

[2]　《1950年第二届全国电业会议》（1951年3月），北京市档案馆藏北京财政和经济委员会档，档号：1-6-446。

[3]　《1950年第二届全国电业会议》（1951年3月），北京市档案馆藏北京财政和经济委员会档，档号：1-6-446。

[4]　陈德裕、陈定坤：《京津唐电力网之经济调度》，《人民电业》1951年第2期。

用电"，包括街道、学校、医院等公共场所的照明用电。[①]中小学教室的照明只有10勒克斯（lux，英制照明单位，约为2瓦——编注），只有电梯、过道等过渡区域规定最小亮度的1/10。为了达到节约用电目标，一些学校安装低功率的灯泡。北京市委表示，长时间的昏暗照明会增加学龄儿童患近视眼的概率，[②]告诫不要为了追求工业增长而牺牲市民的健康。

最终，将装机容量有限的电力系统用到极致，导致了事故频发及系统故障的更大风险。解放军在解放北平前夺下的石景山发电厂以身为新中国电力事业的开拓者而骄傲，但也身受系统过载导致的频繁系统崩坏之苦。和天津情况类似，苏联顾问建议石景山发电厂满负荷运行2.5万千瓦发电机。[③]1950年11月，为了补足天津发电厂系统检修造成的电力缺口，石景山发电厂跳过了一次重大检修。在1951年1月的小检修中，操作员没有把定子取下来清洗，在后续3个月的运行中也没有发现任何异常。1951年4月21日，发电机起火，定子被烧毁。检查人员发现，大量灰尘堵塞了发电机的通风孔，电线的绝缘体破旧不堪。[④]

尽管采取了抢救性措施，石景山发电厂3年后还是发生了尴尬而灾难性的故障。1954年10月21日凌晨6点前后，正值印度总理贾瓦哈拉尔·尼赫鲁访华期间，为北京供电3.1万千瓦的石景山发电厂6号发电机出现故障。路灯停电19分钟，城市自来水系统的水压陡降，79

---

① 《北京市供电情况　1949—1960年》（1963年），北京市档案馆藏北京市统计局档，档号：133-4-474。

② 《北京市供电情况》（1956年4月18日），北京市档案馆藏北京城市规划委员会档，档号：005-002-00064。

③ 《1950年第二届全国电业会议》（1951年3月），北京市档案馆藏北京财政和经济委员会档，档号：1-6-446。

④ 参见《对于石景山发电厂发生重要事故的检查总结》，《人民电业》1951年第5期。

家工厂被迫停产，医院不得不打着手电筒动手术。[①]1955年后，电力工业部的注意力转向电力基础设施建设绝非巧合。"挖掘现有设备潜力"的政策使全国电力部门将陈旧的设备运行到了极限。资本投入不能再推迟了。

　　共产党执政初期，中国电力工业发展与列宁制定的"俄罗斯国家电气化委员会"模式完全不同。中华人民共和国成立初期，中国的工程师们乐于把电力调配的政治问题交给政工干部处理。有了政工干部收集的用电数据，工程师们不用再在黑暗中摸索着规划用电需求。但这样的安排恰好与列宁的理念相背。列宁认为，讨论电气化问题"是作为一个特殊问题提到代表大会议程上来的……今后出现在全俄代表大会讲台上的，将不仅有政治家和行政人员，而且有工程师和农艺师。这是最幸福的时代的开始，到那个时代政治将越来越少……讲话更多的将是工程师和农艺师"。[②]

　　但工程师并不能远离政治。尽管早期群众运动为工程师们发展电力基础设施项目提供了所需的支持，在1950、1960年代，部分投向共产党的工程师饱受折磨。1951年，积极参与节约用铜运动的恽震说服陈云为上海新成立的汽轮机厂进口了数吨硅钢片，因为当时的鞍山钢铁厂和太原钢铁厂都没有能力生产硅钢片。[③]1953年，恽震调往北京，被任命为第一机械工业部总工程师。在北京，他加入了民主党派九三学社。但他的政治人脉并没有让他免受迫害。早在1955年10月，肃反运动的调查人员就开始收集能证明恽震是国民党特务的证据。11位或和恽震一起参加过国民党政治教育活动，或曾在恽震手下工作的人士提供了相关证据。调查人员将恽震1945年在昆明压制工人骚动的行为认定为反革命活动。除了指控恽震窝藏国民党特务，他们还列举了

①　《北京市供电情况》（1956年4月18日），北京市档案馆藏北京城市规划委员会档，档号：005-002-00064。

②　Vladimir Lenin, "Report on the Work of the Council of People's Commissars".

③　王守泰口述，张柏春访问整理《民国时期机电技术》，第223页。

恽震犯下的十大罪状，包括批评共产党、将国有企业原材料倒卖给私人厂家等。[①]1957年，恽震被打为右派并"靠边站"。他被安排担任贵州一家器材厂的翻译，并在当地一家技校教电气工程课。在1980年代末期接受张柏春口述访谈时，恽震重申，他早就放弃了国民党党员身份。尽管被打为右派20年，恽震并不懊悔留在大陆的决定。与因被指控通共而处决的刘晋钰以及诸多在台湾被排挤的前同事相比，恽震很幸运，他长寿且成就非凡，见证了中国电力工业的现象级发展。

恽震在国民政府资源委员会的同僚鲍国宝也熬过了1955年肃反运动。身为冀北电力公司总经理的他在共产党包围北平时采取了合作态度，后来被任命为电力工业部技术委员会副主任。1956年4月，鲍国宝在周恩来总理面前回应了恽震在1949年共产党胜利前夕提出的争论。他说："在旧社会，技术人员被孤立，不能看到全国经济发展的大局。"[②]鲍国宝表示，国民党失败的地方正是共产党的成功之处，共产党不仅懂得把工程师整合进国家重建大业中，还把电改造成了动员群众的武器。

中国电力工业的加速发展期正好也是中华人民共和国保持战时状态的时期。1950年2月的大轰炸意在重挫大陆电力工业，实际却触发了一系列刺激电力工业扩张的事件。拥有部队工作经历的政工干部成为电业管理部门的领导。国家通过应急权从美国人手中夺回了上海最大的发电厂。内战以后的恐怖气氛迫使电业管理者采取严厉的措施管理用电需求。中国电力工业的军事化过程高度重视安全问题，也为在工人中推行整齐划一的工作日程表提供了组织架构。计划用电要求工人对自己的生活进行大幅度调整。

通过对持股人利益的保护，共产党在国家、实业家及工程师精英

① 《党委关于恽震的报告》（1955年10月），上海市档案馆藏中央电厂（昆明）档，档号：Q452-1-26。
② 《鲍国宝报告》，1956年5月4日，新华社稿。

层之间维持着脆弱的联盟。中华人民共和国成立初期，共产党很清楚
自身对城市的控制较弱，因而避免与资本家正面冲突。共产党并没有
强力接收私营电力企业，而是通过满足部分人的利益而分化相关各
方，最终赢得了对电力领域公私合营的支持。原来服务于国民党政权
的技术官僚推动了原本高度分化的电力工业的整合以及国家协调下的
区域电网的创立。

　　1954年，燃料工业出版社出版了谢尔肃夫著作《列宁斯大林的
苏联电气化》的中译本。为庆祝列宁全俄电气化计划发布30周年，
该书于3年前在苏联出版发行。[①] 书的开篇引用了威廉·李卜克内西
（Wilhelm Liebknecht）回忆马克思的一段话：“在十九世纪，曾经翻
转世界的蒸汽统治时代已宣告结束；代替它的是无比的最革命的力
量——电气火花。……政治革命将是经济革命所必需的后果，因为
前者仅是后者的表现。”[②] 马克思的预测在1950年代的中国大陆变成现
实。资本家曾通过使用蒸汽动力的工厂积累了大量财富，（现在）自
愿进入公私合营，且把资产的控制权交给了掌握电力流向的国家。[③] 由
集中计划的电网供应动力的国营工厂很快主导了中国工业。在某种程
度上，中国甚至超过苏联，实现了工人占有生产资料的梦想。当苏联
依赖受过高等教育的技术专家管理电力工业时，军人与工人已成为中
国诸多发电厂的负责人。[④]

---

① ［苏］斯·弗·谢尔肃夫：《列宁斯大林的苏联电气化》，第1页。这是S. F.
　　Shershov, *Leninsko Stalinskaia elektrifikatsiia SSSR* (Leningrad: Gosenergoizdat,
　　1951) 的中译本。
② Liebknecht, *Karl Marx*, 57.
③ 陈云：《公私合营中应注意的问题》，《陈云选集（第二册）》，人民出版社，
　　2015，第294页。更多关于共产党与资本家之间关系的研究参考Cochran, ed.,
　　The Capitalist Dilemma。
④ 中国社会科学院、中央档案馆编《中华人民共和国经济档案资料选编·工业
　　卷》，第954页。到1954年，燃料工业部分管发电厂的发电量占中国总发电量
　　的81.3%。

　　然而，物资匮乏之下的加速发展付出了代价。因为电力设备不足，电业管理部门不得不忍受高线路损失和高燃料消耗。虽然中国通过国内生产缓解了电力设备短缺问题，但系统性缺陷已经渗入早期阶段仓促建立的电力系统。在"大跃进"时期，长江下游地区建立的好几座小型水力发电站在运行一年左右后就变得破烂不堪。中国经济的能耗强度提高，电力供应的增长率超过了工业生产的增长率，中国转向碳密集经济发展模式。

　　持续至1957年的中国电力工业的现象级增长与人类世第二阶段——大加速时代的开始刚好重合。正如威尔·斯特芬（Will Steffen）、保罗·克鲁岑（Paul Crutzen）及约翰·麦克尼尔（John McNeill）等人所观察到的，"从世界大战和大萧条中吸取的教训激发了1945年后国际机构新管理体制的出现，这为经济增长的恢复创造了条件"。[1]尽管被排挤在美国及其盟友主导的全球经济秩序之外，中华人民共和国采取一切必要措施提高工业产出，努力追赶工业发达国家。电力行业最大限度使用现有的、过时发电设备，提高发电量，这为指数型经济增长提供了动力。对财富与动力的不竭追求造成了资源的过度使用及环境恶化。1951年，一场灰色的大雪覆盖了北京城，当时的管理者担忧的是未充分燃烧的煤灰从烟囱中飘走、浪费了资源，而不是感叹空气污染。在中国走向碳经济的早期阶段，生产效率的价值被置于自然环境的纯净和工人的健康之上。今天的中国快速转向可再生能源，但依然必须与电力工业压缩型发展带来的代价搏斗。

---

① Steffen, Crutzen, and McNeill, "The Anthropocene," 618.

结语
未竟的能源转型

　　台电首任总经理刘晋钰以"匪谍"之罪名被枪决过去了67年[①]，台湾政坛依然笼罩在丢掉电力就会导致政权倒台的恐惧之下。2017年8月15日，台湾出现全岛大停电，因脆弱的电力基础设施而生的潜在惊恐重新浮现。位于大潭的台湾最大天然气发电厂的两位工程师在一次常规维护中犯下了严重错误，导致全岛停电。在那个宿命般的下午，4时45分，一位工程师切断了复联模组（redundant system）的电源。两分半钟后，检测到电路中断的控制系统自动重启，导致两个电动阀门关闭，天然气供应停止了两分钟。4时50分，六部发电机机组全部跳机，中断了668万户住宅和商业单位的电力供应。[②]在报道完相关事故报告的内容后，中天电视《新闻龙卷风》栏目主持人戴立刚感叹道："假如有人要打台湾，他们只要贿赂一个发电厂工人停掉天然气供应，全岛就会瘫痪！打台湾岂不是易如反掌？"[③]有此担忧的绝非戴立刚一人。

　　停电事件发生一周后，草根组织"核能流言终结者"的创办人黄士修在文章中表达了类似的情绪："整个博爱特区，只有总统府是亮

---

① 刘晋钰于1950年被台湾当局枪决，至今已74年，67年是从台湾大停电发生的2017年算起的。后同。——编注

② 桃园区检查官办公室：《大潭电厂停电事件调查》，2017年9月21日，http://www.tyc.moj.gov.tw/ct.asp?xItem=488052&ctNode=14411&mp=012。

③ 戴立刚：《新闻龙卷风》，中天电视2017年10月16日播放。

的。你知道我想到什么吗？'这是中共解放军动手的最好时机，只要一颗飞弹过来，我们就完了。'"[1]他们的焦虑，可谓67年前残酷定下刘晋钰罪名的审理人内心惧怕的历史回声。

2017年8月大停电发生时，我和家人刚好在台湾。那天晚上，我们丝毫没有担心解放军进攻台湾。我们在基隆的海洋科技博物馆度过了一个下午。海洋科技博物馆的原址是日本人建立的一家火力发电厂。博物馆的电灯和空调正常运转，所以幸运的我们直到开始返回台北时才意识到发生了大面积停电。火车站的灯不亮了。我们径直通过已经停止工作的电子检票口，穿过漆黑的隧道，来到站台。幸好电动火车还是准时到达了。透过车窗，我们瞥见了铁路沿线黢黑一片，房子里闪烁着点点烛光。但不是所有人都受到停电影响。停电给同一区的人带来的影响也各不相同。我和家人在台北车站内正常进餐，而位于车站后面的京站时尚广场美食中心的食客们不得不摸黑吃饭。

当晚9时40分，停电基本结束，但其政治影响持续数月。首先，当时担任"经济部长"的李世光是毕业于康奈尔大学的土木工程师及理论物理学家，他于当天引咎辞职。2018年，国民党利用此次停电暴露出的问题组织支持核电联盟，迫使民进党放弃"非核家园"施政纲领。在2020年的选举中，能源安全曾短暂地成为选举议题。停电事件虽没有导致权力更迭，但其影响依然深远。

2017年大停电事件提供了一个独特的焦点时刻，提醒人们注意海峡两岸转向可再生能源背后的政治挑战。此次大规模停电一方面增加了人们对台湾电力基础设施也许不能经受全面战争考验的忧虑，同时也暴露了台湾过度依赖化石燃料、燃料组合多元化规划不足等问题。而大陆同样受这些问题困扰。1880年代至1950年代的电气化进程史表明，在擘画能源未来时，海峡两岸的经济计划制定者与工程师们都必

---

① 黄士修：《815大停电的五个疑点》，2018年8月23日，https://cnews.com.tw/126180823a01/。

须考虑三个关键问题。第一，始于数十年战争和革命期间的混乱开端造成了台海两岸电力领域的"受围心态"，这使双方偏向短期的经济增长利益，而非长期可持续发展。第二，因为火力发电是缓解电力短缺的最快和最经济途径，战时动员将国共两党都锁定在碳密集型发电模式中。第三，两岸政治领导人都必须克服早期发展产生的巨大制度惯性。

　　能源经济学家皮尔森（J. G. Pearson）提出"能源政策三重悖论"：政策"重心在能源安全、可供性与国际竞争以及环境质量三个目标之间游移"，这三个关键问题即为上述"三重悖论"的核心议题。本书结语部分将考察中国大陆和台湾地区2006—2020年的可再生能源转型，从而进一步讨论皮尔森提出的"受益于历史分析的三大能源变革研究领域"：（1）变革持续的时间与速度；（2）路径依赖，锁定效应，以及现任者的作用；（3）可持续性转型与创新理论。[1]

　　一直以来，集中化推动了大陆和台湾电力工业的加速发展，当下却成为推动可再生能源使用所需制度创新的阻碍。这再次证明"成也萧何，败也萧何"。受制于1880年代至1950年代数十年的战争与革命时期，海峡两岸都实现了全面的电力集中分配。正如第六章所讨论的，国民党政府1945年接收台湾后即全面控制起电力领域。2002年，大陆成立了国家电网有限公司。通过由超高压输电网络连接的区域电网，国家电网不仅能在不同宏观区域间调配富余电力，还能有效防止如1977年7月13日纽约大停电或2012年7月印度大停电等类似事件的发生。[2]国家电网同时体现了地处北京的中央政府行政管理能力的强大与有限。因在燃料成本提高的情况下以较低价格供应电力不划算，地方发电机构因而有时会违背中央政府提高发电量的要求。2011年，为了保障大城市供

---

① Pearson, "Past, Present and Prospective Energy Transitions".

② Zeng Bo, et.al., "An analysis of previous blackouts".

电，大陆一些小城市不得不轮流停电。[①]正如接下来要讨论的，集中化使国家电网能够聚集资源，实现风力发电领域的指数型增长，但也导致了规模不经济及协调失效。台湾的经济计划制定者同样要在短期经济发展利益与环境长期可持续性之间走钢丝。选票的压力迫使多党民主制下的政策制定者依赖经受过考验的能源生产模式，尽量减少可能的经济动荡。

快速响应背后的重重危机

正如在战争频仍的1930年代和1940年代电力基础设施建设取得快速发展，近5年来对气候变化的及时响应也促进了可再生能源的指数型增长。两岸电力网络均形成于全面抗战时期。在战争的硝烟中建设电力基础设施带动两岸从有机经济向碳经济转型。因工业发展程度决定了日本向南方侵略扩张计划的成败，日本提高了台湾电力行业的发电容量。第六章曾提到刘晋钰不仅复兴了台湾电力网络，还曾在日本空袭的威胁下几乎从零做起吧建立了昆明战时电力网络。在第六章结尾，我们看到国民党如何修改判决，以使以捕风捉影的"通共"嫌疑而枪决刘晋钰变得正当。大陆同样深深警惕敌人的渗透。

竭力求生存的恐怖氛围强化了"不惜一切代价求发展"的思维。中国共产党的经济计划制定者视电力为所有工业的排头兵，促使电力工业比整体经济扩张得更快。外源性的燃料供应困难也没有打乱这些计划。在"大跃进"之前的1956年，洪灾和煤矿矿道木材短缺导致煤产量减少了238万吨。即便如此，中国发电量依然增长了25%。[②]第

---

① Keith Bradsher, "China's Utilities Cut Energy Production Defying Beijing," *New York Times*, May 24, 2011, accessed May 18, 2020, https://www.nytimes.com/2011/05/25/business/energy-environment/25coal.html.

② 国家统计局：《关于1956年全国工业生产情况》（1957年1月29日），《中华人民共和国经济档案资料选编·工业卷》，第983—988页。

七章述及的计划用电管理策略和燃煤效率提升是发电量增长的主要原因。在战争结束已久的1970年代，大陆依然实行军事化的基础设施建设路径。例如，1973年望亭发电厂扩建，采取的就是"大会战"模式。全员参与之下，3个月完成了外围建筑建设，40个月完成了30万千瓦装机容量的上线工作。但这次仓促建设遗留了59个重大缺陷，之后3年将就此开展各种"会战"行动。①

快进至21世纪，中国政府认识到，空气污染和二氧化碳高排放量对经济发展和人民健康造成重大威胁。正如1937年至1945年国民党把抗日前线改造为资源基地，中华人民共和国将其北方边疆地区变成了减少碳排放战争前线的可再生能源的生产基地。随着2006年《可再生能源法》的生效，风能工业连续四年增长100%。②2008年，中国宣布在甘肃、新疆、河北、吉林、内蒙古东部和西部及江苏沿海等地建立七大风能基地，总装机容量至少达10吉瓦。③早在2007年9月，中国政府就宣布，努力将可再生能源占比从2006年的8%提高至2020年的15%，接近翻倍。事实上，他们超额完成了这一雄心勃勃的目标，2005年至2013年可再生能源总产量增长了两倍。④国有企业同样主导着风力发电领域。⑤国家驱动的可再生能源发展路径的底层逻辑与国民政府资源委员会在1940年代强行规定电力工业标准的策略有相似之处。只不过后者意在防止中国电力行业受制于美国电气设备制造商。

中国1930年代至1960年代军事行动和群众动员背后的信念是追赶发达工业国家，这一显著特征如今以不同形式重现。2014年，国家发展和改革委员会宣布，绿色低碳发展不仅是实现可持续发展的必由之

---

① 《华东电力工业志》，第15页。

② Guo-liang Luo, Yan-ling Li, Wen-jun Tang, Xiao Wei, "Wind Curtailment".

③ Zhongying Wang, Haiyan Qin, and Joanna Lewis, "China's Wind Power Industry".

④ Dahai Zhang, et al., "Present Situation and Future Prospect of Renewable Energy in China".

⑤ Guo-liang Luo, Yan-ling Li, Wen-jun Tang, Xiao Wei, "Wind Curtailment," 1192.

路，"也是树立负责任国家形象，为保护全球气候环境作出积极贡献的现实选择"。[①]这回应了人类世倡议者的担心，他们一直提醒公众警惕新地质时代人类世环境恶化的危险。

华北、东北及西北等地区的大规模碳锁定带来的残留性低效，使得新增的可再生能源不能上网，风能工业发展遇到挫折。因为上述一线区域的电网无力将如此巨量的电力传输和分配至电力消费中心，10%—20%的风电不能上网。在经历2006年至2010年为期4年的现象级增长后，2010年至2013年中国风能农场年收入下降了30%。这个被称为"风能紧缩"的现象在2012年导致了100亿元人民币的直接经济损失。风电只能在当地使用。而在冬天供暖的月份里，烧煤的供热机构也会发电，因而必须减少风能基地的电力供应，以免输电通道过分饱和。[②]为了在地使用风能，用户必须把已有的暖气片更换为电暖气片。这将导致巨大的经济代价及环境成本。"高峰"动员与第七章讨论的对劳动力有组织的、持续微观管理的结合，加剧了清洁能源生产、分配和消费之间的不匹配。

克服碳锁定效应

中国电力工业形成时期的发展状况决定了碳锁定效应的程度。在数十年军事冲突和革命动荡中走向成熟的中国发电企业和用电企业依然在与持续的技术及设备过时搏斗。资本不足使得电力生产者和消费者都偏向过时的技术，而不是更新的、能效更高的生产模式。类似的操作可远溯至晚清和民国时期，且一直持续至1970年代。第一章讨论的纺织工业的电气化进程显示，新能源技术的引入并没有带来熊彼得

[①] 国家发展和改革委员会：《中国应对气候变化的政策与行动》，2014年11月，http://en.ccchina.org.cn/archiver/ccchinaen/UpFile/Files/Default/20141126133727751798.pdf。

[②] Guo-liang Luo, Yan-ling Li, Wen-jun Tang, Xiao Wei, "Wind Curtailment".

式的"创新性破坏"——新技术的引入迫使工厂要么退出要么跟上新技术。纺织厂并没有立即采取能效更高的行动——向发电厂购电，而是继续采用低成本的过时技术自发电。新能源技术的不稳定证明他们的选择极为合理。在第二章中，为阻止外商侵蚀自己的经营范围，地方士绅努力争取国家的法律保护，大型外商电力系统同样未能取代小型华商发电厂。

全面抗战时期的电力工业发展使中国愈加囿于碳密集发展模式。正如第三章所示，为更有效满足国防工业的能源需求，中日双方都实行煤炭集中分配制。这种模式持续至1945年后。作为冷战的前线岛屿，为了生存，台湾必须追求经济的快速增长，因而对化石燃料的依赖度上升。孙运璿，这位曾在田纳西河流域管理局接受培训、为日本投降后台湾修复电网做出重要贡献（见第六章）的国民政府资源委员会工程师，在1950年代接任台电总工程师。在他的领导下，台电改变了日本占领时期的"水电优先，火电为辅"的发展策略，大力发展火力发电。1960年代，台湾经济起飞，巨大的电力需求要求台电迅速提高发电量。美国援助项目工程师乔·摩尔（Joe Moore）发现，因1960年代台湾反复出现电力短缺，孙运璿以"紧急项目"为由力推购买燃气轮机。当时台电正在台湾中部和东部建设大型水力发电工程项目，但这些项目上线需要耗费近10年时间。随着电力消费每5—7年翻一番，台电必须扩容。正如摩尔所指出的，燃气轮机"运行起来效率低下、成本更高，但与传统发电机组相比能更快交付和安装"。[①]进入21世纪，原本只是作为紧急措施的天然气成为台湾最主要发电燃料来源。

大陆走过了类似的碳密集发展历程。在接收遗留下来的各种拼拼凑凑、怪异的电力系统后，共产党不得不处理仓促建成的战时电

---

① Moore, "A Friend Remembers Y. S. Sun," 111，见孙运璿学术基金会官网，http://sunyunsuan.org.tw/remember-once_5_02.php。

力基础设施中嵌入的所有系统缺陷。正如第七章总结的，电业管理总局实行高峰负荷管理，保持高水平的电力输出，使生产昼夜不停。能耗强度，即能量投入与生产价值之间的比值，上升了。"大跃进"进一步加速了向化石燃料的转型。1958年至1960年狂热上马的小型水电站大多以失败告终。将工业生产转向内陆地区的"三线建设"政策推迟了沿海城市的发电厂扩建。安装原油发电机成为弥补第四个五年计划期间（1971—1975）装机容量下降的最快措施。1973年至1975年，华东电网装机容量扩大了近80%，建设和安装耗时3年4个月。在新增的300万千瓦装机容量中，268万千瓦来自原油发电机。[①]

中国向绿色能源的转型之路似乎并不平坦，往往前进三步，就要向形成于70年前的碳密集发展道路后退两步。曾是太阳能发电和风能发电桥头堡的地区已经成为高污染煤炭转化项目的集中地。这些项目反映了地方政府和煤炭行业所面临的政策困境，它们在抑制煤炭消费以实现碳排放目标和下注新化石燃料技术以推动经济增长之间徘徊不定。中央的政策制定者知道，在"全球石油供应不稳定"的情况下，国家必须实现石油化工产品原材料来源的多元化，为此，煤炭转化必须尝试。[②]"十三五计划"提出煤炭转化为原油、天然气的规划，而耗水极高的煤炭转化项目却主要集中在中国西部干旱地区。环保部非常清楚这些项目的潜在环境危害，发布了限制用水的规定，并建立了水权交易系统，但据研究者估算，煤炭转化中的水足迹[③]"依然过大"。[④]边疆地区不仅打开了无限制能源扩张的新天地，也面临着环境污染的挑战。

[①] 《华东电力工业志》，第13页。

[②] Liu, Zhou Yang, and Xinzhou Qian, "China's Risky Gamble".

[③] 水足迹指在日常生活中公众消费产品及服务过程所耗费的那些看不见的水。——译注

[④] Liu, Zhou Yang, and Xinzhou Qian, "China's Risky Gamble".

碳驱动增长的有限性

从可再生能源转型的初期表现看，威权生态现代主义已成为能源政策的主要框架。[1]中国一边努力从大规模碳锁定效应中挣脱，一边似乎又可能走向"陷入困境的转型"。"陷入困境的转型"一词来自政治学学者裴敏欣，意指"国家权力被用于保护统治精英的特权、压制针对这些特权的挑战，而不是用来推动普遍的发展目标"。[2]国家管理机构不愿放弃对集中化电网的控制，渴望维持现状，因而没有考虑现有电力分配系统的限度，一味采取提高可再生能源发电容量的单一发展路线。这与其他亚洲国家的做法类似，验证了伊丽莎白·查特吉的观察——"电力领域近期出现的去碳化转向行动目前并未突破唯发展主义的政治逻辑，反而进一步强化了这种逻辑"。[3]

面对使地球系统不堪重负的全球环境危机，两岸拥有建立可持续电力基础设施的政治意愿吗？答案并不像娜奥米·奥利斯克斯（Naomi Oreskes）和埃里克·康威（Erik Conway）在科幻小说中描述的"2093年大溃败"那么简单。在他们的描述中，中国通过将2.5亿人转移至高原地区而成功解决了21世纪的气候危机，其他民主制国家面对末日来临却犹豫不决。[4]中国大陆毫无疑问拥有大规模动员人力和资本的能力，可以增加太阳能发电、风力发电和水力发电。发生在2012年前后的可再生能源紧缩说明集中化的、自上而下的发展路径已经导致了产能过剩和协调失效。台湾当局在制定能源政策时必须回应选民需求。有关台湾能源未来的讨论一般只围绕两大问题展开：火力发电厂造成的空气污染及停止使用核电。2017年大停电

---

[1]　Beeson, "The Coming of Environmental Authoritarianism," 283.

[2]　Minxin Pei, *China's Trapped Transition*, 9.

[3]　Chatterjee, "The Asian Anthropocene".

[4]　Oreskes and Conway, *The Collapse of Western Civilization*, 51–53.

事件发生后，国民党和民进党均提出了绿色能源发展计划，但这些计划缺乏清晰目标与具体细节。海峡两岸都不得不处理碳驱动增长触顶后带来的经济动荡。

1950年代，工程师们将用电管理权交给了政工干部，因为在他们看来，电力分配不是技术问题，而是政治问题。研究中国21世纪能源转型的工程师和社会科学者似乎也都认同这一观点。他们大多认为中央政府应该在推广可再生能源中继续承担重要角色，但也承认中央政府和地方政府之间必须更好地上下协调。2014年，华北电力大学罗国亮团队在一篇文章中列出了造成风电紧缩的11条理由，其中所有理由都源于系统性计划的失败和可再生能源法的执行不力。其团队特别注意到，7家1万兆瓦风电农场的建立并不符合电力消费模式。为推广大型风电农场，中国从国家公共财政预算中拿钱发放补贴——2006—2011年，每千瓦装机容量补贴约300元——从而加强了对电力领域的控制。在地方层面，风电农场开发者抱怨从未收到政府承诺的补贴，申请起来也相当麻烦。不能从终端用户那里收回足够的费用进一步加剧了这些风电农场的资金短缺。[①]最后，私营风电农场运营者受制于国家电网的运营者，后者可以根据他们自身对可再生能源法有关"担保购买"条款的理解决定是否购买风电。[②]问题持续存在。3年后，浙江大学海洋学院张大海研究团队提出了同样的担忧。他们痛惜地表示："管理、策略、项目和政策条块分割，缺乏整体计划。"[③]

澳大利亚弗林德斯大学气候与可持续发展研究小组的政治学学者林函也赞同这些学者的观点，她认为中国能源政策的主要问题"既不在于发展速度，也不在于发展规模，而是在于协调效率、整合程度与发展质量"。她认为，2018年应对气候变化司并入更名后的生态环境

---

① Guo-liang Luo, Yan-ling Li, Wen-jun Tang, Xiao Wei, "Wind Curtailment," 1197.

② Guo-liang Luo, Yan-ling Li, Wen-jun Tang, Xiao Wei, "Wind Curtailment," 1196‐1198.

③ Dahai Zhang, et al., "Present situation and future prospect of renewable energy in China".

部是中央政府朝正确方向迈出的一步，但在缓解气候变化方面，中央、省、市三级政府的关系错综复杂、问题重重，只能通过消除政策责任分化的"统一政府"路径得到完全解决。①

转到台湾，当局尽力平息了2017年8月大规模停电带来的政治纷争。就在大潭电力跳闸事故发生前，台湾正经历有记录以来最热的夏天。为了跟上空调的电力需求，台电的发电机基本满负荷运行。为了缓解电网压力，相关部门办公室采取了与第七章详细论述的计划用电类似的措施，在下午最热的那几个小时主动关闭空调。在2017年7月，有评论提出，这种节电措施像堂吉诃德大战风车一样无济于事，如果不是民进党坚持"无核家园"策略，台湾就不会处于如此尴尬的境地。但台湾很快从这次灾难事件中恢复。8月15日大停电发生几天后，世界大学生夏季运动会在台北大张旗鼓地开幕。大型运动会带来的欢乐似乎抹去了黑暗时光造成的恐惧与混乱。

2018年"地方选举"期间，民进党再次遭遇停电事件带来的恐惧，这种恐惧似乎挥之不去。黄士修创办的草根组织"核能流言终结者"发起了一场公投，要求民进党废除"电力法"第一条第九十五款，并将关闭核反应堆时间推迟至2025年。当年，民进党"地方选举"惨败，59.49%的人为"以核养绿"投了赞成票。"经济部"按照公投要求修改了相关"法律"，但接着还是停止了位于新北市的台湾第四家核电厂的建设。

在2020年"大选"中，为回应589万支持"以核养绿"选民的关切，民进党和国民党提出了相互竞争的能源转型纲领。2017年8月大停电两周年后几日，由前"经济部长"李世光担任董事长的工业研究院发表了一篇报告，缓解了民众因关闭核电、缩减火电及转向太阳能发电和风电而产生的对电力短缺的担忧。停电事件发生四百余天后，台中两家火力发电厂的发电量减少了10.6%至16.1%，台电的备转容

---

① Han Lin, *Energy Policies and Climate Change in China*, 186.

量依然维持在6%及以上。还有一点值得注意，可再生能源（水能、太阳能和风能）在台湾的能源组合中仅占6%，2019年6月这一比例提升至13%。[1]这个数字说明民进党与其制定的可再生能源占比20%的目标还相距甚远。

怀疑论者并未被说服。黄士修带领的"核能流言终结者"批评当局没有及时改变对化石燃料的依赖。2018年，煤和天然气分别占台湾发电燃料的38.8%和38.6%。处于2017年大停电事件中心的大潭发电厂后来又进行了扩建，进一步加剧了台湾对天然气的依赖。因大潭发电厂在台湾电力供应中的占比较高，批评人士担心下一次停电将比2017年8月大停电更严重。黄士修后来成为国民党2020年"总统"候选人韩国瑜的能源政策顾问。韩国瑜提出台湾要在2035年实现"清洁能源"占比50%，这一目标比民进党的计划更为激进。不过后来韩国瑜澄清，该计划把核能归为"清洁能源"，核能占比将从10%提升至20%。[2]

后来，能源安全与可持续发展议题淡出公众视野，韩国瑜的"绿色能源计划"胎死腹中，不久后他本人在罢免选举中被解除高雄市长职位。国民党和民进党的能源计划都需要投入大规模资金以提高可再生能源的装机容量。根据民进党当局2017年提出的"前瞻基础设施计划"，实现可再生能源占比20%的目标需要投入584.9亿美元，其中超过80%必须来自私人投资。[3]考虑到台海冲突与经济不确定性长期存在，私人投资是否愿意为一直由政府把控的电力领域提供资本支持还

---

① 李孟颖等：《能源转型进程观测图表》（Do-Energy，2019年8月20日），访问时间：2019年10月27日，https://doenergytw.blogspot.com/2019/06/blog-post.html?fbclid=IwAR0MkYonixEwZ5Q1auMQ5-l4LZrAc-j31aCg3tzRJJsvKFdhsqX99h3D-tZs。

② 王子豪：《韩国瑜提能源政策支持核电》（2019年8月22日《焦点事件》），访问日期：2019年10月27日，https://www.eventsinfocus.org/news/3372。

③ 《前瞻基础建设计划——绿能建设》（最后修改日期：2017年3月23日），访问日期：2019年10月27日，https://www.ey.gov.tw/File/694A3325D84DAB64。

有待观望。

如果说过去可以预示未来，人们有理由对海峡两岸的能源未来心存忧虑。两岸都期待化石燃料能刺激经济增长，因而常常为短期经济收益而牺牲长期可持续性发展。能源危机带来的教训很快被抛诸脑后。一旦出现其他方面压力，环境可持续性发展计划往往被搁置。但我们依然有理由保持乐观。中国第一代技术官僚利用一切或强或弱的动力，克服诸多限制，推动国家经济的发展。他们从困境中一再振作。其现代的继任者们或许应该从这些前辈身上汲取面对危机时的勇敢和坚毅，最终找到一条阻止碳燃烧复合体摧毁地球生态圈、地圈及人类－技术圈的道路。

参考文献

档 案

台北"国史馆"相关档案

台北"中研院"近代史所相关档案

台北"中研院"林品言（音）个人收藏

美国怀俄明州拉勒米市美国遗产中心相关档案

北京市档案馆相关档案

美国宾夕法尼亚州匹兹堡市约翰·海因茨历史中心相关档案

美国新泽西州普林斯顿市希利·马德手稿图书馆相关文献

台北档案管理局相关档案

美国马里兰州大学公园市国家档案与文件署相关档案

美国科罗拉多州布鲁姆菲尔德市国家档案与文件署（丹佛）相关档案

日本东京市国立国会图书馆相关档案

上海市档案馆相关档案

台北孙中山纪念馆相关档案

东京经济大学图书相关文献

中文报刊资源

《纺织时报》

《人民日报》

《申报》

《新生报》

中文期刊文献

鲍国宝：《首都电厂之整理与扩充》，《工程》第4卷第2期，1929年。

北京供电局党史局志办公室：《解放前夕北平电力公司的护厂斗争》，《北京党史研究》1989年第6期。

《常州纱厂进行近讯》，《武进月报》第4卷第2期，1921年。

陈德裕、陈定坤：《京津唐电力网之经济调度》，《人民电业》1951年2月。

陈中熙：《电气事业与电气事业建设》，《资源委员会季刊》第4卷第3期，1944年。

程麟荪：《论抗日战争前资源委员会的重工业计划》，《近代史研究》1986年第2期。

程麟荪：《资源委员会与中国计划经济的起源》，《二十一世纪》2004年第4期。

约翰·S.柯登：《扬子江三峡水力发电计划（附图）》，张光斗、朱淑琳译，载《台湾工程界》第1卷第1期。

《电气工业标准》，《中国电工》第1卷第1期，1943年7月。

《电气事业取缔规则草案》，《电业季刊》第4期，1931年。

董枢译述《民营电业实较官营电业为佳论》，《电业季刊》第4卷第2期，1934年。

《对于石景山发电厂依次发生重要事故的检查总结》，《人民电业》1951年5月。

冯子栽：《浙江吴兴丝绸业概况》，《实业统计》第1卷第3—4期，1933年6月。

桂洒黄、刘晋钰、杨国华：《螳螂川计划及滇北区水力发电之展望》，《资源委员会季刊》第 4 卷第 3 期，1944 年。

　　郭德文、孙克铭：《抗战八年来之电器工业》，《资源委员会季刊》
第 6 卷第 1—2 期，1946 年。

　　葛祖辉：《资源委员会中央电工器材厂概况》，《工业青年》第 1
期，1941 年。

　　《工业技术发明简讯》，《资源委员会公报》第 5 卷第 6 期，
1943 年。

　　郭志成：《发刊词》，《电业季刊》第 1 期，1930 年。

　　何达：《棉纱纺织与消费电力量》，《华商纱厂联合会季刊》第 9 卷
第 1 期，1931 年。

　　侯嘉星：《动力机器进口与近代中国工业化（1910—1937），
《"国史馆"馆刊》第 39 期，2014 年。

　　侯德封等：《扬子江发电工程地质问题之检讨》，《地质评论》第
13 卷第 1/2 期，1948 年。

　　黄辉：《中国之水力资源及水力发电之展望》，《资源委员会季刊》
第 4 卷第 3 期，1944 年。

　　黄育贤：《陪同萨凡奇复勘三峡水力发电计划报告》，《湖北文史
资料》1997 年第 1 辑。

　　江岩：《北平工人迎接解放的斗争》，《工会博览》2002 年第 1 期。

　　建设委员会：《建设：令发电压周率标准规则》，《江苏省政府公
报》第 573 期，1930 年。

　　建设委员会：《建委会拟定监督民间电业原则》，《工商半月刊》
第 18 期，1929 年。

　　《冀北电力公司平津唐察各地销电量》，《天津统计经济月报》第
28 期，1948 年。

　　乐山市档案馆：《民国档案》1994 年第 35 期。

　　李凤梧、李斌：《利用裸钢线代替裸铜线》，《电世界》1958 年第
12 期。

李式中：《纺织材料》，《华商纱厂联合会季刊》第10卷第1期，1932年。

良穆（化名）：《日本之国营电力》，《汗血月刊》第6期，1936年。

林兰芳：《战后初期资源委员会对台电之接收（1945—1953）：以技术与人才为中心》，《"中央研究院"近代史研究所集刊》第79期，2013年3月。

刘晋钰：《昆湖电厂筹备经过》，《资源委员会月刊》第1卷第5期，1940年。

刘晋钰：《昆湖电厂喷水洞发电所建设经过》，《资源委员会季刊》第4卷第3期，1944年。

刘澜波：《依靠群众，提高技术，改进领导：为实现第一个五年计划而努力》，《人民电业》1955年10月。

刘涛天：《纺织业概况调查》，《教育与职业》第179期，1936年9月。

刘雁斌、周文、查仁柏：《我国杰出的电力系统专家——蔡昌年先生》，《动力与电气工程师》2009年第11期。

刘英源、王文斌：《石景山发电厂如何贯彻民主管理超额完成任务》，《人民电业》1950年第6期。

卢钺章：《中国之燃料资源及火力发电之展望》，《资源委员会季刊》第4卷第3期，1944年。

闵江月：《萨凡奇考察长江三峡前后》，《湖北文史资料》1997年第1辑。

《全国民营电业请愿始末记》，《电业季刊》第1卷第1期，1930年。

《日本全国电力统计》，《中央银行半月刊》第2卷第8期，1933年。

《三年里苏联专家给我们的帮助和今后我们如何更好地向苏联学习》，《人民电业》1952年第22期。

萨凡奇：《扬子江三峡计划初步报告（上）》，《民国档案》1990年第 4 期。

　　萨凡奇：《扬子江三峡计划初步报告（下）》，《民国档案》1991 年第 1 期。

　　上海电业管理局：《上海地区电力系统调整负荷的经验》，《人民电业》1955 年 11 月第 22 期。

　　《社论：电工与近代战争》，《中国电工》第 1 卷第 4 期，1943 年。

　　沈嗣芳：《电力灌田》，《农业周报》第 3 期，1929 年。

　　沈嗣芳：《同业此后之二十年》，《电业季刊》第 1 期，1930 年。

　　沈嗣芳：《整理首都电厂工作之一段》，《工程》第 4 卷第 2 期，1929 年。

　　沈嗣芳、李彦士：《本会出席德国二次世界动力大会代表李彦士沈嗣芳二君报告》，《电业季刊》第 3 期，1930 年。

　　沈嗣芳、李彦士：《日本蚕丝业之电气化》，《纺织周刊》第 1 卷第 5 期，1931 年。

　　《斯泰因麦兹》，《明灯》第 160—161 期，1930 年。

　　孙丹忱：《萨凡奇与李冰父子》，《中央周刊》第 8 卷第 20 期，1946 年。

　　台湾电力公司：《瞰凤山慰问本公司入营员工》，《台电励进月刊》第 39 期，1950 年 4 月。

　　唐孟雄：《英国兰开夏棉业公司试验自动布机之正式报告》，《华商纱厂联合会季刊》第 10 卷第 1 期，1932 年。

　　陶立中译《动力工业之防空》，《资源委员会月刊》第 3 卷第 4—6 期，1941 年。

　　陶立中、刘晋钰：《昆湖电厂喷水洞发电所建设经过》，《资源委员会季刊》第 4 卷第 3 期，1944 年。

　　《统计：资源委员会附属厂矿战后内迁器材数量表》，《资源委员会公报》第 1 卷第 1 期，1941 年。

　　王守泰：《关于制定我国电气标准规范之管见》，《中国电工》第 1

卷第1期，1943年。

王翔：《辛亥革命期间的江浙丝织业转型》，《历史研究》2011年第6期。

乌公：《隆茂纱厂停业平议》，《纺织周刊》第2卷第46期，1932年。

许应期：《中央电工器材厂第四厂概况》，《资源委员会月刊》第2卷第4—5期，1940年。

徐锋华：《一九五〇年上海"二·六轰炸"及应对》，《历史研究》2014年第4期。

薛毅：《民国时期首次科学勘测长江三峡略论》，《武汉大学学报》第59卷第4期，2006年7月。

杨琰：《工部局主导下近代上海电力照明产业的发展，1882—1893》，《"中央研究院"近代史研究所集刊》第81期，2013年9月。

姚玉明：《略论近代浙江丝织业生产的演变及其特点》，《中国社会经济史研究》1987年第4期。

恽震：《电工器材厂之筹备经过及现状》，《资源委员会月刊》第1卷第1期，1939年。

恽震：《电力电工专家恽震自述（一）》，《中国科技史料》第21卷3期，2000年。

恽震：《电力电工专家恽震自述（二）》，《中国科技史料》第21卷第4期，2000年。

恽震：《电力电工专家恽震自述（三）》，《中国科技史料》第22卷第2期，2001年。

恽震：《电力建设之方针》，《经济建设季刊》第1期，1942年。

恽震：《电气工业建设之展望》，《新中华》第2卷第8期，1944年。

恽震：《华东工业部电气工业处处长恽震一九五一年九月廿七日在节约用铜运动大会上演讲》，《上海工商》1951年第34期。

恽震：《学生运动的根本研究》，《少年中国》第1卷第11期，1920年。

恽震：《中央电工器材厂二十八年度事业总报告》，《资源委员会月刊》第2卷第4期，1940年。

恽震：《资源委员会与美国垦务局订约设计三峡水电工程》，《湖北文史资料》1997年第1辑。

《YVA计划的实践》，《一四七画报》第4卷第11期，1946年。

《在印器材内运收费办法》，《资源委员会公报》第4卷第2期，1943年。

曾照鉴：《记萨凡奇先生》，《新世界》第2期，1947年。

张承祐：《国营电力机器事业之成长与展望》，《资源委员会季刊》第5卷第2期，1945年。

张承祐：《中国电线工业》，《资源委员会季刊（电工专刊）》第5卷第2期，1945年。

张人杰：《本会为解决北平电灯电车两公司悬案》，《建设委员会公报》第38期，1934年。

张天柱、任景业：《天津电业局第一发电厂怎样把发电设备出力从73.3%提高到100%》，《人民电业》1950年第6期。

张望良：《纱厂由蒸汽动力改用电气动力之管见》，《华商纱厂联合会季刊》第8卷第4期，1930年。

《致河南省民政厅张伯英厅长节略为恳请发还开封电厂》，《电业季刊》第1卷第3期，1930年。

中央燃料工业部编译室电业组：《三年里苏联专家给我们的帮助和今后我们如何更好地向苏联学习》，《人民电业》1952年第22期。

中文专著及未出版手稿

北京市档案馆：《北平和平解放前后》，北京市档案馆，1988。

陈伟国、任良成编著《中国近代名人股票鉴藏录》，上海大学出版社，2012。

陈云：《公私合营中应注意的问题》，载《陈云选集（第二册）》，人民出版社，2015。

陈云：《接收沈阳之经验》，载《陈云选集（第一册）》，人民出版社，2015。

陈云林总主编《馆藏民国台湾档案汇编（第四十册）》，九州出版社，2007。

陈志刚：《湘潭电机厂志》，湘潭电机厂，1992。

程玉凤、程玉凰编《资源委员会档案史料初编》，台北"国史馆"，1984。

程玉凤、程玉凰编《资源委员会技术人员赴美实习史料》，台北"国史馆"，1988。

高明：《1945—1965上海电力工业研究》，博士学位论文，上海交通大学，2014年。

胡平：《海角旗影：台湾五十年代的红色革命与白色恐怖》，二十一世纪出版社，2013。

华东电力工业志编纂委员会：《华东电力工业志》，中国电力出版社，1996。

黄晞：《中国近现代电力技术发展史》，山东教育出版社，2006。

华商纱厂联合会：《中国纱厂一览表》，上海，1933。

湖州地方志编纂委员会编，王克文主编《湖州市志》，昆仑出版社，1999。

建设委员会：《全国电厂统计》，南京，1933。

建设委员会：《全国发电厂调查表》，南京，1929。

交通大学校史编写组：《交通大学校史（1896—1949年）》，上海教育出版社，1986。

李代耕：《新中国电力工业发展史略》，企业管理出版社，1984。

李代耕：《中国电力工业发展史料：解放前的七十年（一八七九—

一九四九）》，水利电力出版社，1983。

李南央编《父母昔日书（上）》，香港时代国际出版社，2005。

林炳炎：《台湾经验的开端：台湾电力株式会社发展史》，自行出版，1997。

柳燕等编《湖州市电力工业志——二十世纪的湖州电力》，中国电力出版社，2004。

毛泽东：《把军队变为工作队伍》，载《毛泽东选集（第四卷）》，人民出版社，1994。

南京地方志编纂委员会、南京电力工业志编纂委员会编《南京电力工业志》，江苏古籍出版社，1997。

彭真：《做好城市工作，迎接解放高潮》，载北京市档案馆编《北平和平解放前后》，北京市档案馆，1988。

《彭真传》编写组编《彭真年谱》，中央文献出版社，2002。

邱秀芷编《我所认识的孙运璿：孙运璿八十大寿纪念专辑》，孙璐西，1993。

《全国电厂统计总表》，载《申报年鉴》，上海，1934。

上海市档案馆编《日伪上海市政府》，档案出版社，1986。

上海市电力工业局史志编纂委员会：《上海市电力工业志》，水利电力出版社，1993。

斯泰因麦兹：《电力事业概论》，陈章译，商务印书馆，1931。

斯·弗·谢尔肃夫：《列宁斯大林的苏联电气化》，燃料工业出版社，1954。

《苏联电业专家报告·第二辑》，燃料工业出版社，1951。

王宏超、李忠志编《北京市电力工业志》，当代中国出版社，1995。

湘潭电机厂志编纂办公室：《湘潭电机厂志（1936—1989）》，湘潭电机厂，1992。

许俊荣、黄志明整理《白色恐怖秘密档案》，独家出版社，1995。

徐盈:《北平围城两月记》,北京出版社,1993。

徐盈:《当代中国实业人物志》,文海出版社,1948。

余德培编《台湾电源开发史》,台湾历史研究院,1997。

薛月顺:《资源委员会档案史料汇编——电业部分》,台湾"国史馆",1992。

恽震:《三十年来中国之电机制造工业》,载王守泰等口述,张柏春访问整理《民国时期机电技术》,湖南教育出版社,2009。

恽震:《孙运璿先生在大陆期间》,载邱秀芷编《我所认识的孙运璿:孙运璿八十大寿纪念专辑》,孙璐西,1993。

云南省地方志编纂委员会编《云南省志》卷37《电力工业志》,云南人民出版社,1994。

张家口供电局编《张家口电业志》,张家口供电局,1994。

浙江省电力工业志编纂委员会编《浙江省电力工业志》,水利出版社,1995。

郑友揆、程麟荪、张传洪:《旧中国的资源委员会:史实与评价》,上海社会科学院出版社,1984。

中国人民解放军政治学院党史教研室编《中共党史参考资料》第7册,人民出版社,1980。

中国电力人物志编审委员会编《中国电力人物志》,水利电力出版社,1992。

中国电器工业发展史编辑委员会:《中国电器工业发展史》,机械工业出版社,1989。

中国第二历史档案馆编《中华民国史档案资料汇编》,江苏人民出版社,1981。

中国人民政治协商会议西南地区文史资料协作会议编《抗战时期内迁西南的工商企业》,云南人民出版社,1988。

中国社会科学院编《中华人民共和国经济档案资料选编·工业卷》,中国物资出版社,1996。

中国社会科学院、中央档案馆编《中华人民共和国经济档案资料选编：工业卷（1953—1957）》，中国城市经济社会出版社，1998。

中央人民政府燃料工业部计划司编《电业计划讲习班讲义》，燃料工业部，1952。

朱新予：《浙江丝绸史》，浙江人民出版社，1985。

朱荫贵、杨大庆编《世界能源史中的中国：诞生、演变、利用及其影响》，复旦大学出版社，2020。

朱有志、郭钦主编《湖南近现代实业人物传略》，中南大学出版社，2011。

外文专著、论文和未出版手稿

Andreas, Joel. *Rise of the Red Engineers: The Cultural Revolution and the Origins of China's New Class*. Stanford, CA: Stanford University Press, 2009.

Ang, Yuen Yuen. *How China Escaped the Poverty Trap*. Ithaca, NY: Cornell University Press, 2016.

Argersinger, R. E. "Voltage Standardization from a Consulting Engineer's Point of View." *Transactions of the American Institute of Electrical Engineers* 46 (1927): 172‑174.

Beckert, Sven. *Empires of Cotton: A Global History*. New York: Knopf Doubleday, 2015.

Beeson, Mark. "The Coming of Environmental Authoritarianism." *Environmental Politics* 19:2 (2010): 276‑294.

Bell, Lynda S. "From Comprador to County Magistrate: Bourgeois Practice in the Wuxi County Silk Industry." In *Chinese Local Elites and Patterns of Dominance*, edited by Joseph W. Esherick and Mary Backus Rankin, 113‑139. Berkeley: University of California Press, 1990.

Beltran, Alain. "Introduction: Energy in History, the History of Energy."

Journal of Energy History/Revue d'Histoire de l''Energie 1 (December 2018). https://energyhistory. eu/en/node/84.

Bian, Morris. *The Making of the State Enterprise System in Modern China*. Cambridge, MA: Harvard University Press, 2005.

Broggi, Carles Brasó. *Trade and Technology Networks in the Chinese Textile Industry: Opening Up Before Reform*. New York: Palgrave Macmillan, 2016.

Byrnes, Corey. *Fixing Landscape: A Techno-Poetic History of China's Three Gorges*. New York: Columbia University Press, 2018.

Carin, Robert. *Power Industry in Communist China*. Hong Kong: Union Research Institute, 1969.

Centeno, Miguel Angel. "The New Leviathan: e Dynamics and Limits of Technocracy." *Theory and Society* 22:3 (1993): 307 – 335. https://doi. org/10.1007/bf00993531.

Chatterjee, Elizabeth. "The Asian Anthropocene: Electricity and Fossil Developmentalism." *The Journal of Asian Studies* 79:1 (February 2020): 1 – 22. https://doi.10.1017/ S0021911819000573.

Cheng, Yu–kwei (Zheng Youkui). *Foreign Trade and Industrial Development of China: An Historical and Integrated Analysis through 1948*. Washington, DC: The University Press of Washington DC, 1956.

Chūgoku tsūshinsha chōsa bu. *Shanhai denryoku kōshi no soshiki to jigyō* [Organization and Operations of the Shanghai Power Station]. Shanghai, 1938.

Clarke, William. "China's Electric Power Industry." In *Chinese Economy Post-Mao: A Compendium of Papers Submitted to the Joint Economic Committee*, 95th Congress, 2nd session, 1978.

Collins, H. M. *Changing Order: Replication and Induction in Scientific Practice*. Chicago: University of Chicago Press, 1992.

Coopersmith, Jonathan. *The Electrification of Russia, 1880–1926.* Ithaca, NY: Cornell University Press, 1992.

Corfitzen, William. "It Works Both Ways: Chinese Engineers in America." *Reclamation Era* 32 (November 1946): 244‐245.

Denki Shinpōsha. *Hoku chūshi denki jigyō benran* [Handbook on the electrical industries in North and Central China]. Tokyo: Denki Shinpōsha, 1939.

Dikötter, Frank. *Exotic Commodities: Modern Objects and Everyday Life in Modern China.* New York: Columbia University Press, 2006.

Ding, Xiangli. "Transforming Waters: Hydroelectricity, State Making, and Social Changes in Twentieth–Century China." PhD diss., SUNY Buffalo, 2018.

Dodgen, Randall A. *Controlling the Dragon: Confucian Engineers and the Yellow River in Late Imperial China.* Honolulu: University of Hawaii Press, 2001.

"Doitsu denki jigyō no kigyō keitai" [Corporate trends in Germany's electrical power sector]. Chō denryoku 180 (December 1936): 1‐3.

Duus, Peter. "Zaikabo: Japanese Cotton Mills in China, 1895‐1937." In *The Japanese Informal Empire in China, 1895–1937,* 65‐100. Princeton, NJ: Princeton University Press, 2014.

Edgerton, David. *The Shock of the Old: Technology and Global History since 1900.* London: Profile Books, 2006.

Ekbladh, David. *The Great American Mission: Modernization and the Construction of an American World Order.* Princeton, NJ: Princeton University Press, 2012.

Elvin, Mark. "Three Thousand Years of Unsustainable Growth: China's Environment from the Archaic Times to the Present." *East Asian History* 6 (1993): 7‐46.

Esherick, Joseph W., and Mary Backus Rankin, eds. *Chinese Local Elites and Patterns of Dominance*. Berkeley: University of California Press, 1990.

Faure, David. "The Control of Equity in Chinese Firms within the Modern Sector from the Late Qing to the Early Republic." In *Chinese Business Enterprise in Asia*, edited by Rajeswary Ampalavanar Brown, 50 – 69. London: Routledge, 1995.

Fleming, Roscoe. "Damming the Yangtze Gorge." *Popular Mechanics* 85 (March 1946): 100 – 102.

Fravel, M. Taylor. *Active Defense: China's Military Strategy Since 1949*. Princeton, NJ: Princeton University Press, 2019.

Freeburg, Ernest. *The Age of Edison*. New York: Penguin, 2013.

Ghosh, Amitav. *The Great Derangement*. Chicago: University of Chicago Press, 2016.

Goto–Shibata, Harumi. *Japan and Britain in Shanghai, 1925–1931*. New York: St. Martin' s Press, 1995.

Graham, Loren. *The Ghost of the Executed Engineer: Technology and the Fall of the Soviet Union*. Cambridge, MA: Harvard University Press, 1993.

Gruhl, Werner. *Imperial Japan's World War Two: 1931–1945*. Piscataway, NJ: Transaction Publishers, 2011.

Hamilton, Clive. "The Anthropocene as Rupture." *The Anthropocene Review* 3:2 (2016): 93 – 106. https://doi.org/10.1177/2053019616634741.

Hein, Laura Elizabeth. *Fueling Growth: The Energy Revolution and Economic Policy in Postwar Japan*. Cambridge, MA: Harvard University Asia Center, 1990.

Howell, Sabrina. "Jiayou (Add Oil!): Chinese Energy Security Strategy." In *Energy Security Challenges for the 21st Century: A Reference Handbook*, edited by Gal Luft and Anne Koria, 191 – 218. Santa Barbara, CA: ABC Clio, 2009.

Huang, Xiaoming. *The Rise and Fall of the East Asian Growth System, 1951–2000: Institutional Competitiveness and Rapid Economic Growth.* London: Routledge Curzon, 2004.

Hudson, Mark J. "Placing Asia in the Anthropocene: Histories, Vulnerabilities, Responses." *Journal of Asian Studies* 73:4 (November 2014): 941 – 962. www.jstor.com/ stable/43553461.

Hughes, Thomas. "The Evolution of Large Technological Systems." In *The Science Studies Reader*, edited by Mario Biagioli, 202 – 224. London: Routledge, 1999.

——. *Networks of Power: Electrification in Western Society.* Baltimore, MD: Johns Hopkins University Press, 1983.

Ide Taijiro. "Shina senryō chi no denki jigyō gaikyō" [Overview of the power sector in occupied territories of North China]. *Chō denryoku* 201 (September 1938): 1 – 5.

Isenstadt, Sandy, Margaret Maile Petty, and Dietrich Neumann. *Cities of Light: Two Centuries of Urban Illumination.* London: Routledge, 2014.

Ishikawa, Yoshijiro. "Naka shina wa dō naruka" [What should be done with Central China]. Osaka: Daitō denki shinkō kai, 1938.

Jackson, Isabella. *Shaping Modern Shanghai: Colonialism in China's Global City.* Cambridge: Cambridge University Press, 2017.

Jarman, Robert L., ed. Shanghai: Political and Economic Reports, 1842 – 1943. *British Government Records from the International City*, vol. 14. London: Archive Editions, 2008.

Joint Economic Committee. *Chinese Economy Post-Mao: A Compendium of Papers Submitted to the Joint Economic Committee*, 95th Congress, 2nd session, 1978.

Kajima, Jun. "Shanhai denryoku sangyō no tōgō to kōiki nettow ā ku" [The consolidation of Shanghai's 李代耕 electrical industries and its broader regional networks]. In *Gendai chūgoku no denryoku sangyō " fusoku no keizai to sangyō soshiki* [The electrical power industry of modern China: The economy of insufficiency and industrial organization], ed. Tajima Toshio, 91 – 114. Tokyo: Shōwadō, 2008.

Kale, Sunila S. *Electrifying India: Regional Political Economies of Development.* Stanford, CA: Stanford University Press, 2014.

Kanemaru, Yūichi. "Cong pohuai dao fuxing—cong jingji shi lai kan tongwang Nanjing zhi lu" [From destruction to restoration—Evaluating the road to Nanjing from economic history]. *Ritsumeikan keizaigaku* 46:4 (February 1998): 854 – 867.

———. "Shina jihen chokugo Nihon ni yoru kachū denryoku sangyō no chōsa to fukkyū keikaku" [The investigation and restoration of the electrical industries in Central China by Japan immediately after the Second Sino–Japanese War]. *Ritsumeikan keizaigaku* 53:5 – 6 (2010): 148 – 170.

Kaple, Deborah A. "Soviet Advisors in China in the 1950s." In *Brothers in Arms: The Rise and Fall of the Sino-Soviet Alliance, 1949–1963*, edited by Odd Arne Westad, 117 – 140. Stanford, CA: Stanford University Press, 1998.

Kasza, Gregory. *The Conscription Society: Administered Mass Organizations.* New Haven, CT: Yale University Press, 1995.

Kerkvliek, Benedict. "Everyday Politics in Peasant Society (And Ours)." *Journal of Peasant Studies* 36:1 (2009): 227 – 243.

Kinzley, Judd. *Natural Resources and the New Frontier: Constructing Modern China's Borderlands.* Chicago: University of Chicago Press, 2018.

Kirby, William C. "The Chinese War Economy." In *China's Bitter Victory: The War with Japan*, edited by James C. Hsiung and Steven I.

Levine, 185‑213. Armonk, NY: M.E. Sharpe, 1992.

——. "Continuation and Change in Modern China: Economic Planning on the Mainland and Taiwan, 1943‑58." *Australian Journal of Chinese Studies* 24 (1990): 121‑141.

——. "Engineering China: Birth of the Developmental State, 1928‑1937." In *Becoming Chinese: Passages to Modernity and Beyond*, edited by Wen‑hsin Yeh, 137‑161. Berkeley: University of California Press, 2000.

——. "Technocratic Organization and Technological Development in China: The Nationalist Experience and Legacy, 1928‑1953." In *Science and Technology in Post-Mao China*, edited by Denis Fred Simon and Merle Goldman, 23‑44. Cambridge, MA: Harvard University Press, 1989.

Kline, Ronald. *Steinmetz: Engineer and Socialist*. Baltimore, MD: Johns Hopkins University Press, 1992.

Köll, Elisabeth. *From Cotton Mill to Business Empire: The Emergence of Regional Enterprises in Modern China*. Cambridge, MA: Harvard University Asia Center, 2003.

——. *Railroads and the Transformation of China*. Cambridge, MA: Harvard University Press, 2019.

Lapwood, Ralph, and Nancy Lapwood. *Through the Chinese Revolution*. Letchworth, Hertfordshire: Garden City Press, 1954.

Larkin, Brian. "The Politics and Poetics of Infrastructure." *Annual Review of Anthropology* 42 (2013): 327‑343. https://doi.org/10.1146/annurev‑anthro‑092412‑15552.

Lassman, Thomas C. "Industrial Research Transformed: Edward Condon at the Westinghouse Electric and Manufacturing Company, 1935‑1942." *Technology & Culture* 44:2 (April 2003): 306‑339.

Latour, Bruno. *Science in Action: How to Follow Scientists and*

Engineers through Society. Cambridge, MA: Harvard University Press, 1987.

Lee, Leo Ou-fan. *Shanghai Modern.* Cambridge, MA: Harvard University Press, 1999.

Lenin, Vladimir. "Report on the Work of the Council of People's Commissars." December 22, 1920. Seventeen Moments in Soviet History: An On-line Archive of Primary Sources. Accessed September 12, 2018. http:// soviethistory.msu.edu/1921–2/electrification-campaign/ communism-is-soviet-power-electrification-of-the-whole-country/.

Li, Cheng, and Lynn White. "Elite Transformation and Modern Change in Modern China and Taiwan: Empirical Data and the Theory of Technocracy." *China Quarterly* 121 (March 1990): 1–35.

Lieu, D. K. *Preliminary Investigation on Industrialization.* Shanghai: The China Institute of Economic and Statistical Research, 1933.

——. *The Silk Reeling Industry in Shanghai.* Shanghai: The China Institute of Economic and Statistical Research, 1933.

Lin, Han. *Energy Policies and Climate Change in China: Actors, Implementation, and Future Prospects.* London: Routledge, 2019.

Liu, Richard, Zhou Yang, and Xinzhou Qian. "China's Risky Gamble on Coal Conversion." New Security Beat. January 9, 2020. Accessed January 15, 2020. www. newsecuritybeat.org/2020/01/chinas-risky-gamble-coal-conversion/.

Lu, Hanchao. *Beyond the Neon Lights: Everyday Shanghai in the Early Twentieth Century.* Berkeley: University of California Press, 1999.

Luo, Guo-liang, Yan-ling Li, Wen-jun Tang, and Xiao Wei. "Wind Curtailment of China's Wind Power Operations: Evolution, Causes, and Solutions." *Renewable and Sustainable Energy Reviews* 53 (2016): 1190–1201. https://doi.org/10.1016/j. rser.2015.09.075.

Meiton, Fredrik. *Electrical Palestine: Capital and Technology from*

Empire to Nation. Berkeley: University of California Press, 2019.

Mitchell, Timothy. *Carbon Democracy: Politics in the Age of Oil*. New York: Verso Press, 2011.

——. *Rule of Experts: Egypt, Techno-Politics, Modernity*. Berkeley: University of California Press, 2002.

Mitter, Rana. *Forgotten Ally: China's World War II, 1937–1945*. Boston: Mariner Books, 2014.

Moore, Aaron Stephen. *Constructing East Asia: Technology, Ideology, and Empire in Japan's Wartime Era, 1931–1945*. Stanford, CA: Stanford University Press, 2013.

Moore, Joe. "A Friend Remembers Y. S. Sun." 载《我所认识的孙运璿：孙运璿八十大寿纪念专辑》，孙璐西，1993。

Muscolino, Micah. *The Ecology of War in China: Henan Province, the Yellow River, and Beyond, 1938–1950*. Cambridge: Cambridge University Press, 2015.

Musgrove, Charles. "Building a Dream: Constructing a National Capital in Nanjing, 1927‒1937." In *Remaking the Chinese City: Modernity and National Identity, 1900 to 1950*, edited by Joseph Esherick, 139‒158. Honolulu: University of Hawai'i Press, 2002.

Nakashi kensetsu seibi iinkai [Committee for the Compilation of Information for Economic Construction in Central China], ed. Denki yōgu kōgyō hōkokusho [Report on electrical appliances industry]. Shanghai: Kōain, 1940.

Nathan, Andrew J. "China's Changing of the Guard: Authoritarian Resilience." *Journal of Democracy* 14:1 (January 2003): 6‒17.

Nye, David E. *Electrifying America: Social Meanings of a New Technology, 1880–1940*. Cambridge, MA: MIT Press, 1991.

Oreskes, Naomi, and Erik Conway. *The Collapse of Western*

Civilization: A View from the Future. New York: Columbia University Press, 2014.

Pauley, Edwin Wendell. *Report on Japanese Assets in Manchuria to the President of the United States*. Washington, DC: U. S. G. P. O, 1946.

Pearson, Peter J. G. "Past, Present and Prospective Energy Transitions: An Invitation to Historians." *Journal of Energy History/Revue d'Histoire de l''Energie* 1 (December 2018). https://energyhistory.eu/en/node/57.

Pei, Minxin. *China's Trapped Transition: The Limits of Developmental Autocracy*. Cambridge, MA: Harvard University Press, 2006.

Pepper, Suzanne. *Civil War in China: The Political Struggle*. Berkeley: University of California Press, 1978.

Perry, Elizabeth. *Patrolling the Revolution*. Lanham, MD: Rowman & Littlefield, 2006.

——. *Shanghai on Strike: The Politics of Chinese Labor*. Stanford, CA: Stanford University Press, 1993.

Phalkey, Jahnavi, and Tong Lam. "Science of Giants: China and India in the Twentieth Century." *BJHS: Themes* 1 (2016): 1 – 11.

Pomeranz, Kenneth. *The Great Divergence: China, Europe, and the Making of the Modern World Economy*. Princeton: Princeton University Press, 2000.

Schatz, Ronald. *The Electrical Workers: A History of Labor at General Electric and Westinghouse, 1923–60*. Urbana–Champaign: University of Illinois Press, 1987.

Schivelbusch, Wolfgang. *Disenchanted Night: The Industrialization of Light in the Nineteenth Century* [Lichtblicke: Zur Geschicte der kunstlichen]. Translated by Angela Davies. Berkeley: University of California Press, 1988.

Schwarcz, Vera. *The Chinese Enlightenment: Intellectuals and the Legacy of the May Fourth Movement of 1919*. Berkeley: University of

California Press, 1986.

"Sekitan haikyū tōsei shikō rei" [Order to implement coal–rationing system]. *Chō denryoku* 222 (June 1940): 87.

Seow, Victor. "Carbon Technocracy: East Asian Energy Regimes and the Industrial Modern." PhD diss., Harvard University, 2014.

Shanghai Municipal Council. *The Minutes of the Shanghai Municipal Council*, vol. 28. Shanghai: Shanghai Classics Publishing House, 2001.

———. *Report for the Year 1907.*

Shao, Qin. *Culturing Modernity: The Nantong Model*. Stanford, CA: Stanford University Press, 2003.

Shapiro, Judith. *Mao's War against Nature: Politics and the Environment in Revolutionary China*. Cambridge: Cambridge University Press, 2001.

Shen, Grace. *Unearthing the Nation: Modern Geology and Nationalism in Republican China*. Chicago: University of Chicago Press, 2014.

Shiroyama, Tomoko. *China during the Great Depression: Market, State, and the World Economy, 1929–1937*. Cambridge, MA: Harvard University Press, 2008.

Smil, Vaclav. *China's Past, China's Future: Energy, Food, Environment*. New York: Routledge Curzon, 2004.

Sneddon, Christopher. *Concrete Revolution: Large Dams, Cold War Geopolitics, and the US Bureau of Reclamation*. Chicago: University of Chicago Press, 2015.

Sogō, Shinji. *Shigen kaihatsu hokushi tokuhon* [Resource exploitation reader for North China]. Tokyo: Daiyamondosha, 1937.

Steffen, Will, Paul J. Crutzen, and John R. McNeill. "The Anthropocene: Are Humans Now Overwhelming the Great Forces of Nature?" *AMBIO: A Journal of the Human Environment* 36:8 (2007): 614‒621. https://doi.

org/10.1579/0044‑7447(2007)36[61 4:TAAHNO]2.0.CO;2.

Suehiro, Akira. *Catch-up Industrialization: The Trajectory and Prospects of East Asian Economies*. Translated by Tom Gill. Singapore: NUS Press, 2008.

Sun, Yat‑sen. "How China' s Industry Should Be Developed, 1919." In *Prescriptions for Saving China: Selected Writings of Sun Yat-sen*, ed. Julie Lee Wei, Ramon H. Myers, and Donald G. Gillin, 237 ‑ 240. Stanford, CA: Hoover Institution Press, 1994.

——. "A Plea to Li Hung‑chang (June 1894)." *In Prescriptions for Saving China: Selected Writings of Sun Yat-sen*, ed. Julie Lee Wei, Ramon H. Myers, and Donald G. Gillin, 3 ‑ 18. Stanford, CA: Hoover Institution Press, 1994.

Suzuki, Jun. *Nihon no kindai: Shin gijyutsu no shakaishi* [Modern Japan: Social chronicles of new technology]. Tokyo: Chuō Kōron sha, 1999.

Tajima, Toshio, ed., *Gendai chūgoku no denryoku sangyō fusoku no keizai to sangyō soshiki* [The electrical power industry of modern China: The economy of insufficiency and industrial organization]. Tokyo: Shōwadō, 2008.

Tajima, Toshio, "Kahoku ni okeru kōiki denryoku nettow ā ku no keisei" [The formation of wide area electrical network in North China]. In *Gendai chūgoku no denryoku sangyō " fusoku no keizai to sangyō soshiki* [The electrical power industry of modern China: The economy of insufficiency and industrial organization], ed. Tajima Toshio, 115 ‑ 150. Tokyo: Shōwadō, 2008.

Tan, Ying Jia. "Repairing China' s Power Grid Amidst Perpetual Warfare." In *The Persistence of Technology*, ed. Stefan Krebs and Heike Weber, 53 ‑ 70. Bielefeld: Transcript Verlag, 2021.

Tawney, R. H. *Land and Labor in China*. London: George Allen & Unwin Ltd., 1932.

Thomson, Elspeth. *The Chinese Coal Industry: An Economic History*. London: Routledge Curzon, 2003.

Volti, Rudi. "Worker Innovation: Did Maoist Promotion Contribute to China's Present Technological and Economic Success?" In *Mr. Science and Chairman Mao's Cultural Revolution: Science and Technology in Modern China*, edited by Chunjuan Nancy Wei and Darryl E. Brock, 333 – 343. Lanham, MD: Rowman and Littlefield, 2013.

Wang, Der–wei David. *Fin-de-siécle Splendor: Repressed Modernities of Late Qing Fiction, 1849–1911*. Stanford, CA: Stanford University Press, 1999.

Wang, Zhongying, Haiyan Qin, and Joanna Lewis. "China's Wind Power Industry: Policy Support, Technological Achievements, and Emerging Challenges." *Energy Policy* 51 (December 2012): 80 – 88. https://doi.org/10.1016/j.enpol.2012.06.067.

Wei, Julie Lee, Ramon H. Myers, and Donald G. Gillin, eds. *Prescriptions for Saving China: Selected Writings of Sun Yat-sen*. Stanford, CA: Hoover Institution Press, 1994.

Wong, R. Bin. *China Transformed: Historical Change and the Limits of European Experience*. Ithaca, NY: Cornell University Press, 1997.

World Power Conference. *Transactions Third World Power Conference*. 7 volumes. Washington, DC: Government Printing Office, 1936.

Wright, Tim. *Coal Mining in China's Economy and Society, 1895–1937*. Cambridge: Cambridge University Press, 1984.

Wrigley, E. A. *Energy and the English Industrial Revolution*. Cambridge: Cambridge University Press, 2010.

Wu, Shellen X. *Empires of Coal: Fueling China's Entry into the Modern World Order, 1860–1920*. Stanford, CA: Stanford University Press, 2015.

Xu, Yi-chong. *Electricity Reform in China, India and Russia*. Cheltenham, UK: Edward Elgar, 2004.

Yang, Jisheng. *Tombstone: The Great Chinese Famine, 1958–1962*. New York: Farrar, Straus and Giroux, 2012.

Yeh, Emily, and Joanna Lewis. "State Power and the Logic of Reform in China's Electricity Sector." *Pacific Affairs* 77:3 (Fall 2004): 437‑465.

Yeh, K. C. *Electric Power Development in Mainland China: Prewar and Postwar*. Santa Monica, CA: The RAND Corporation, 1956.

Yu, Maochun. *The Dragon's War: Allied Operations and the Fate of China, 1937–1947*. Annapolis, MD: Naval Institute Press, 2006.

Zeng, Bo, et.al. "An analysis of previous blackouts in the world: Lessons for China's power industry." *Renewable and Sustainable Energy Reviews* 42 (2015): 1151‑1163. https://doi.org/10.1016/j.rser.2014.10.069.

Zhang, Dahai, et al. "Present Situation and Future Prospect of Renewable Energy in China." *Renewable and Sustainable Energy Reviews* 76 (2017): 865‑871. https://doi. org/10.1016/j.rser.2017.03.023.

Zhang, Qian, ed. *The Minutes of Shanghai Municipal Council*, Vol. 23. Shanghai: Shanghai Municipal Archives, 2001.

Zhu, Yongpeng. "New Energy Sources: Direction of China's Energy Industry." *Quishi* (English edition) 2:2 (April 2010). Last modified September 20. 2011. Accessed October 23, 2012. english.qstheory.cn/magazine/201002/201109/t20110920_111406. htm.

英文版致谢

发生于2011年3月的福岛地震、海啸及核泄漏三重灾难，距今已有十年。[①]本书缘起于上述大灾害引发的一系列问题：为何高耗能社会如此依赖化石燃料和核电而无视其给人类健康和政治稳定带来的风险？以往东亚社会是否有政府和民众不得不应对能源基础设施灾难式崩塌的经验？在我寻求上述问题答案的过程中，承蒙以下机构和个人的帮助。

2011年3月，我在耶鲁大学开始了对电的历史的研究。在放弃前往日本进行的研究计划后，我和韩森（Valerie Hansen）进行了一次长时间的严肃谈话，她建议我尝试进入能源史研究（energy history），因为这和我对地图史（the history of cartography）的兴趣紧密相关。韩森的指导贯穿本书写作的全过程，她帮助我设定清晰且切实可行的目标，并提醒我清晰、简洁地表达自己的观点。在这项研究的早期阶段，濮德培（Peter Perdue）、弗兰克·斯诺登（Frank Snowden）和比尔·兰金（Bill Rankin）总能及时地提供意见，使得本书主题更为聚焦和明晰。耶鲁大学的诸多师友对我的研究项目给予了鼓励和肯定，特别是保拉·贝图西（Paola Bertucci）、白玫（Mary Augusta Brazelton）、伊万诺·达尔·普雷特（Ivano dal Prete）、费边（Fabian Drixler）、丹尼尔·凯威勒斯（Daniel Kevles）、乐怀璧（Leon Rocha）、娜奥米·罗杰斯（Naomi Rogers）、宋宇德（Richard Sosa）、布莱

① 本书英文版出版于2021年。——编注

恩·特纳（Brian Turner）、科特尼·汤普森（Courtney Thompson）、王锦萍及约翰·哈雷·华纳（John Harley Warner）。

我在维思大学的同事和学生激励我重新构想和打磨这项研究。我的导师比尔·约翰斯顿（Bill Johnston）多次前往福岛，拍摄在受损的核反应堆附近区域表演的编舞及舞者尾竹永子（Eiko Otake）。除了为本书初稿的每个章节提供反馈，比尔还不辞辛劳地逐字逐句阅读初稿，启发我从多重时空维度思考灾难事件。玛丽·爱丽丝·哈达德（Mary Alice Haddad）不仅将我的研究引介给其他社科学者，还提出了敏锐的批评意见，帮助我重组"引言"和"结语"部分。研究助理凌日余尽心尽力为本书收集和整理数据，提醒我时刻注意"电力被派作何用"这一基本问题。在我任教人文科学中心期间，同事安德鲁·柯伦（Andrew Curran）、阿克塞拉·卡莱拉（Axelle Karera）、伊森·克莱因伯格（Ethan Kleinberg）、斯蒂芬妮·科斯卡克（Stephanie Koscak）、维杰·平奇（Vijay Pinch）及加布里埃·庞塞－黑格尔（Gabrielle Ponce-Hegenauer）推动我思考电气化史研究如何跨越"宏大叙事"（grand narrative）与"谨慎立论"（modest proposal）之间的鸿沟。我还要感谢安婧如（Steven Angle）、曹银（Joan Cho）、保罗·埃里克森（Paul Erickson）、德米特里厄斯·尤代尔（Demetrius Eudell）、科特尼·富利洛夫（Courtney Fullilove）、埃里克·格里默－索利姆（Erik Grimmer-Solem）、瓦莱里娅·洛佩兹－法杜尔（Valeria Lopez-Fadul）、布鲁斯·马斯特斯（Bruce Masters）、吉姆·麦吉尔（Jim McGuire）、多恩·穆恩（Don Moon）、彼得·拉特兰（Peter Rutland）、罗恩·沙茨（Ron Schatz）、加里·肖（Gary Shaw）、维多利亚·斯莫尔金（Victoria Smolkin）、詹妮弗·塔克（Jennifer Tucker）、劳拉·安·图瓦吉拉（Laura Ann Twagira）及黛菲·怀特（Duffy White）等人的宝贵意见。

感谢帮助我完成本书的各项资助，包括耶鲁大学文理研究生院资金、耶鲁大学东亚研究中心管理的高锟基金及夏季旅行和研究补助金以及台湾奖助金等。来自金氏基金2018—2019学年博士后奖学金的慷慨资助使我有时间完成初稿。维思大学学术事务部办公室通过学术奖金向我提供了资助。我亦感谢历史系同事惠允我向"里滕·乔纳森·梅格斯上校（1740—1829）基金"［Colonel Return Jonathan Meigs（1740—1829）］申请了两项补充补助金和出版补贴。

　　本书使用了中国、日本及美国的（相关）档案资料。若无诸多相关机构和档案管理员的无私帮助，本研究绝无完成之可能。感谢中国科学院自然科学史研究所张柏春与孙烈、复旦大学韩昭庆及上海交通大学曹树基在北京、上海等地向我提供的温暖帮助。感谢北京市档案馆和上海市档案馆馆员提供的诸多便利。2017年夏季获得台湾奖助金对于完成本书至关重要。台湾"国家图书馆"的黄文德和吴亿萱帮助我在台湾安顿下来。承蒙台湾"中央研究院"刘士永安排，台湾史研究所接待了我，且慷慨允我不受限制地查阅其研究室特藏资料。我还很荣幸地和张哲嘉、陈建守、侯嘉星、康豹（Paul Katz）、林兰芳、雷祥麟及王舒俐讨论过我的研究工作。在"国史馆"及后来在"中央研究院"，萧雅宏不仅帮助我获得查阅文件的权限，还把我引见给相关领域的顶尖学者。在"中央研究院"之外，郑乔纶、何明修、郭文华、洪绍洋及吴政宪也曾与我长时间讨论本研究，推动我更清晰地阐明基本观点。

　　在经年的研究和写作过程中，诸学术共同体同人激发我将电与更广泛的政治和经济议题相联系。2016年5月，在耶鲁大学举办的内战研究工作坊上，曾昭程、常成、徐兆安、高哲一（Rob Culp）、范发迪、乔舒亚·弗里曼（Joshua Freeman）、高峥（James Gao）、金家德（Judd Kinzley）、戴安娜·拉里（Diana Lary）、罗周（Joe Lawson）、张倩雯（Rebecca Nedostup）、蔡骏治、王弦、杨孟轩、叶文静等启发我研究不同战争模式下的电力工业。利兹大学的电力研究小组成员，即阿尼米什·查特吉（Animesh Chatterjee）、格雷姆·古戴（Graeme Gooday）、菲尔·扎德金（Phil Judkins）、迈克尔·凯（Michael Kay）及丹尼尔·萨皮科（Daniel Zapico）帮助我了解技术史研究的最新发展。在2018年8月举行的人类世研究工作坊，阿扬·古娜萝特娜（Arjun Guneratne）、普拉桑南·帕塔萨拉蒂（Prasannan Parthasarathi）、彭慕兰（Kenneth Pomeranz）及茱莉亚·阿德尼·托马斯（Julia Adeney Thomas）鼓励我涉猎人类世的相关学术文献。我还想感谢尹圣柱（Seung-joo Yoon）邀请我在卡尔顿学院奥特家族杰出学者系列讲座上报告了本书的内容。

我还想衷心感谢那些在读过全书或部分章节后提出重要建议的人：毕马克（Mark Baker）、江松月（Nicole Barnes）、狄尼克（Nick Bartlett）、何树斌（Peter Braden）、白伦（Corey Byrnes）、陈忠纯、姜学豪、陈欣欣（Angelina Chin）、威廉姆·周（William Chou）、马尔瓦·埃尔莎克里（Marwa Elshakry）、维多利亚·弗雷德-蒙特马约尔（Victoria Frede-Montemayor）、高明、侯丽（Li Hou）、凯瑟琳·伊巴塔-阿伦斯（Kathryn Ibata-Arens）、姜丽婧（Lijing Jiang）、阿比舍克·凯克（Abishek Kaicker）、斯特凡·克雷布斯（Stefan Krebs）、龚建文、栗山茂久（Shigehisa Kuriyama）、孔思宇（Ulug Kuzuoglu）、林郁沁（Eugenia Lean）、托马斯·利恩（Thomas Lean）、李侃、林于翔（James Lin）、海伦娜·洛佩兹（Helena Lopes）、鲁大伟（David Luesink）、陆伊骊、蒂莫西·米切尔（Timothy Mitchell）、已故的亚伦·摩尔（Aaron Moore）、吴承娟、王昌伟、裴宜理（Elizabeth Perry）、钱继伟、李凯丽（Kerry Ratigan）、芮哲飞（Christopher Reed）、丹尼尔·萨金特（Daniel Sargent）、科琳娜·什罗姆伯斯（Corinna Schlombs）、菲尔·斯克兰顿（Phil Scranton）、萧建业、邵勤、沈宇斌、清水美里（Misato Shimizu）、孙传炜、孙世伦、苏福兵、谭凯（Nicolas Tackett）、汤兆培（Christopher Tong）、王懿君、海克·韦伯（Heike Weber）、王国斌、吴晓、谢湜、山根信宏（Nobuhiro Yamane）、叶文心、易媛、曾召金、张玲及邹冬心等。

感谢康奈尔大学出版社的合作伙伴艾米莉·安德鲁（Emily Andrew）、阿莱格拉·马尔琴科（Allegra Martschenko）及西门乐

（Alexis Siemon）。来自两位评审人的建设性意见促使我能够清晰表达那些驱动本研究的核心问题。穆盛博（Micah Muscolino）是评审人之一。魏文晴已在康奈尔大学出版社出版过大作，就如何回应评审人意见提供了诸多真知灼见。感谢凯瑟琳·汤普森（Katherine Thompson）在本书修改初期提供的编辑协助，以及迈克·贝克霍尔德（Mike Bechthold）的专业制图。温迪·菲尔德－穆雷（Wendi Field-Murray）、何颖佳（Christine Ho）、林孝庭及柯尚哲（Covell Meyskens）在确定本书封面照片方面提供了宝贵帮助。感谢杰西卡·瑞恩（Jessica Ryan）的细致校对，以及长叶松服务社（Longleaf Services）①的伊赫桑·泰勒（Ihsan Taylor）在整个出版流程中向我这个初次出版著作者提供的引导。

最后，若无家人支持，本书的研究和写作皆无可能。我的妻子张颂景在我因研究或学术会议而离家的日子里，精心照料可晴、可仁和可达。我期望本书能提高我们对碳驱动经济不稳定性的认识，并开启关于如何留给未来世代一个可持续发展世界的对话与讨论。

---

① 长叶松服务社为北卡罗来纳大学出版社成立的非营利组织，为不同大学出版社提供订单、收款、履约、仓储、编辑及设计等服务。——译注

译后记

　　再次逐句逐字核对译稿，浮现在脑海的第一个词就是"脊梁"。是的，就是鲁迅先生在《中国人失掉自信力了吗》一文中提到的"中国的脊梁"，那些"埋头苦干的人""拼命硬干的人""为民请命的人""舍身求法的人"。

　　书中有几个历史细节令我印象深刻。一是中国首批电气工程专业（当时称"电机科"）毕业生之一沈嗣芳，从1920年代起便在江苏农村推广电力灌田。时任震华电厂工程师的他在输电线上接入两台24马力的引擎，为2000亩稻田提供灌溉。《江苏省志》提到当年适值大旱，其他农田禾苗干枯无收，这两处农田禾苗均无损而丰收。电力灌田的成本有多少呢？电厂提供马达和泵，农民不用额外承担设备费用，每亩地每年0.6银圆，比养一头水牛的成本还低得多。一方面减轻农民劳作的辛苦，一方面增加禾田的收入，善莫大焉。

　　令我久久不能忘怀的还有刘晋钰，这位留法归来的工程师可谓赤手空拳建立了昆明战时电力网络。在日本空袭的威胁下，刘晋钰和同事们想尽一切办法把发电厂"藏进"昆明郊区的一个山洞里，继续为附近兵工厂提供动力。14年抗战，不仅是人的浴血奋战，如果没有电力供应，没有技术专家想尽办法持续不断地生产电线、电缆、电机、野战电话，中国不可能打赢这场国族的保卫战。

　　沈嗣芳、恽震、刘晋珏、孙运璿、张光斗、鲍国宝……中国初代电力专家大多在国外接受过极好的教育，之后回到风雨飘摇的故国，一心为中国的现代化建造强大的电力网络。他们几乎一致认为电力事业必须国有化，唯其如此，才能将晚清至民国时期各地规格不一、诉求不一的电力网络整合为一个，无阻碍地把电送到需要的地方。

书中提到，在空袭不断的情况，把笨重的发电机"挤进一个可做防弹掩体的空间是对资源委员会土木工程师们能力的极限考验"，他们经受住了这样的考验。他们经受的极限考验岂止这一个。这些人不愧为中国的脊梁。

和人一样，电力工业也是中国现代化进程中的脊梁（backbone）行业。从电力角度看中国的近现代史，是本书只眼独具之处，亦是其独特学术价值所在。从晚清时期上海租界的发电厂到民初各地华商经营的小电厂，到全面抗战时期电力行业成为国防工业的一部分，再到国共内战时期双方在电力管理上的失与得，电力的发展史不仅是中国现代化进程的"物质注脚""器物注脚"，它本身也是这一进程的重要组成部分。多少人的梦想与努力系于此。

其中也有令人扼腕之处。1950年7月17日凌晨4时，"最资深的电力系统建造者"刘晋钰因为捕风捉影的"通共"嫌疑，被台湾当局枪决。翻译至此，我能感觉到作者行文至此的痛惜之心。我与从未谋面的作者陈颖佳先生产生了极深的情感共鸣，我很想替那些已走入历史深处的先生们向作者表达敬意，这本著作让这些"埋头苦干的人""拼命硬干的人"能够更好地为世人铭记。这使此书在学术价值之外多了一份记录的厚重意义。

译书的过程中，我还得知以前的同事、《中国青年报》记者部前主任郭家宽老师的父亲郭维璠1949年之前在湘江煤矿电厂工作。鼎革之际，矿长赴台前曾把去台湾的机票交到郭维璠的手中，但他拒绝了，留下来和工人们一起组织护厂队，保卫电厂。此后，郭维璠曾任河南某发电厂的总工程师，不幸的是在"文革"中不堪凌辱，自缢身亡。当时还是高中生的郭家宽和母亲一起去认领了父亲遗体。在为翻译本书查阅资料的过程中，我发现了国民政府建设委员会1930年发出的第129号令，任命郭维璠为长兴煤矿局工务课事务员。我赶忙把这份偶然发现的遗迹发给了郭老师，不知是否引发了他对先人的幽思与怀念。

我还希望这本书能多少解答孩子的困惑。有一天，上初中的孩子回来问我："妈妈，选择出国留学的人就是不爱国、不感恩吗？"孩子，这本书会告诉你：不是的，至少不一定是。书中提及的很多人都有或短或长的留学经历。在留学的过程中，他们感受到了自己国家与其他工业发达国家的巨大差距，但他们不气馁、不躺平，躬身入局，起身做事。

如果可以，我想把我的第一本译作送给我的儿子，祝愿正当"志学之年"的少年既有成为国家栋梁的志气，亦有"面对危机时的勇敢和坚毅"，不管遇到什么样的困难，都能"从困境中一再振作"，找到实现人生梦想的合适路径。

甘丽华

2024年5月30日于武汉金桥太子湖1号

图书在版编目（CIP）数据

浴火重生：战时与革命中国的电力工业/（新加坡）
陈颖佳（Ying Jia Tan）著；甘丽华译.— 北京：社
会科学文献出版社，2024.7
（年轮·译丛）
书名原文：Recharging China in War and
Revolution,1882-1955
ISBN 978-7-5228-3559-4

Ⅰ.①浴… Ⅱ.①陈…②甘… Ⅲ.①电力工业－工
业史－中国－1882-1955 Ⅳ.①F426.61

中国国家版本馆CIP数据核字（2024）第080570号

·年轮·译丛·

浴火重生：战时与革命中国的电力工业

著　　者 / 〔新加坡〕陈颖佳（Ying Jia Tan）
译　　者 / 甘丽华

出 版 人 / 冀祥德
责任编辑 / 石　岩
责任印制 / 王京美

出　　版 / 社会科学文献出版社·历史学分社（010）59367256
　　　　　　地址：北京市北三环中路甲29号院华龙大厦　邮编：100029
　　　　　　网址：www.ssap.com.cn
发　　行 / 社会科学文献出版社（010）59367028
印　　装 / 三河市东方印刷有限公司

规　　格 / 开本：787mm×1092mm　1/16
　　　　　　印张：17.5　字数：240千字
版　　次 / 2024年7月第1版　2024年7月第1次印刷
书　　号 / ISBN 978-7-5228-3559-4
著作权合同
登 记 号 / 图字01-2023-3432号
定　　价 / 89.00元

读者服务电话：4008918866